HENRI CORDIER

MEMBRE DE L'INSTITUT

PROFESSEUR A L'ÉCOLE DES LANGUES ORIENTALES

MÉLANGES

D'HISTOIRE ET DE GÉOGRAPHIE ORIENTALES

TOME IV

PARIS

LIBRAIRIE ORIENTALE & AMÉRICAINE

JEAN MAISONNEUVE & FILS, ÉDITEURS

3, RUE DU SABOT, 3

1923

Librairie JEAN MAISONNEUVE et FILS, Editeurs
3, rue du Sabot, 3 — (PARIS VIe)

POUR PARAITRE EN SOUSCRIPTION

CHEKRI GANEM

Le Calvaire Syrien

Articles, Conférences et Documents réunis, annotés et accompagnés d'études historiques

PAR

M.-Y. BITAR

1 beau vol. gr. in-8 raisin de plus de 600 p. Avec des photographies dédicacées des principales personnalités Françaises et Syriennes, quelques planches en couleurs de vues de Syrie.

Le lecteur trouvera dans cet ouvrage l'histoire politique de la « question syrienne », depuis 1912 jusqu'à nos jours. Cette histoire se divise en deux parties bien distinctes : La première est, pour ainsi dire, « publique ». Elle est constituée par les articles, écrits au jour le jour, dans les principaux journaux et revues de Paris et de l'étranger, par M. Chekri Ganem, le grand patriote syrien, dont le nom est indissolublement lié à cette histoire. — *La seconde partie est* « **privée** » *et absolument inédite.* Elle est constituée par les correspondances échangées, depuis 1912, entre *M. Chekri Ganem* et les *hommes politiques français* qui se sont succédé au banc du Gouvernement Le lecteur suivra, en dépouillant cette correspondance, l'évolution de la « question syrienne ».

Tous ces documents ont été réunis et annotés par M. M.-Y. Bitar (Répétiteur à l'Ecole des Langues Orientales), collaborateur de M. Chekri Ganem depuis 1916. Ils ont été mis en ordre de telle sorte que le document inédit éclaire d'un jour tout à fait nouveau le document déjà connu. M. M.-Y. Bitar a accompagné ces documents d'études historiques inédites et fortement documentées qui font du *Calvaire Syrien* un ouvrage indispensable pour tous ceux qui veulent connaître les dessous de la « question syrienne ».

Cet ouvrage vient d'être honoré des souscriptions de :

Monsieur le MINISTRE DES AFFAIRES ÉTRANGÈRES, à Paris ;
Monsieur le Maréchal de France LYAUTEY, Résident Général de la République Française au Maroc.
Monsieur le Général GOURAUD, Haut-Commissaire de la République Française en Syrie et au Liban.
Monsieur le Capitaine TRABAUD, Gouverneur du Grand Liban ;
Monsieur le Lieutenant-Colonel CATROUX, Délégué du Haut-Commissaire de la République Française à Damas ;
Monsieur le GOUVERNEUR de l'Etat d'Alep ;
Monsieur le Général BILLOTTE, Administrateur de l'Etat des Alaouites ;
Monsieur le Président de la *Commission Administrative de l'État du Grand Liban* ;
Monsieur le Directeur de la BANQUE IMPERIALE OTTOMANE ;
Monsieur le Directeur de la BANQUE DE SYRIE.
Etc., etc...

PRÉFECTURE DE LA COTE-D'OR
ARCHIVES DÉPARTEMENTALES
A - 48
192

MÉLANGES D'HISTOIRE

ET DE

GÉOGRAPHIE ORIENTALES

IV

HENRI CORDIER

MEMBRE DE L'INSTITUT

PROFESSEUR A L'ÉCOLE DES LANGUES ORIENTALES

MÉLANGES

D'HISTOIRE ET DE GÉOGRAPHIE

ORIENTALES

TOME IV

PARIS

LIBRAIRIE ORIENTALE & AMÉRICAINE

JEAN MAISONNEUVE & FILS, ÉDITEURS

3, RUE DU SABOT, 3

1923

CINQ LETTRES INÉDITES DU

PÈRE GERBILLON, S. J.

MISSIONNAIRE FRANÇAIS A PE-KING

(XVIIe ET XVIIIe SIÈCLES)[1]

Le Père Jean-François GERBILLON, 張誠 *Tchang-Tch'eng*, né à Verdun en 1654, le 21 janvier ou le 11 juin, est l'un des membres les plus remarquables de cette mission de jésuites qui a jeté, au XVIIIe siècle, à Pe-king, tant d'éclat sur le nom français.

On sait quelle fut l'origine de cette mission :

« Le jésuite Philippe COUPLET, Flamand de Malines, s'était embarqué à Macao (5 Décembre 1681). sur un navire hollandais pour défendre à Rome les intérêts de sa Compagnie. Débarqué en Hollande (Octobre 1682), il se rendit en Italie en passant par Paris. Là, Louvois et le duc du Maine se résolurent à lui confier la liste de leurs *desiderata* sur la Chine ; il est probable que le roi et le P. de la Chaise pensèrent que, les intérêts de la France étant d'accord avec ceux de la religion et de la science, il serait mieux de confier à des Français qu'à des étrangers le soin de faire à Pe-king les recherches pour le succès desquelles le roi de Portugal n'était pas moins zélé que le fils ainé de l'Eglise.

Les six missionnaires désignés dans ce but

1. Extrait du *T'oung Pao*, 1906.

étaient : le P. Guy TACHARD, qui resta au Siam, Joachim BOUVET, Louis LE COMTE, Jean de FONTANEY, Jean-François GERBILLON et Claude de VISDELOU. Ils s'embarquèrent à Brest le 1er Mars 1685 sur l'*Oiseau*, commandé par M. de Vaudricourt, avec le chevalier de Chaumont, ambassadeur du roi à Siam, et partirent le surlendemain. Ils arrivèrent en Chine le 23 juillet 1687 et à Pe-king le 7 février 1688[1] .»

Les progrès de Gerbillon dans la langue mandchoue, paraissent avoir été singulièrement rapides, car nous le voyons dès l'année qui suivit son arrivée à Pe-king, être avec le Père PEREYRA[2] un des interprètes qui prirent part aux négociations du traité de Nertchinsk (27 août 1689) signé en latin, en russe et en mandchou. D'ailleurs les travaux de Gerbillon sur le mandchou ont servi aux missionnaires de Pe-king jusqu'au P. AMIOT dont les ouvrages ont pour base ceux de son devancier.

Gerbillon fut Supérieur de la mission française de Pe-king en 1699, après le P. de Fontaney qui en fut le premier; le 3 novembre 1700, Gerbillon fut nommé Supérieur de tous les Jésuites français de Chine ; il est mort à Pe-king, le 22 mars 1707.

J'ai acheté de Charavay, il y a quelques années, les cinq lettres que je publie aujourd'hui. Elles sont inédites; toutes sont entièrement autographes; la troisième a été malheureusement fort endommagée et j'ai laissé en blanc les fragments déchirés.

H. C.

1. Henri CORDIER, *Histoire générale* de Lavisse et Rambaud, VI, pp. 911-2.

2. *Thomas* PEREYRA, né à S.-Martinho de Valo, 1er nov. 1645 ; arrivé en Chine en 1673 ; † à Pe-king, 24 déc. 1708.

I

A Levau[1], le 5e de Juin 1686.

Mon tres honoré Pere

Comme nous sommes sur le point de partir de ce Royaume pour aller a Macao qui est l'entrée de la

1. *Levau* est pour *Louvo*. « C'est, dit le P. Tachard (*Voy. de Siam*, 1687, p. 225), une Ville a quinze ou vingt lieues de Siam vers le Nord, où il passe neuf ou dix mois de l'année, parce qu'il y est plus en liberté, & qu'il n'est pas obligé de s'y tenir renfermé comme il fait a Siam, pour entretenir ses sujets dans l'obeissance & dans le respect. »

« L'arrivée (22 août 1662) à Juthia, capitale du Siam, de Pallu, évêque d'Héliopolis, et de la Mothe Lambert, évêque de Béryte, marque en réalité le commencement des relations de la France avec le Siam. Elles débutèrent dans des circonstances très particulières : la rivalité des Compagnies hollandaise et française dans l'Indoustan, la prépondérance de la première, enfin les avances faites à nos compatriotes par le roi Phra-Naraï. Baron, notre agent a Surate, envoya, en 1680, le vaisseau le *Vautour* avec Boureau-Deslandes, qui établit un comptoir au Siam. Par malheur, une première ambassade siamoise, à destination de la France, périt sur la côte de Madagascar avec le *Soleil d'Orient* qui la portait. Cependant un certain Constance Phaulkon, né vers 1648 dans l'île de Céphalonie, avait, après beaucoup d'aventures, échoue au Siam, où il avait fini par devenir premier ministre. Il se montra favorable aux Français, et, le 25 janvier 1684, une deuxieme ambassade partait de Siam et arrivait à Calais sans mésaventure. Fort bien reçus en France, les ambassadeurs siamois furent chargés d'une lettre de Louis XIV pour leur roi.

Le chevalier de Chaumont fut chargé, en qualite d'ambassadeur, d'accompagner les envoyés siamois. On lui donna comme second l'abbé de Choisy. L'*Oiseau* et la *Maligne*, commandés par MM. de Vaudricourt et de Joyeux, partirent de Brest le 3 Mars 1685, portant, outre l'ambassadeur et les envoyés siamois, les six jésuites dont nous avons parlé précédemment et quelques autres ecclésiastiques. Ils arrivaient le 23 septembre au mouillage de la rivière de Siam. Sans entrer dans le détail des intrigues qui eurent lieu à la cour entre Constance Phaulkon et le P. Tachard, disons qu'un traité fut signé à Louvo, le 10 Décembre 1685, par le chevalier de Chaumont et Constance Phaulkon. celui-ci « député avec ample pouvoir de Sa Majesté de Siam, pour accorder en son roial nom des privilèges aux missionnaires apostoliques dans tous ses roiaumes en la manière suivante ». Le traité ne comprend que cinq articles. Ils sont tous relatifs au libre exercice de la religion chrétienne et à la protection des missionnaires et de leurs ouailles. Aucune clause politique ou commerciale. Beaucoup de bruit pour peu de chose. Une audience solennelle du

Chine, ou ie ne trouveray apparemment occasion de vous escrire que vers le mois de Decembre prochain, ie laisse icy mes lettres entre les mains d'un de nos peres qui aura soin de les envoyer par les voyes les plus sûres. J'en laisserai deux pour vous et une pour ma mere qui seront envoyées par trois voyes differentes affin que vous en recevies au moins quelques unes. J'en useray de mesme autant que ie le pourray quand ie seray a la Chine ou la liberté que toutes les nations etrangeres y ont presentement pour le commerce nous donnera moïen d'envoyer des lettres plus souvent et par différentes voyes iusqua ce que l'experience nous ayt appris quelles seront les plus sures et les plus courtes.

Je vous ay escrit fort amplement par le vaisseau [1] qui nous a ammené icy et qui remeine M^r^ l'ambassadeur [2] et ie vous ay envoyé une relation fort en detail de tout ce qui nous est arrivé depuis nostre depart de France [3] iusques au iour que M^r^ l'ambas-

roi, le 12 décembre, cloture la mission de Chaumont, mission toute d'apparat, qui eut un retentissement comparable a celui que causa un siècle plus tard l'ambassade de Macartney en Chine, mais qui eut toutefois une suite plus immédiate : l'envoi d'une nouvelle mission avec un but plus pratique que celui de la conversion des Siamois au christianisme. Chaumont quittait Siam le 22 décembre 1685 et, le 18 Juin suivant, il rentrait à Brest, accompagné de trois ambassadeurs siamois et de vingt mandarins, porteurs d'une lettre de Phra Narai à Louis XIV. » (Henri CORDIER, *Histoire générale* de Lavisse et Rambaud, VI, pp. 915-917.)

1. *L'Oiseau.*

2. *Alexandre*, Chevalier, puis Marquis de Chaumont, mourut le 28 janvier 1710 ; il était fils d'Alexandre de Chaumont, seigneur d'Athieules, branche de la famille de Quitry, et d'Isabelle du Bois des Cours, sa femme, fille d'Adrien, seigneur de Favieres.

3. Dans sa premiere lettre, Gerbillon écrit à son père qu'il lui a envoyé « une relation fort en détail de tout ce qui nous est arrivé depuis notre départ de France jusques au jour que M. l'Ambassadeur est parti ». M. de Chaumont a quitté le Siam le 22 décembre 1685. Le P. Sommervogel (*Bibl. de la Cie de Jésus*, III, col. 1347) écrit : « Michault dit avoir vu le manuscrit de la relation du voyage de Gerbillon jusqu'à Siam et

sadeur est parti, et depuis ce temps la ie vous ay encore escrit au mois de Mars dernier par un anglois qui m'a promis de faire tenir fidellement mes lettres a Londres et de la a Paris. Je vous ay marqué dans cette lettre les traitemens favorables que le Roy de Siam et le seigneur Constance son 1er Ministre continuoit a nous faire. Il est vray que quand nous eussions esté parmy nos plus proches parens et nos meilleurs amis nous n'eussions pu esperer plus d'honnetetés et d'amities que nous en avons receu icy. Le Roy nous a fait l'honneur de nous envoyer 7 ou 8 repas magnifiques servis dans sa propre vaisselle et par ses officiers. Outre l'eclipse que nous observasmes en sa presence au mois de decembre dernier il nous donna une audience particuliere sur la fin du mois d'avril conioinctement avec Mgr l'evesque de METELLOPOLIS[1] ou il nous témoigna une bonté extraordinaire. Tous les grands Mandarins du Roïaume, les 1ers officiers de la Couronne et le sei-

prétend que l'abbé de Choisy en a composé la sienne : *Journal du voyage de Siam fait en* 1685, *par l'abbé de Choisy* (Paris, Cramoisy, 1687, in-4), à laquelle il n'a fait qu'ajouter quelques ornements. Il en donne quelques fragments dans ses *Mélanges historiques et philologiques*, T. I, p. 258-274 (Paris, 1754 ou 1770, 2 vol. in-12) » Plus loin le P. Sommervogel cite le manuscrit :

Relation du Reverend Pere Gerbillon, de la Compagnie de Jesus escrite au bord de Loiseau, proche la barre de Siam, la 15 Déc. 1685, in 4, pp. 242 n. ch.

Il ajoute : « Ce MS. se trouve dans le Bibl. des Jésuites de Lyon, relié avec différentes pièces et précédé d'une lettre autographe du P. Gerbillon, sur papier de Chine, de 3 pp. gr. in-8, datée de Siam, 1er juillet 1686. Elle semble accompagner le MS. du voyage qui n'est pas de la main du P. Gerbillon ».

D'après notre lettre, le MS. serait parti au contraire dès décembre 1685.

1. *Louis* Laneau, de Mondoubleau, dans le pays du Mans, au diocèse de Chartres, missionnaire au Siam (Missions étrangères de Paris), évêque de Métellopolis, premier vicaire apostolique de Siam, Japon, etc., administrateur général du Tong-king, et de la Cochinchine en 1681, de la Chine en 1684 ; † à Siam le 16 mars 1696, à l'âge de 60 ans.

gneur CONSTANCE luy mesme estoient derriere nous a genoux et prosternez presque le visage contre terre et demeurerent dans cette posture pendant tout le temps de nostre audience qui dura pres de deux heures et nous estions assis sur des tapis tout vis a vis du Roy sur une mesme ligne avec Mgr l'evesque de Metellopolis et avant hier il nous fit dire qu'il souhaitoit que nous observassions encore en sa presence l'eclipse de lune qui doit arriver icy demain au coucher du soleil ; c'est la que nous aurons nostre audience de congé. Nous sommes particulièrement redevable de toutes ces faveurs au seigneur Constance qui nous a touiours traité comme ses veritables freres ; (cest la qualité qu'il donne a tous les Jesuites) il nous a touiours retenus a la cour depuis le depart de Mr l'ambassadeur de France et n'a pas voulu que nous eussions d'autre table que la sienne ; il n'a pas fait le moindre voyage qu'il n'aye touiours mené quelques uns de nous avec luy ; ie l'ay accompagné dans tous ceux qu'il a fait, luy l'ayant touiours désiré ainsi : il eut bien voulu que ie restasse tout a fait icy et il m'a pressé sur cela autant qu'on le peut. Mais comme ie ne suis pas venu aux Indes pour demeurer a la Cour, je m'en suis touiours excusé aimant mieux aller a la Chine ou i'espere que que ie pourray travailler a la conversion des idolastres plus facilement et ou il y a une plus grande disette d'ouvriers que dans ce Royaume dans lequel il y a beaucoup d'ecclesiastiques et fort peu de chrestiens. J'eusse mené icy une vie trop commode et trop aisée et ce n'est pas ce que ie cherche : il me sera bien plus avantageux d'estre dans quelque province de la Chine obligé de souffrir quelque chose pour la gloire de Dieu que de demeurer dans une cour ou ie n'eusse receu que de l'honneur et ou ie n'eusse pu me dispenser de mener une vie trop dissipée.

Nous devons nous embarquer dans un vaisseau qui appartient a Mr Constance et qu'il a donné a un capitaine portugais de Macao qu'on dit estre le plus experimenté de tous ceux qui sont icy, en nostre considération et a condition que nous y serions les maistres et Madame Constance s'est chargée elle mesme du soin de toutes les choses necessaires pour nostre nourriture-ainsi nous serons venus de France a la Chine sans qu'il nous en aye rien couster. Le vaisseau qu'on nous donne est le meilleur qui soit dans le port de Siam et comme nous prenons la saison la plus favorable et que nous avons un bon capitaine qui a fait deja ce voyage plus de 10 ou 12 fois il y a grande apparence que nostre navigation sera heureuse : elle n'est que de 500 lieuës que l'on fait ordinairement en moins d'un mois. Quand nous serons arrivés à Macao nous escrirons de la au P. Ferdinand VERBIEST[1] qui demeure touiours a la Cour de l'empereur de la Chine aupres duquel il est en plus grand crédit que iamais et nous attendrons ses reponses suivant lesquels nous prendrons nos mesures pour nostre entrée dans la Chine dont Macao est comme la porte et pour l'exécution des desseins dont nous sommes chargés de la part du Roy. Nous avons tout suiet d'esperer un succes favorable de nostre entreprise dans la Chine ce que vous verrez bien par les dispositions favorables ou les affaires de la religion chrestienne sont dans ce royaume et par les marques eclattantes de bonté

1. *Ferdinand* Verbiest, 南 懷 仁. *Nan Houai-jen*, né à Pitthem, près de Courtrai, le 9 oct. 1623 ; arrivé en Chine en 1659 ; † à Pe king le 29 janvier 1688 ; Président du Tribunal des Mathématiques.

que l'empereur a donné a nos peres l'année passee et dont ie vous envoye une petite relation tirée des lettres que nous avons recuës icy depuis deux mois. J'ay adiouté a cette petite relation quelques remarques sur la maniere dont les Japponnois en usent a present avec les etrangers. J'avois dessein d'y ioindre une petite relation de l'estat present du Royaume de Siam mais comme un de nos peres qui reste icy[1] s'est chargé d'en envoyer une a Paris ie me contenteray de prier le P. procureur de nostre province de vous en envoyer une copie et de faire seulement quelques remarques sur la maniere dont se gouverne la cour du Roy de Siam.

Jay bien suiet de remercier Dieu de toutes les graces qu'il m'a fait depuis mon depart de France puis qu'outre la protection speciale qu'il nous a donné dans toutes nos affaires iay eu cet avantage particulier que ie n'ay pas encore ressenti la moindre incommodité de maladie malgré la diversité des climats; de sorte que ie suis presentement graces a Dieu en aussi bonne santé que i'estois lorsque ie partis de Paris. Ie croiois les chaleurs de la zone torride bien plus insupportables que ie ne les ay trouvé icy ou i'ay veu passer le soleil par dessus nos testes et eprouvé les plus grandes chaleurs de l'esté sans autre incommodité que celle de suer beaucoup toutes les après disners; mais les nuicts sont tou-iours assez fraiches pour pouvoir dormir commode-ment et les matinees sont assez supportables pour pouvoir travailler iusques a midy sans estre beau-coup incommodé de la chaleur. L'air est si pûr qu'il n'y a iamais de maladies populaires. Les eaux com-

1. Le P. Guy Tachard.

mencent deja a couvrir la terre et les rivieres a se deborder ce qui croitra touiours iusqu'au mois de Novembre. Dez que nous serons arrivés à Macao nous nous appliquerons a apprendre la langue chinoise qui est extremement difficile non seulement a parler a cause des differens tons qui faut donner a chaque mot, un seul signifiant quelquefois 15 et 20 choses toutes differentes selon les differens tons qu'on luy donne, mais surtout a lire et a escrire parcequ'ils ont autant de lettres differentes que de mots; n'y ayant point d'alphabet chez eux comme chez nous mais autant de differentes figures qu'il y a de mots, de sorte qu'ils ont iusques 70 ou 80 milles lettres differentes ; ce sera la une grande occupation pour nous. Mais iespere que Dieu nous assistera ce qui me console c'est qu'il n'est pas necessaire d'attendre quon sache la langue dans la perfection pour commencer a travailler a l'avancement de la religion et que dans moins d'un an on peut assez apprendre a parler cette langue pour estre en estat de faire des catechismes et de petites instructions. Demandez a Dieu, Mon cher Pere, qu'il me fasse la grace de devenir un instrument capable de travailler a ce grand ouvrage de la conversion des ames. Plus i'approche de la Chine plus ie me reconnois indigne d'un si grand employ ; toute ma confiance est comme ie vous lay deja mandé plusieurs fois que Dieu se peut servir des instrumens les plus foibles pour l'execution de ses desseins, et que iespere qu'il achevera son ouvrage en mettant dans moy les dispositions necessaires pour bien remplir les devoirs de la vocation qu'il m'a donné : cest la faveur que ie vous coniure de luy demander pour moy dans vos prieres et de me recommander a celles de toute la famille et particulierement de mes tantes religieuses dans lesquelles iay beaucoup de confiance. Permettez moy aussi d'assurer icy ma mere de mon obeissance et de saluer mes freres, ma soeur, ma belle soeur, et toute la famille, sans oublier la chere Magdelon et son petit frere. Je prie Dieu de tout mon coeur qu'il les comble de ses benedictions et qu'il les conserve dans sa sainte grace; soyez aussi persuadé que pour estre eloigné de ma famille, ie n'en ay pas moins d'attachement pour elle en J. C. Dieu m'est temoin que ie ne manque aucun iour de luy demander particulierement qu'il vous comble de ses consolations, surtout qu'il vous maintienne dans la voye du salut. Je dis pour cela toutes les semaines une messe a vostre intention, et ie continueray touiours a le faire; vous pouvez compter sur cela. Je vous ay prié et ma Mere aussi dans mes lettres precedentes de m'envoyer quand vous en aurez la commodité quelques unes de ces petites boetes de christal taillés a plusieurs facettes des couleurs les plus vives dans lesquelles on met de l'eau de la reine de Hongrie avec des larmes de verre et quelques autres bagatelles de verre qui sont fort estimées dans ces pays et qui servent souvent a donner entrée dans l'esprit des idolastres pour leur parler ensuite de la religion et ie vous ay aussi prié qu'en cas que le P. procureur de nostre province vous demanda de ma part quelque argent pour payer quelques livres que iay demandé vous eussiez la bonté de le luy faire tenir pourveu que cela ne vous incommode point. Je scay bien que le P. Verjus[1] fournira volontiers a tout s'il

1. *Antoine* Verjus, né le 23 janvier 1632 à Paris ou à Joigny ; procureur des missions du Levant ; † a la maison professe de Paris, rue St.-Antoine, 16 mai 1706.

est en pouvoir de le faire, ainsi ie ne croy pas que vous en soiez beaucoup importuné. Mais en tout cas ie ne doute pas que vous ne me fassiez volontiers la grace que iay demandé. Je vous ay aussi mandé d'addresser les lettres que vous voudrez me faire tenir au R. P. Verjus a St Louïs, rüe St Antoine, lequel scaura toutes nos correspondances Les Hollandois partent ordinairement pour les Indes vers la fin de Janvier et au mois d'Aoust. Les Anglois partent, dit-on, presque en toutes saisons et les vaisseaux françois vers le commencement de fevrier. Ainsi vous pouvez prendre sur cela vos mesures quand vous me voudrez faire scavoir de vos nouvelles. Ie suis touiours avec le mesme respect et la mesme soumission

Mon tres honoré Pere

Vostre tres humble et tres obeissant fils

J. F. Gerbillon

de la Comp[ie] de Jesus.

A Siam le 18 de Juin.

Depuis ma lettre ecritte nous sommes venus icy de Levau apres avoir pris nostre audience de congé du Roy qui nous la voulut donner publiquement dans le mesme lieu ou il donne ses audiences particulieres aux Ambassadeurs. Sa Majesté s'entretint avec nous une heure et demie environ, nous temoigna pendant ce temps la une bonté si particuliere que les grands mandarins qui y assistoient en furent étonnés; il nous chargea de luy faire souvent scavoir de nos nouvelles quand nous serions a la Chine. Il nous fit encore donner des habits et ordonna qu'on nous en fit a la chinoise pour entrer dàns la Chine; il donna aussi un grand crucifix d'or au Pere MALDONAT[1] superieur de nostre maison de Siam en reconnoissance des bons services qu'il luy rendit l'année passée à Macao. Le lendemain le Roy nous envoya inviter de venir voir prendre deux grands elephans, que ses chasseurs avoient fait entrer dans un enclos qui est destiné a les prendre et qui n'est qu'a un quart de lieüe de Levau; nous y allames monté sur des elephans que le Roy nous envoya et Sa Maj. nous fit l'honneur de nous faire placer dans le mesme enclos ou il estoit, ce qui est un privilege qui ne s'accorde a personne; il nous temoigna encore la mille bontés et deux iours apres nous prismes congé du Seigneur Constance, nostre insigne bienfaiteur, qui nous a comblé d'honneur et d'amitié pendant tout le temps que nous avons esté en ce roiaume et qui a pourveu libéralement a tous les besoins de nostre voïage d'icy a la Chine. Nous partirons d'icy selon toutes les apparences le lendemain de la St Jean au plus tard pour nous aller embarquer et nous mettrons a la voile vers le 1er de Juillet pour arriver s'il plaist a Dieu a Macao sur la fin du mesme mois. Ayez s'il vous plaist la bonté d'envoyer le plus tot que vous pourrés une copie de la relation que ie vous escrit et de celle qu'on vous envoiëra de ma part aux RR. PP. De HARAUCOURT, DEZ[2], BARTHELEMY, DAUBENTON[3] et LOBAL en leur fai-

1. Sans doute *Jean-Baptiste* Maldonado, né a Mons, 15 oct. 1634 ; † au Cambodge, 5 août 1699.

2. *Jean* Dez, né à la Neuville au-Pont, près Sainte-Menehould (Marne), 3 avril 1643 ; à cette époque était recteur de Strasbourg ; † à Strasbourg, 12 sept. 1712.

3. *Guillaume* Daubenton, né à Auxerre, 24 oct. 1648 ; confesseur de Philippe V, † à Madrid, 7 août 1723.

sant mes complimens ; il suffit que vous en fassiez une copie ou deux et que vous priez ceux auxquels vous les addresserez de les envoyer aux autres. Vous comprenez bien qu'il ne me seroit pas aisé de multiplier de longues lettres estant si éloigné.

Le 1er Jour de Juillet 1686. A Siam.

Avant que de fermer ma lettre j'y adioute ce mot pour vous marquer que nous partons demain d'icy pour nous embarquer ïeudy a la barre ou embouchure de la riviere et mettre a la voile vendredy. Je ne vous escriray par la voye de Hollande que de Macao par ce qu'on m'a assuré que les vaisseaux qui iront de Macao à Batavie y arriveront avant qu'il y en aille d'icy-mais ie vous ay escrit par un vaisseau de Mr Constance qui va au Tonquin ou on nous assure qu'il trouveroit un vaisseau Anglois prest a partir et qui arrivera en France trois ou 4 mois avant que vous receviez cette lettre. J'ay aussi ecrit a ma Mere par la voye d'un vaisseau anglois qui est icy et qui doit aller en Europe ou il n'arrivera que dans un an parce qu'il ira auparavant a Madrasse. Le Roy de Siam nous a envoyé encore chacun douze habits de soye complet a la tartare de la maniere que tout le monde s'habille a la Chine ; il nous a aussi fait escrire au capitaine general de Macao une lettre de recommendation de sa part en nostre faveur. Adieu encore une fois, mon tres cher et tres honoré Pere; ie vous embrasse de tout mon coeur et ma Mere aussi. Je croiois escrire une grande lettre au cher pere Barthelemi, au P. Dez et au P. Daubenton, mais le temps me manque estant chargé de toutes les affaires de nostre embarquement, ainsi ie vous prie de suppléer en ma place leur faisant més excuses et leur envoyant les nouvelles que ie vous mande dans cette lettre avec une copie de la petite relation que ie vous envoye aussi. Je leurs escriray amplement de la Chine quand i'y seray arrivé; priez cependant Dieu pour moy ie vous en coniure encore une fois.

A Monsieur

Lorraine

Monsieur Gerbillon de Buzy

Ancien Magistrat de Verdun.

A Verdun

Lorraine.

II

A Siam le 19 de Juin 1686.

Ma tres chere et tres honorée Mere

Dans l'incertitude ou ie suis si les deux lettres que i'escris d'icy a mon Pere pour luy estre envoyée par deux differentes voyes luy seront renduës, ie vous repeteray encore a peu pres les mesmes choses dans cette lettre qui vous sera envoyée par une troisiesme voye affin que vous receviez au moins quelqu'une de ces trois lettres et ie continueray a vous escrire ainsi les mesmes choses par plusieurs voyes differentes quand ie seray arrivé a la Chine, scachant bien que dans une route aussi longue et aussi difficile qu'est celle que doivent faire mes lettres pour vous estre renduës il y a touiours grand danger que la plus part ne se perdent; si vous desirez que ie recoive surement de vos nouvelles, il faut que vous en usies de mesme de vostre part faisant scavoir au

P. Verjus ou a celuy qui pourroit estre procureur des missions d'Orient en sa place auquel vous addresserez touiours toutes vos lettres pour moy quelles lettres seront pour estre envoyees par des voyes differentes; il y vient surement tous les ans d'Europe en ces pays cy des vaisseaux de quattre nations differentes. Les vaisseaux françois ne partent guerres qu'une fois l'année c'est a scavoir vers le mois de Janvier ou de Feuvrier, les Hollandois partent dit-on surement en deux saisons differentes vers la fin de Decembre ou au commencement de Janvier et au mois d'Aoust ou de Septembre, les Anglois partent indifferemment presques dans tous les mois de l'année et les Portugais ne partent qu'une fois au mois de Mars; cette derniere voye est peut estre la plus longue mais elle sera la plus sûre pour nous a cause des correspondances reglées que les Portugais ont avec la Chine, la ville de Macao qui en est l'entrée leur appartenant et ne manquant aucune année d'y envoyer des vaisseaux. Nous avons deja pris en passant à Batavie un correspondant pour la voye de Hollande qui a soin de recevoir et d'envoyer tout ce que nos peres luy addressent pour l'Europe ou tout ce qu'on luy addresse d'Europe pour nos peres. Nous avons icy des personnes qui auront soin d'envoyer et de recevoir nos lettres par la voye de France et d'Angleterre et comme le commerce est presentement ouvert a la Chine pour toutes les nations, on aura bien moins de peine pour les lettres qu'on n'en avoit auparavant. Nous sommes presentement sur le point de partir pour aller à Macao ou nous avons un fort beau college; quand nous y serons arrivé nous escrirons de la au Pere Ferdinand Verbiest pour l'advertir de nostre arrivée et des desseins pour lesquels nous sommes envoyés a la Chine ; suivant les reponses que nous recevrons de luy nous prendrons avec les superieurs de ces missions des mesures pour nostre entrée dans l'empire de la Chine ou nous avons tout le suiet possible d'esperer que nos desseins pour la gloire de Dieu et pour le service du Roy réussiront veu les dispositions favorables dans lesquels nous apprenons par toutes les nouvelles qui sont venües cette année de la Chine que l'empereur de cette grande Monarchie est a l'egard du christianisme et en particulier a l'egard de nos peres pour lesquels il temoigne tous les iours plus d'estime et de bienveillance ; vous apprendrez les marques eclattantes qu'il leurs a données de sa bonté l'année derniere par la petite relation que i'envoye a mon pere de l'estat present des affaires de la Chine du Japon et de la maniere dont on se gouverne en cette cour ; je l'ay laissé icy entre les mains d'un de nos peres qui reste icy et qui aura soin de l'envoyer par la voye qu'il iugera la plus sure.

Le vaisseau sur lequel nous devons nous embarquer est deja hors de la riviere et nous devons partir dans 5 ou 6 iours pour l'aller ioindre affin de mettre a la voile le 1er de Juillet au plus tard ; ce vaisseau appartient au seigneur Constance qui l'a donné a un capitaine portugais le plus experimenté et le plus habile qui soit en ces pays cy pour nous conduire a Macao et il le luy a donné comme le meilleur vaisseau qui fut icy en son pouvoir et a condition que nous y serions les maistres. C'est ainsi qu'apres nous avoir icy comblé d'honneur et de biens, il a voulu encore prendre le soin que nous fissions nostre voiage le plus surement et le plus commodément qu'il se peut. Comme nostre capitaine est habile et qu'il a deja fait ce voyage dix ou douze fois et que le vaisseau est tres bon et que nous prenons la saison la plus propre, les vents qui regnent a present dans ces mers estant presque touiours favorables, on dit qu'il n'y a pas grand danger. Le voyage n'est que de 4 a 5 cent lieües qu'on fait ordinairement en moins d'un mois et pendant lequel on ne perd guerre la terre de veüe. Il y a dans le vaisseau une chambre assez grande et assez propre qu'on nous donne toute entiere pour nous quattre et Madame Constance a voulu elle mesme prendre soin de nous pourvoir abondamment de toutes les choses necessaires pour notre subsistance. Jugez par la des obligations que nous avons a la Providence qui nous fait trouver dans un pays si eloigné des protecteurs et des bienfaiteurs qui nous temoignent plus de bonté et qui nous font plus de bien que nous n'en pourrions esperer de nos plus proches parens et de nos meilleurs amis ; il est vray qu'on ne peut rien adiouter aux bons traitemens que nous avons receu icy de ce genereux seigneur. Il nous a touiours retenu a la Cour aupres de luy depuis le depart de M[r] l'ambassadeur de France et n'a pas voulu que nous eussions pendant tout ce temps la d'autre table que la sienne; toutes les fois qu'il a fait quelques petits voïages il a touiours voulu que quelques uns de nous l'accompagnassent et ie puis dire qu'il m'a temoigné a moy particulierement une bonté extraordinaire; il m'a touiours demandé nommement pour aller avec luy et il m'a pressé autant qu'il se pouvoit pour m'engager a rester icy aupres de luy. Mais comme iay touiours eu une vocation particuliere pour la Chine ou iespere que ie pourray rendre plus de service a Dieu et au Roy, et que d'ailleurs ie ne suis pas venu si loin pour mener une vie de cour, ie me suis tellement deffendu de demeurer icy qu'enfin il s'est contenté d'un autre de nos peres qui y restera iusqu'a ce que les Jesuites que le Roy de Siam a fait demander par ses ambassadeurs soient arrivés icy, apres quoy il pourra nous venir ioindre a la Chine. Nous sommes aussi redevables a ce mesme Seigneur des graces et de l'honneur que le Roy nous a fait puisque c'est luy qui nous les a procurés aupres de Sa Majesté qui se rapporte a luy de toutes choses. Outre l'audience que le Roy nous donna a nous six pendant que M^r^ l'ambassadeur estoit icy et l'observation d'eclipse qu'il fit avec nous au mois de Decembre et dont ie vous ay parlé dans mes autres lettres, il nous en a donné depuis ce temps la deux autres publiquement dans le mesme lieu ou il la donne aux ambassadeurs ; il nous donna la premiere conioinctement avec Mgr l'evesque de Metellopolis, vicaire apostolique et administrateur general des missions de tous ces pays-cy; il nous y dit mille choses tres obligeantes pendant pres de deux heures qu'il demeura avec nous, témoignant prendre beaucoup de part a tous nos desseins et a tout ce qui nous regardoit ; dans la derniere qui fut nostre audience de congé ou nous estions seuls avec le superieur de nostre maison de Siam auquel il donna un grand crucifix d'or en reconnoissance des bons services qu'il luy rendit lannée passée a Macao, Sa Maiesté nous entretint environ une heure et demie; d'un air plein de bonté et de douceur, il s'informa si on avoit pourveu a tout ce qui estoit necessaire pour la sureté et la commodité de nostre voïage; il nous fit encore donner a chacun un habit et ordonna qu'on nous en fit a la tartare de la maniere dont tout le monde les porte a la Chine. Il nous temoigna ensuitte que nous luy ferions plaisir de luy faire souvent scavoir de nos nouvelles et de luy faire part de toutes les remarques curieuses que nous ferions a la Chine. Dans toutes les deux audiences nous estions assis sur des tapis a deux ou trois pas du Roy et tout vis a vis de luy; tous les plus grands Mandarins du Royaume estant cependant derriere nous a genoux appuyés sur leurs coudes les mains iointes et le visage contre terre; Mr Constance y estoit luy mesme nous servant d'interprete. C'est la coustume du pays et presque de tous les royaumes d'orient de ne paroistre qu'en cette posture devant les Roys qu'on revere comme autant de divinités, aussi a-t-on esté extremement surpris icy que le Roy se soit si fort relasché en nostre faveur sans que nous l'eussions demandé, et qu'il nous aye receu avec tant de bonté et de familiarité. Outre cela il nous a envoyé 7 ou 8 repas magnifiques servis dans sa propre vaisselle et par les officiers de sa maison qui est une autre faveur fort extraordinaire. Il s'est fait montrer plusieurs fois le plan et le modelle que nous avons fait de la maison qu'il nous fait bastir a Levau avec une église et un observatoire qui sera magnifique pour le pays; il envoye souvent des grands mandarins pour presser l'ouvrage; enfin il nous a comblé de témoignages d'une bonté tres singuliere iusques la que nous ayant invité le lendemain de nostre audience de congé a venir voir prendre deux Elephans sauvages que ses chasseurs avoient ammené tout proche de Levau il prit luy mesme le soin de nous faire placer dans le mesme enclos ou il estoit;

vous iugez bien par la que nous avons bien des graces à rendre a Dieu de nous avoir fait trouver dans la cour d'un Roy gentil un acceuïl si favorable. Au reste ie n'ay iamais esté graces a Dieu en meilleure santé que ie le suis a present; je n'ay pas eu depuis mon-depart de France la moindre attaque de maladie et ie me porte presentement aussi bien que quand ie partis de Paris; c'est une obligation particuliere que iay a Dieu; car tous nos autres peres ont eu chacun quelque incommodité, quoy qu'ils se portent bien tous a present. Il s'en faut beaucoup que ie n'aye trouvé les chaleurs de la zone torride aussi insupportables que ie le croyois. J'ay veu passer le soleil sur nos testes sans en ressentir d'autre incommodité que celle de suer beaucoup les apres dinees, car pour le matin le temps est touiours assez doux lorsqu'on ne s'expose pas au soleil et on peut travailler fort tranquillement dans la maison; les nuicts sont ordinairement beaucoup plus fraîches qu'en France pendant le grand esté; outre qu'il y a presque touiours du vent et souvent de la pluye en esté qui rafraichit beaucoup l'air, cet air est admirablement bon et si pur qu'il n'y a iamais de maladie populaire en ce pays cy et qu'on peut dormir au serein sans en estre aucunement incommodé; nous allons dans un pays qui doit estre moins chaud encore puisqu'il s'éloigne touiours davantage de la ligne equinoctiale.

Comme le temps approche auquel i'espere commencer a travailler a la conversion des infidels iay plus besoin que iamais qu'on prie Dieu pour moy. Demandez-luy ie vous en coniure ma chere Mere qu'il me fasse la grace de remplir fidellement tous les devoirs de ma vocation et qu'il mette en moy les dispositions necessaires pour l'accomplissement de ses desseins. L'employ que ie vas prendre demanderoit la vertu et le zele d'un Apostre dont ie suis bien éloigné : c'est pourquoy recommandez moi aux prieres de toute nostre famille et particulierement de mes tantes les religieuses auxquelles iay beaucoup de confiance et soyez bien persuadé que pour estre si éloigné de vous et de toute ma famille, ie n'en ay pas moins de tendresse ni moins de zele pour vos veritables interests et que ie ne passe aucun iour sans les recommander bien particulièrement a Dieu dans mes petites prieres, ne manquant jamais toutes les fois que iay l'honneur de presenter a Dieu l'auguste sacrifice de la Messe de luy demander qu'il vous comble de ses plus saintes consolations et surtout qu'il vous maintienne iusques a la fin dans la voye du salut. Je dis de plus pour cela toutes les semaines une messe a vostre intention et ie continueray touiours a le faire, vous pouvez compter sur cela. Je vous ay prié dans mes lettres precedentes de m'envoyer quand vous en aurez la commodité quelques unes de ces petites phioles de christal taillé et des couleurs les plus vives dans lesquels on met de l'eau de la reine de Hongrie, des larmes de verre et quelques autres bagatelles de cristal dont on fait grand cas en ces pays cy et qui peuvent beaucoup servir pour trouver entrée chez les grands que l'on gagne ensuitte plus facilement a la religion. S'il me tombe quelque curiosité en main dans la Chine ie ne manqueray pas de vous en faire part, comme iay aussi demandé quelque livres dont iay besoin en mon particulier et que iay chargé le pere procureur de nostre province a Paris de me les envoyer, en cas qu'il vous demande quelquargent pour cela ie vous ay prié de le lui fournir si cela ne vous incommode point; il ne vous en demandera qu'en cas que le pere Verjus procureur des missions ne soit pas en estat d'y fournir, car ie suis assuré qu'a moins que sa bourse ne soit bien epuisé il y fournira de bon cœur — surtout ce que ie demande n'estant pas de grande depense. A Dieu Ma chere Mere ne vous souvenez de moy que pour vous reiouir de toutes les faveurs dont Dieu me comble tous les iours et priez le qu'il me fasse la grace de ne m'en pas rendre indigne par ma lacheté dans son saint service. Agreez que i'assure icy Mon pere de mon obeissance et que i'embrasse de cœur mes freres ma sœur et ma belle sœur sans oublier la chere Magdelon et son petit frere; tenez la main qu'ils soient elevés dans la crainte de Dieu. Je salue aussi mes oncles mes tantes et toute la famille et ie suis plus particulierement et avec plus de soumission que iamais

Ma tres chere et tres honorée Mere

Votre tres humble et tres obeissant fils

J. F. GERBILLON

de la Comp[ie] de Jesus.

Saluez aussi de ma part ie vous en supplie ceux de nos peres que vous scaurez estre de ma connoissance au college de Verdun.

A Mademoiselle

Mademoiselle GERBILLON de Buzy

Lorraine

A Verdun

Lorraine

A Siam le 9 decembre 1686.

Je rouvre cette lettre pour y adiouter ce que ie vous ay deja mandé par les lettres que ie vous ay escrite par la voye de France : c'est a scavoir qu'estant parti pour aller a la Chine nous avons esté obligé de relascher des le 3e iour de nostre navigation et de retourner icy, la tempeste dont nous fusmes surpris ayant fait ouvrir nostre vaisseau en plusieurs endroits de sorte que si nous n'avions eu un capitaine resolu et intelligent nous courrions grand risque de nous perdre, le vaisseau ne s'estant pas trouvé si bon qu'on le croioit; je vous ay mandé tout le détail de cela et de nostre retour icy ou nous sommes obligé de rester encore iusqu'au mois de Juin vers lequel nous partirons pour la Chine ; nous tacherons de prendre toutes les mesures necessaires pour assurer nostre voyage; c'est une chose facheuse en ces pays cy que quand on a manqué son voyage vers le mois de Juin ou de Juillet il faut attendre une année entiere pour le faire parce que les vents ne sont propres pour cette navigation que dans ce temps la ; il faut sur cela se conformer a la volonté de Dieu qui nous a voulu laisser encore plus de temps pour nous disposer a travailler aux saluts des ames. Priez Dieu que mes pechez et ma lacheté dans le service de Dieu ne m'en rende pas indigne.

Je m'attendois hier a recevoir de vos nouvelles lorsqu'on nous apporta un assez gros pacquet de lettres de Paris qui sont dattée du mois de Janvier de cette année 1686. Nous avons eu la consolation d'apprendre la destruction de l'heresie en France et plusieurs autres nouvelles favorables a la religion, mais ie n'ay receu qu'une seule lettre d'un jesuite de mes amis qui m'escrit de Paris de sorte que ie n'ay point encore eu de vos nouvelles depuis que ie suis parti de France et ie n'en dois pas attendre apparamment de sitôt. Jay appris la mort du P. NYEL [1] a Paris et celle du P. LONGEAUX en Perse. Je salue encore une fois mes freres et ma sœur apres avoir presente mes respects a mon pere. Je vous aurois escrit auiourdhuy un peu plus au long si la personne qui vous doit porter cette lettre ne partoit auiourdhuy ou demain d'icy ou elle n'est arrivée que d'hier au soir, outre que ie dois prescher demain en portugais dans nostre eglise.

III

A Siam, le 8e de Juin 1687.

Mon tres cher Pere

La paix de nostre Seigneur

J'appris avec bien de la douleur au mois de Decembre dernier par les lettres que nous receusmes de Paris dattée du mois de Janvier 1686 que le R. P. NYEL estoit mort deux ou 3 mois avant que ces lettres fussent escrites et iay veu depuis un ecclesiastique de qui ma dit que vous esties resté a Paris avec le R. P. de LA BOURDONNOIS a present confesseur de son Alt. Royale Monsieur et comme il me fit des recommendations de vostre part il est iuste que ie vous en remercie et que ie vous marque avec combien de ioye i'appris par la que vous ne m'aviez pas encore oublié. Jespere aussi que vous priez Dieu pour moy. Je vous coniure de continuer

1. *Louis* Nyel, né à Sommerécourt (Hte-Marne), 6 août 1622 ; confesseur du Duc d'Orléans ; † à Montbard, 30 nov. 1685.

et d'estre persuadé que de mon costé ie me souviens tous les ïours de vous a l'autel ce que ie continuëray touiours en reconnoissance de tant de bons offices que vous m'avez rendus et si Dieu nous fait la grace d'arriver heureusement a Namkim qui est la 2de ville de l'empire de la Chine ou nous allons en droiture vous aurez l'an prochain des nouvelles de lestat du christianisme dans ce grand [ ] ou il y a de plus favorables dispositions [ ] pour la religion Dieu me fasse la [ ] quelquechose a son [ ] scay bien que ie suis tres indigne [ ] employé a un aussi saint ministere [ ] est celuy de la conversion des [ ] que ie ne suis pas assez converti moy [mesme pour] travailler a la conversion des autres [ ] ie me confie en la misericorde de Dieu [ ] laisse pas souvent de se servir des plus [ ] pescheurs pour l'execution de ses [desseins] priez Dieu encore une fois Mon cher [Pere] pechez ne mettent point [ ] la conversion des personnes parmi [ ] vivre.

Jè ne vous escris [pas] de nouvelles de ces pays cy si vous [ ] le pouvez en lisant la lettre que j'écris au P. Le Gobien[1] et que i'addresse toute ouverte au P. Galard ou a celuy qui seroit procureur de nostre province en sa place; vous m'obligerez mesme d'en faire faire une copie pour l'envoyer de ma part au R. P. Mathieu[2] et au R. P. de Lyoncourt et au R. P. Dez. Si vous n'avez pas la commodité de

1. *Charles* le Gobien, né à Saint-Malo en 1653 ; procureur des missions de la Chine ; † à la maison professe de Paris, le 5 mars 1708.

2. *François* Matthieu, né à Joinville (H[te]-Marne), 7 avril 1615 ; recteur de Nancy ; † à Dijon, 13 oct. 1688.

le faire, ecrivez je vous prie au cher P. Godinet a qui ie prie le P. Le Gobien d'en envoyer une copie, qu'il l'envoye a ces peres que ie vous marque aussi bien qu'aux autres que ie lui marque dans la lettre que ie luy escris. J'ay mandé au P. Verjus qu'il tasche de nous envoyer quelques estuis de cousteaux ciseaux et autres pieces de coutellerie ioliment travaillee et garnie de belle ecaille de tortuë et qu'autrefois vous m'aviez fait voir de tres beaux estuis garnis de cousteaux à manches d'ecaille de tortuë facon de Nogent de ciseaux fort propre et de poinçon a compas pour un escus ou un escus dix sols et que ie croiois que vous vous employeries de bon coeur a faire de ces sortes d'emplettes pour nous. On ne peut en ces pays se passer de quelques bagatelles curieuses d'Europe pour faire des presens a ceux dont on a besoin tous les iours pour le bien de la religion, la coustume estant de ne demander [ni] recevoir aucune grace a la Chine sans donner quelque present et qu [avec] quelques curiosités d'Europe on epargne souvent des sommes d'argent qu'il faudroit donner ; ainsi quand vous pourrez m'en [ ] unes de ceux que vous scavez estre mes amis sans les in [

vous m'avez temoigné iusqua present [ ] de nos missions quand vous en trouverez l'occasion, cependant soiez persuadé qu'on ne peut estre plus que ie le suis dans l'amour de J. C. crucifié

Mon tres cher frere

Vostre tres humble et tres obeissant serviteur

Gerbillon Jésuite.

Vous scavez que pour me faire tenir des lettres il ne faut que les mettre entre les mains du R. P. VERJUS vers le commencement de Janvier particulierement, et en quelquautre saison que ce soit il aura soin de les envoyer quand il trouvera occasion aussi bien que toutes les autres choses qu'on me voudroit faire tenir.

IV

A Peking le 16 Septembre 1700.

Mes tres honorés Pere et Mere

La paix de Nostre Seigneur

J'ay eu la consolation de recevoir ces deux dernieres années plus de lettres de vostre part que ie n'en avois receu depuis que ie suis party de France. Je repondis il y a deux ans et l'année passée à celles que le P. BOUVET[1] et le P. DOLZÉ[2] m'avoient apporté et ie receu sur la fin de l'année passée celles dont vous avies chargé le P. VERZEAU[3] avec vne lettre qu'il m'écrivoit luy mesme d'Alep, ou il me mandoit qu'il vous avoit veu a Verdun &c. J'espere que vous aurez aussi receu plus exactement les lettres que ie vous ay écrites ces années dernieres que les precedentes et si le P. de FONTANEY[4] mon bon ami est

1. *Joachim* Bouvet, 白晉 *Pe tsin*, né au Mans le 18 juillet 1656 ; arrivé en Chine en 1687 ; † à Pe-king, 28 juin 1730.

2. *Charles* Dolzé 翟敬臣, né à Metz, en 1663 ; † 22 juillet 1701 à Pe-king.

3. *Adrien* Verzeau, né à Vervins, le 12 février 1668 ; † à Constantinople, 28 janvier 1720.

4. *Jean* de Fontaney 洪若翰, *Hong Jo-han*, né le 17 février 1643, au diocèse de Léon ; † 16 janvier 1710, à la Flèche ; premier supérieur de la Mission française de Pe-king.

arrivé heureusement en France comme iay lieu de l'esperer, vous aurez esté fort amplement informé de tout ce qui me touche ; ie l'ay chargé de tous les originaux de mes voïages et des remarques que i'y ai fait, n'ayant pas eu le loisir d'en faire des copies : ie ne scay s'il les donnera au publique ce que iay laissé a sa discretion et a celle des PP. Le Comte[1] et Le Gobien qui sont aussi beaucoup de mes amis, mais au moins iespere qu'on vous en aura fait part pour vostre consolation particuliere, ainsi que ie lay tres expressement recommandé ; vous serez par la amplement informé de mes courses et de mes employs. J'ay esté aussi occupé cette année aupres de l'Emp^r^ que les precedentes. Sa Maj^té^ ayant voulu que ie demeurasse touiours aupres de Luy dans sa Maison de plaisance avec vne partie des nouveaux compagnons que le P. Bouvet nous a amené dont le P. Dolzé que vous avez veu est un des principaux et dont l'Empereur fait beaucoup de cas. Jay aussi suivi sa Maj^te^ dans un voïage qu'il a fait ce printemps pendant 20 iours ; il nous fit plus d'honneur et de caresses durant ce voïage qu'il n'avoit iamais fait et ce qui a mis le comble a ses bienfaits c'est qu'il nous a donné vne permission expresse de bastir vne Église au vray Dieu dans vn emplacement qu'il nous avoit desja donné tout ioignant nostre maison qui est comme ie vous l'ay desja mandé dans l'enceinte de son palais, et qu'il a bien voulu contribuer au bastiment de cette Église, en nous donnant vne grande partie des materiaux et vne somme d'argent pour aider ; au reste quelques uns des princes

1. *Louis Daniel* Le Comte 李明, *Li Ming*, né à Bordeaux, le 10 oct. 1655; † à Bordeaux, 18 avril 1728; Confesseur de la Duchesse de Bourgogne.

et des 1ers Seigneurs de cette cour qui ont beaucoup de bonté pour moy y ont aussi contribué des sommes assez considerables de sorte que Dieu nous a fourni les moiens de luy bastir jusques dans le palais d'un empereur idolastre un temple qui en sera un des plus beaux ornemens et que i'espere d'achever sans que nous y employons un sol d'argent de France. Comme tous les compagnons qui nous sont venus de France au nombre de 16 sont heureusement arrivés nous avons aussi fait plusieurs nouveaux établissemens dans les provinces pour les placer et leur donner moien de satisfaire leur zele. Ce n'est pas vne petite consolation pour moy que Dieu aye bien daigné se servir de mes foibles soins et de mes petits travaux pour donner commencement a vne Mission qui aura selon toutes les apparences de grandes suittes pour sa gloire et pour l'établissement solide du christianisme dans ce vaste Empire qui est dans vne grande paix et ou les peuples sont partout tres bien disposés a recevoir la prédication de l'Évangile. Joignés vos prieres aux miennes affin que les grands succes dont Dieu a beni mes petits travaux ne soient pas toute ma recompense; ce n'est pas que ie n'aye eu des croix a porter et bien des traverses a surmonter du costé que i'en devois le moins attendre; mais Dieu m'a fait la grace d'en venir a bout et aujourd'huy nos affaires sont dans vne situation assez tranquille.

Pour ce qui est de faire un voïage en Europe vous pouvez bien iuger que la plus grande consolation que ie puisse avoir en ce monde seroit celle de vous revoir et de vous embrasser encore vne fois et les fatigues ny les dangers du voïage ne m'auroient pas fait balancer un moment pour l'entreprendre : mais outre que l'attachement que l'Empereur a voulu iusques icy que i'eusse aupres de sa personne ne me donnoit aucun lieu d'esperer que i'en pûsse obtenir la permission de Sa Majesté de bonne grace, tous mes compagnons ont iugé ma présence si necessaire en cette cour pour le succes de nostre mission qu'ils n'auroient iamais consentis que i'en fisse seulement la proposition : dans la suitte comme i'ay presentement icy vn assez grand nombre de compagnons qui ont beaucoup de merite et qui seront comme ie l'espere fort goutté en cette cour quand ils y seront bien connûs, il n'est pas impossible que l'Empereur luy mesme me fasse faire un voïage en France si la bonne correspondance entre luy et le Roy continue comme elle a commencé : si la Providence en ordonnoit ainsi ie profiterois de cette occasion pour vous procurer la satisfaction que vous desirez et pour en iouïr moy mesme. Cependant ie continue mes vœux et mes prieres pour la conservation de vostre santé et ie demande incessamment a Dieu qu'il vous comble de ses plus douces consolations sur la fin de vos iours apres avoir éprouvé votre constance par tant de disgraces en vous enlevant comme il fait la plus considerable partie de la famille qu'il vous avoit donné sans que i'aye pû partager vostre douleur et contribuër quelquechose a vostre consolation dans ces tristes évenemens.

J'ecris encore cette année a Me de Talvenne et a M^r^ son fils parcequ'ils m'ont prié de leur donner souvent de mes nouvelles et ie recommande fort ce dernier aux PP. Dez et Le Comte qui le connoissent desja : i'escris aussi a ma tante de Ste Claire et a ma niepce dont les lettres ne m'ont esté rendüe que sur la fin de l'année passée lorsqu'il n'estoit plus temps d'escrire; ne vous inquietez de rien sur mon chapitre; ie n'ay besoin de rien par la grace de Dieu pour mon particulier, et n'estoit l'eloignement des lieux ie serois plus en estat de vous envoïer de temps en temps des curiositez de ce pays que dans le besoin de vous demander quelquechose : Le P. Bouvet a apporté icy des crystaux et autres curiositez suffisamment pour nous acquitter envers nos amis et desormais qu'il y aura un commerce plus réglé entre la France et la Chine ceux qui ont soin de nos affaîres a Paris ne manqueront pas de nous pourvoir de ce qui nous est necessaire. Je vous prie seulement de continuër a prier Dieu pour moy et d'estre persuadé que ie suis touîours avec tout le respect et la tendresse possible

Mes tres honorés Pere et Mere

Vostre tres humble et tres obéissant fils

J. Fr. GERBILLON Jesuite.

Si le R. P. Barthelemy est encore a Verdun ie vous prie de l'assûrer de mes respects et de la continuiition de mon amitie; ie luy escrivis l'an passé; ie saluë aussi le R. P. Senocque et tous ceux que vous scavez estre de ma connoissance mais surtout toute nostre famille et nomment mon frere ma belle sœur et mon petit nepveu.

A Monsieur

Lorraine.

Monsieur GERBILLON de Buzy

Con^{er} du Roy ancien Maire Échevin de Verdun.

A Verdun.

V

A Peking le 6e Decembre 1702.

Mes tres honorés Pere et Mere

La paix de Nostre Seigneur

Quoyque i'ay eu l'honneur de vous escrire il y a trois mois par le retour du vaisseau qui ramena l'année passée le P. de Fontaney a la Chine et que iaye repondu a toutes les lettres que ce Pere m'apporta de vostre part il y a plus d'un an, cependant comme ie n'ay guerres de plus grande consolation que celle de recevoir de vos nouvelles et de vous en donner des miennes, ie me sers avec plaisir de l'occasion du retour du mesme P. de Fontaney qui va estre procureur de nos missions a Paris, pour vous escrire encore cette lettre. Je n'en ay point encore receu des vostres cette année parceque les vaisseaux françois qu'on nous a mandé devoir venir cette année à la Chine ne sont pas encore arrivés, que nous sachions ; apparemment qu'ils m'apporteront de vos lettres, car il y a trois de nos peres sur ces vaisseaux et en autres le P. Jacquemin[1] qu'on m'a dit estre de Verdun qui apparemment sera chargé de vos lettres ; ce qui me console est que iay receu vne lettre du P. Le Gobien venüe sur vn vaisseau Anglois dans la quelle il me mande qu'il vous a envoyé les lettres que ie luy addressay pour vous il y a deux ans, et que vous estiés l'un et l'autre en bonne santé : desormais i'auray encore plus facilement de vos nouvelles car

1. *Claude* Jacquemin, 彭加德, né en Lorraine, 3 sept. 1669 ; † à Peking, 1735 ; il arriva en Chine avec le P. de Mailla.

le P. de Fontaney qui est extremement de mes amis aura un soin tout particulier, comme il me la promis, de vous faire tenir mes lettres, de m'envoyer les vostres et vous fera sçavoir ce qui me regarde. Si son départ n'avoit pas esté si précipité et qu'il fut retourné sur un vaisseau francois, ie n'aurois pas manqué de le charger de quelques bagatelles de ce pays cy pour vous les porter comme vne marque de ma reconnoissance et de mon respect; mais allant sur un vaisseau Anglois, il ne peut se charger de rien, outre que i'avois desjà envoyé à Canton ce que i'avois a envoyer en France pour estre porté par le vaisseau francois qui y vint l'année passée, Je ne scay sil laura emporté a cause de la crainte qu'on a de la guerre; mais soyes assuré que sil la emporté le P. de Fontaney aura soin qu'on vous l'envoye : il y a deux pieces de satin pour vous et quelques porcelaines; Mais ie vous prie de n'en point parler, si on ne vous les envoyoit pas; car ce ne pourra estre que parcequ'elles ne sont pas arrivées : et iay eu trop de chagrin des reproches qu'on fit il y a deux ans a nos Peres comme sils avoient manqué a vous faire tenir ce que ie vous avois envoyé quoyquil n'y eut nullement de leur faute, puisque ce qui a manqué n'estoit pas seulement party de la Chine ainsi que ie vous l'ay marqué dans mes lettres de l'année passée; s'il arrivoit encore du bruict en pareille occasion cela m'osterait entierement la liberté de jamais rien envoyer en France.

Je vous ay desja mandé que le P. de Fontaney en arrivant icy m'a fidellement remis la boite contenant les phiolles de crystal avec le beau breviaire que vous avez eu la bonté de m'envoyer aussi bien que les verres que m'envoiöit mon frere, je vous en reïtere mes très humbles remerciemens et ie vous prie de ne plus songer a me rien envoyer Je n'ay besoin de rien que de beaucoup de vertus et ie n'ay que trop abondamment ce qui me peut estre d'usage pour les commodités de la vie propres de ma profession ; toute la grace que ie vous demande est de vous souvenir touiours de moy dans vos prieres comme ie ne manque pas a le faire fort regulierement de vous et de toute la famille toutes les fois que i'ay le bien de celebrer le St Sacrifice de la messe ; ie viens actuellement de la dire pour vous et nommement pour ma mere car c'est aujourd'huy la feste de son St. patron : et i'en dis touiours vne chaque semaine pour vous, priant nostre Seigneur de vous conserver dans sa ste. grace et de vous combler de ses plus pretieuses benedictions.

Je vous ay deja mandé plusieurs fois qu'il n'y avoit nulle apparence que nous pussions nous revoir en ce monde : on ne veut point que ie quitte le poste ou ie suis, et aujourd'huy qu'on ma chargé du soin de toute nostre mission me voila plus attaché a la Chine que jamais, ainsi il faut nous consoler dans l'esperance de nous revoir dans le ciel.

Comme il nous est venu ces annees dernieres beaucoup de Missionnaires et qu'il faut les establir et ouvrir de nouvelles missions dans les vastes provinces de cet empire, i'ay esté plus occupé que iamais et le suis encore beaucoup ; quoyque ie n'aye pas esté obligé de suivre l'Empr. dans ses voiages comme ie faisois auparavant, ce qui m'a donné le loisir de bien restablir ma santé qui est, Dieu mercy, en fort bon estat. Si ie pouvois esperer d'estre entierement delivré des embaras et du tumulte de la cour pour n'avoir plus qu'a penser a mon salut et a travailler a celuy des pauvres chinois, ie n'aurois rien a desirer en ce monde : cependant comme il paroit que c'est la volonté de Dieu, que ie reste dans cette cour pour y travailler a l'establissement de nostre mission des Jesuites francois et aider et favoriser toutes les autres comme i'ay toujours tasché de faire, Je suis resolus a m'y conformer entierement et a ne rien faire pour en sortir, esperant de la bonté de nostre Seigneur qu'il me fera miséricorde et qu'il me soutiendra dans les employs difficiles dont sa Providence m'a chargé. Je me recommande toujours a vos bonnes prieres et a celle de toutes les personnes que vous scavez prendre quelque part a ce qui me touche. Je salue bien particulierement mon frere ma belle sœur ma niepce et mon petit nepveu que ie vous recommande bien de faire elever dans la crainte de Dieu. Je présente icy mes respects a ma tante de Ste Claire, au cher et R. P. Barthelemy et a tous ceux de nos peres qui sont de ma connoissance dans le college de Verdun.

Je suis toujours avec tout le respect et la soumission possible

Mes tres honorés Pere et Mere

Vostre tres humble et tres obeissant fils

J. F. Gerbillon J.

A Monsieur

Monsieur Gerbillon de Buzy

Ancien Maistre Échevin de Verdun.

A Verdun.

Lorraine.

UNE LETTRE INÉDITE
DU VOYAGEUR ANDRÉ MICHAUX[1]

André MICHAUX, né à Satory le 7 mars 1746, étudia la botanique à Trianon en 1777 sous Bernard DE JUSSIEU. Il trouva l'occasion d'aller en Perse avec Jean-François-Xavier ROUSSEAU[2], cousin issu de germain de Jean-Jacques, qui, arrivé à Paris en décembre 1780, avait été nommé consul titulaire de Bassorah et regagnait son poste. « Michaux, nous dit Deleuze[3] dans l'excellente notice qu'il a consacrée à notre voyageur, fut autorisé à l'accompagner, et MONSIEUR, frère du roi, lui assigna 1.200 livres d'appointemens. Michaux ne se permit aucune observation sur l'in-

1. Extrait du *Bulletin de la Section de Géographie*, 1916.

2. *Jean-François-Xavier* ROUSSEAU, né à Ispahan le 10 octobre 1738, mort à Alep le 12 mai 1808, était fils du Genevois *Jacques* ROUSSEAU, cousin germain de *Jean-Jacques*, passé en 1705 en Perse, où il s'était marié et où il était devenu joaillier de la Couronne. *Xavier* ROUSSEAU, chargé provisoirement en 1772 des deux consulats français de Bagdad et de Bassorah, rentra en France en 1780 et fut nommé consul titulaire de Bassorah ; Bagdad ayant été réuni au consulat de Bassorah, il résida dans cette dernière ville du 9 février 1784 jusqu'en 1788, époque à laquelle il se fixa dans la première. En 1803, il fut nommé agent général diplomatique et commercial à Bagdad ; son fils, *Jean-Baptiste-Louis-Jacques* ROUSSEAU, né en décembre 1780, orientaliste, mourut en 1831, consul général de France à Tripoli de Barbarie. M. Henri Dehérain a publié dans le *Journal des Savants*, août 1914, pp. 367-371, la correspondance de ce dernier avec Silvestre de Sacy, conservée à la Bibliothèque de l'Institut, mss N. S. CCCLXXV, n°s 534-539.

3. *Notice historique sur André Michaux*, par DELEUZE (*Annales du Muséum national d'histoire naturelle*, III, 1804, p. 191 227). — Voir p. 196-197.

suffisance de cette somme; il fit à ses frais toutes les dépenses nécessaires, et partit avec le consul en 1782. Ils allèrent d'abord à Alep (par Alexandrette où il débarqua le 30 mars), et de là à Bagdad où ils arrivèrent après quarante jours de marche à travers le désert. » Michaux rentra à Alep le 31 janvier, et à Paris au mois de juin 1785, rapportant un magnifique herbier.

Il repartait bientôt pour l'Amérique et arrivait à New-York en octobre 1785, chargé de parcourir les États-Unis, d'y recueillir des graines et des plants d'arbres et d'arbustes, d'en faire un entrepôt au voisinage de New-York, et de les faire passer en France[1]. Michaux quitta l'Amérique en août 1796 avec les matériaux de sa grande *Histoire des chênes de l'Amérique septentrionale.*

Toujours infatigable, Michaux partit le 27 vendémiaire an IX avec le capitaine BAUDIN pour la Nouvelle-Hollande, mais il quitta l'expédition pour se rendre à Madagascar, où il fut emporté par les fièvres le 23 novembre 1802.

« L'Administration du Muséum, sentant le prix des services qu'André MICHAUX a rendus aux sciences naturelles, et en particulier à cet établissement, a arrêté que son buste serait placé sur la façade de la serre tempérée, avec ceux de COMMERSON, de DOMBEY et des autres voyageurs qui ont enrichi ses collections[2]. »

Michaux avait été élu, le 5 mars 1796, associé non résidant de la classe des Sciences (section d'Économie rurale et Art vétérinaire) à l'Institut.

1. DELEUZE, p. 201.
2. DELEUZE, *l. c.*, p. 227.

En 1908, le regretté Dr E.-T. HAMY présentait au neuvième Congrès international de Géographie, tenu à Genève, un récit du voyage d'André Michaux en Syrie et en Perse (1782-1785) d'après son journal et sa correspondance[1]. Il rappelait que c'est pendant son second séjour à Bagdad, à la fin de 1784, que Michaux découvrit au bord du Tigre, à une journée au-dessous de cette ville, dans les ruines de Ctésiphon, un *Kudurru* (cône aplati), pierre-limite, « le premier d'une série d'une quarantaine que l'on possède aujourd'hui et dont la plus belle suite est celle de Suse, publiée dans les « Mémoires de la Mission française de Perse ». Il mesure 48 centimètres de haut sur 32 de large et 62 de circonférence. Les figures symboliques sculptées au sommet du monument représentent Marduk, le dieu éponyme du roi régnant, Adad, Nusku, Ishara, Ea, Gula, le dieu solaire, Istar (Vénus) et d'autres non encore identifiés. Au-dessous de ces images divines s'alignent les 51 lignes d'une inscription sur deux colonnes relative à un bien-fonds délimité et mesuré que, sous le règne du roi Marduk Nidon Aké, vers 1100 avant J.-C., un certain Sir Nasir, fils de Habban, donne à sa fille Dûr-Sarginaili[2]. »

A.-L. MILLIN, dans ses *Monuments antiques*, I, 1802[3], a le premier donné une description du caillou Michaux.

La lettre inédite de Michaux que nous publions aujourd'hui, et qui fait partie de notre collection

1. *Voyage d'André Michaux en Syrie et en Perse* (1782-1785), *d'après son journal et sa correspondance*, par le Dr E.-T. HAMY (*Compte rendu des Travaux du IXe Congrès intern. de Géogr.*, Genève, 1908, pp. 351-388).

2. HAMY, *l. c.*, p. 385.

3. Pages 58-68 : Description d'un monument persépolitain, qui appartient au Muséum de la Bibliothèque nationale.

particulière, était inconnue du Dr Hamy; elle est datée de Bagdad, le 6 novembre 1784, c'est-à-dire de l'époque de la découverte du fameux caillou; elle est entièrement autographe et signée, et forme deux pages et demi in-folio.

Bagdad, le 6 novembre 1784.

Monsieur,

Le retard de la caravane d'ici à Alep me donne la facilité de joindre à la lettre du 15 du mois dernier un petit extrait sur la Perse. Je vous demande votre indulgence à l'égard des fautes que vous trouverés dans cet extrait, que le temps ne me permet pas d'étendre davantage ni même de mettre au net. Le détail des événemens depuis la mort de Kerim Khan[1], les intrigues, les cruautés et guerres intestines entre differens partis qui s'élevoient et s'anéantissoient aussitôt par les assassinats multipliés, formeroit seul un volume. Si je diffère mon retour, je vous donneray plus en détail les informations recueillies sur ces événemens et mes observations sur les mœurs, les arts et sciences qui ont existé en Perse et actuellement sont en décadence, mais dont il y a encore des vestiges. J'ay aussi des observations sur les maladies pendant mon séjour à Shiraz. Outre la botanique, j'ay eu soin de décrire tout ce qui a rapport à la minéralogie, et la crainte d'avancer quelque chose qui ne soit pas exactement vray m'a porté à ramasser, dès autant qu'il m'a été possible, des échantillons de minéralogie aussi bien que de bota-

1. Le Kurde Kerim Khan avait fondé en Perse en 1753 la dynastie des Zend ; il mourut, âgé de 80 ans, en 1193 de l'hégire (1779 après J.-C.) et fut remplacé par son deuxième fils, Aboul Fath Khan.

nique. Quant à l'animalogie, je me suis contenté de rendre compte de ce que j'ay vu, car pour se procurer des objets en ce genre il auroit souvent fallu en sacrifier cent en botanique et minéralogie pour acquérir un seul individu du règne animal. Sur la mer des Indes j'ay ramassé quelques coquillages, tant à Karck qu'à Boucher; mais sur la mer Caspienne je nay trouvé que trois ou quatre espèces en ce genre.

Le retard de M. Rousseau, qui annonce ici son arrivée depuis plus de trois mois, m'a empêché d'aller au Curdistan et m'a fait manquer l'occasion de la caravane actuelle pour Alep que je ne retrouveray pas quand je resterois six mois ici. Il ne me reste plus que la ressource de passer le désert avec un Arabe; cette ressource est un peu dangereuse et pénible dans cette saison, mais j'ay envoyé par la Caravanne mes récoltes, semences, herbiers et autres objets. Je suis satisfait d'être pour la dernière fois obligé d'avoir recours à M. Rousseau pour continuer mes voyages, car lorsque je reviendray ici, je préviendray de pareils obstacles qui m'ont fait perdre la moitié de mon temps et augmenté par là mes dépenses. Le deuxième voyage que je me propose est le Candahar et le Cachemire par Alep et Bassora, d'où j'entrerois dans le pays de Shushter qui est très intéressant, ensuite j'irois à Shiraz, Yezd, Tabar, Kayen, Herat, Candahar, Caboul et Cachemire. De là, s'il n'y avoit pas d'obstacles, j'irois au Thibet et je reviendrois par le Bengale; sinon du Cachemire je descendrois à Surate. Les informations que j'ay prises sont très favorables; ce pays est en paix et bien gouverné depuis plusieurs années, le souverain actuel est Thamar Shah, il réside à Caboul et sa domination s'étend jusqu'à Herat et sur l'Indus jusqu'à Tatta où les Anglois avoient une factorie qu'ils ont abandonnée. On peut aller aussi au Cachemire et avec moins de dangers par Bassora, Mascat et Catchik, petit port d'où les caravannes remontent à Cachemire en suivant la rive occidentale de l'Indus. A mon retour, je pourray vous donner d'autres informations sur ces contrées et même sur le commerce que les François pourroient y introduire, par ce que ce pays est riche, bien gouverné, et que nous avons des objets de commerce convenables aux peuples de cette contrée. Je diray pourquoi les Anglois ont cessé d'y commercer; les Portugois y ont encore des relations, mais faibles parce qu'ils n'y commercent que des productions de l'Inde, portées aussi par d'autres.

Je suis très respectueusement,

Monsieur,

Votre très humble et très obéissant serviteur,

André Michaux.

VOYAGE DE PIERRE DUPRÉ

DE CONSTANTINOPLE A TRÉBIZONDE

(1803)[1]

Notre ambassadeur à Constantinople, le général Brune, désireux de faire recueillir des notions géographiques sur les côtes de la mer Noire, encore presque inconues aux Européens, donnait, le 11 fructidor an XI (septembre 1803), ordre à l'interprète Jouannin de s'embarquer sur le bâtiment français le *Jeune-Tropez*, capitaine Teissère, en chargement pour Trébizonde, où il devait porter M. Dupré, sous-commissaire des Relations commerciales de France dans cette Echelle ; Jouannin visita plusieurs points de l'Anatolie et de la Crimée, et rentra à Constantinople le 22 février 1804, après un voyage d'hiver long et dangereux. J'ai publié une partie de son journal dans un travail lu à l'Académie des Inscriptions et Belles-Lettres[2]. Ayant eu la bonne fortune de trouver le journal de Dupré lui-même, je le donne aujourd'hui[3] ; on pourra le comparer à celui de Jouannin.

1. Extrait du *Bulletin de la Section de Géographie*, 1917.

2. *Un interprète du général Brune et la fin de l'Ecole des Jeunes de Langues*, par Henri Cordier, membre de l'Institut. (Extr. des *Mémoires de l'Académie des Inscriptions et Belles-Lettres*, t. XXXVIII, 2ᵉ partie, Paris, Impr. nat., MDCCCCXI, in-4°, p. 86.)

3. Collection Henri Cordier.

JOURNAL
DU VOYAGE DE CONSTANTINOPLE A TRÉBISONDE,
DE PIERRE DUPRÉ, SOUS-COMMISSAIRE.

Nous mîmes à la voile du premier château de la Mer Noire du côté d'Europe où nous étions mouillés le sixième jour complémentaire de l'an onze de la République avec un vent de Sud joli frais ; nous sortîmes heureusement du Bosphore, où nous trouvâmes le vent d'Est, qui nous obligea à louvoyer tout le jour et toute la nuit. C'est avec cet air de vent que nous découvrîmes une montagne qui a deux pointes en forme de mamelles, qui nous restoit au S. 1/4 S. E. et qui sert de reconnoissance aux bâtiments qui viennent de la Mer Noire à Constantinople.

Le deux vendémiaire nous étions vis-à-vis Héraclée, et le 4, forcés par les vents contraires, nous allâmes mouiller à deux heures après midi dans le port ou plutôt la rade d'*Amassero*[1] ou Amastra, qui est à 57 lieues de *Feneraki*, à l'entrée du Bosphore. Ce pays a au Nord une petite île ; à l'E. N. E. se trouve une petite rade où viennent se recouvrer les bâtiments qui passent dans la côte d'Asie et où nous étions. La mer y est presque aussi houleuse qu'en pleine mer ; il y a une digue de cent toises environ qui n'est autre chose qu'un amas de ruines, contre lesquelles viennent se briser les vagues. A l'O. N. O. il en existe une autre pour ceux qui vont à Constantinople. La distance approximative de l'une à l'autre est de cent toises. La ville ou ses anciennes fortifications sont dans une presqu-île qui s'étend de l'E. 1/4 N. à l'O. 1/4 S.

Nous descendîmes à terre le même jour de notre arrivée ; excités par la curiosité et accompagnés d'un Turc de Junié qui étoit embarqué avec nous, nous allâmes visiter l'ancien port des Génois situé à l'O. N. O. dont je vient de parler et qui a 1/2 mille de profondeur et de largeur. Nous y vîmes les restes d'une chaussée située à l'O. et 7 colonnes renversées toujours battues par les vagues. Près de ce quai ou chaussée se trouve un aqueduc aujourd'hui entièrement ruiné où coule une eau délicieuse et où les Turcs vont faire leurs ablutions.

1. Voir *Général Brune*, cf. p. 54, plan d'Amassera.

Avant de continuer, je dirai en passant que le caractère de ces habitants est bien différent de celui dont on les dépeint ; ils sont doux, affables et prévenans ; ils parloient avec nous avec la plus grande liberté, et nous offroient de nous conduire dans les endroits où étoient les ruines.

Du port nous allâmes dans la campagne. Le premier objet qui se présenta à notre vue fut, au pied d'un vieil orme, un piedestal de six pieds de hauteur sur trois de largeur. D'un côté est une longue inscription latine dont nous ne pûmes lire que les derniers mots : *Rex vibius coccianus patrono bene merenti*[1]. Sur deux autres côtés se trouvent gravées trois couronnes murales et une espèce d'étendard. Nous désirions voir la quatrième façade correspondante à celle où il y a l'inscription ; mais la masse énorme du piédestal nous a empêchés de le soulever. Des Turcs qui étaient là nous dirent qu'il y avait un hòmme à cheval. Au N. du port regardant l'O. N. O., sur un espace d'environ 600 toises de longueur sur 200 de largeur, se trouvent répandues une quantité de ruines parmi lesquelles nous reconnûmes les fondemens d'une Église. Cette étendue ainsi que toute la plaine sont parsemées d'arbres fruitiers de toute espèce parmi lesquels on voit le pommier, le poirier, l'orme, le cyprès, qui tous sont entrelacés de ceps de vigne chargés de raisin. La nature semble prendre plaisir à favoriser ces habitans qui lui laissent le soin de faire prospérer leurs campagnes. La partie S. O. du port se trouve dominée par de hauts rochers à pic qui forment un contraste avec ce paysage. La plaine est couverte de fûts de colonnes de marbre blanc, de corniches de divers ordres, de chapiteaux mutilés.

Au sud de la ville se trouve un édifice en bricques, qui paroît avoir été bâti par les Génois. Il y a une quantité de compartimens. Sa largeur est de 54 pas et sa longueur de 144 (1 pas = 2 pieds 1/2). Au sud de ce monument, dont la face principale regarde le N., je trouve, à la distance de deux cents toises, un portique de marbre de la hauteur de 18 pieds. Il n'y a que le cintre et le couronnement des pilastres qui soient de marbre, l'ouverture de la porte d'un pilastre à l'autre est de 12 pieds de largeur et de 6 pieds d'épaisseur. Il paroît que ce portique

1. Voir *Général Brune*, p. 56.

est enfoncé dans la terre au moins de dix pieds. Cet édifice regarde les quatre points cardinaux. Un ruisseau passe à l'E. et découvre les fondemens d'un pilastre qui devoit s'unir par un cintre à celui dont nous avons parlé.

A l'O. de la ruine génoise à la distance de 75 toises, je trouve une colonne de marbre d'une espèce de *pudding*. Elle est de la hauteur de 21 pds. sur 3 pds. de diamètre et de l'ordre corinthien ; le fût est entier ; le chapiteau mutilé se trouvoit enfoncé dans la terre. A la distance de 21 pieds dans la direction de l'O. à l'E. on voit une autre colonne, mais qui n'est que la moitié de l'autre. Nous ne pûmes en approcher à cause de la quantité de ronces et de broussailles qui environnoient l'endroit où elle se trouvoit. Le jour commençant à baisser, nous regagnâmes le port et retournâmes à bord.

Le lendemain 6 vendémiaire nous descendîmes à terre, et n'ayant d'autres guides que nous-mêmes, nous gravîmes une montagne à l'O. S. O. de la ville. Au quart de cette colline, nous découvrîmes un immense édifice, regardant l'O. ; à gauche était un portique percé au Sud par une porte latérale ; le mur du premier étage est percé de deux fenêtres. La hauteur est de 55 pds. La longueur de l'édifice peut être de 60. Le côté du N. est couvert de broussailles qui semblent vouloir préserver ce monument des injures du tems. Nous vîmes une inscription latine sur un des murs, faite au mois de brumaire de l'an VIII par un Ragusais nommé KARTIZZA, prisonnier avec les Français.

Sur la même ligne un revêtement d'environ 150 pieds de long conduit à un bâtiment symétrique à ce premier, dont il ne reste que le rez de chaussée, mais où l'on distingue un portique percé de ce côté au N. par une porte latérale ; ce qui nous a fait croire que ces deux ruines étoient les deux ailes de quelque grand édifice. Des arbrisseaux de toute espèce couvrent cette dernière ruine.

Vers le milieu de la montagne et à deux cents pieds de distance des ruines dont je viens de parler, nous apperçûmes un immense édifice. Nous grimpâmes et, arrivés à l'endroit, nous vîmes un mausolée de 24 pieds de haut, 26 à 30 de long et 18 de large : une grande porte cintrée se présente sur la face qui regarde l'Orient ; on voit aux deux côtés du cintrage deux inscriptions. A gauche en est une en grec, illisible ; à droite, j'en trouve une latine, que j'ai tâché de déchifrer du mieux possible, la voici :

O | NACIANV | OSENER
O | HORXXX | II C R
LE | GIONIS II. | GALLICAE
SA | LAEVETE | RANAEGALLIC
| NSIBIFECIT | [1]

Une plate-forme quarrée d'environ 26 à 30 pieds de largeur et de longueur est au devant de cet édifice.

L'après dînée nous descendîmes à terre dans l'intention de visiter le château. Nous y sommes entrés par deux portes qui ont encore les armes de Gênes. Mais à peine avions-nous fait quelques pas, qu'un Turc est venu nous dire de nous retirer parce que l'entrée en étoit deffendue aux étrangers. Le peu que nous vîmes n'étoit qu'un amas de ruines, au milieu desquelles les Turcs ont bâti de vieilles baraques. Le château se trouve à l'entrée de la presqu'isle du côté de l'E., il est flanqué de tours presque entièrement ruinées.

Le [7] *sic* vendémiaire, n'ayant pu mettre à la voile à cause du mauvais tems, nous descendîmes à terre pour parcourir encore le pays. Nous nous fîmes accompagner par deux Turcs ; ils nous conduisirent dans un vallon où nous n'avions pas encore été, et où nous vîmes un piédestal d'un marbre magnifique à moitié cassé, sur lequel étoient de deux côtés des inscriptions grecques bien distinctes, mais que le tems ne nous permit point de transcrire. Sa hauteur pouvoit être de 5 pieds, son épaisseur de deux et demi, auprès étoit un autre morceau de colonne enfoncé dans la terre avec une inscription grecque que nous ne pûmes pas lire. Nous passâmes de là à une ancienne ruine qui se trouve à l'entrée de la ville. Ce bâtiment en pierre de taille nous a paru avoir eu plusieurs distributions. A l'angle S. E., sur deux assises, nous lûmes deux inscriptions grecques surmontées de deux couronnes murales ; le tems ne nous permit point de transcrire ces inscriptions, ayant dû nous rendre à bord parce qu'on allait mettre à la voile.

1. Voir la reproduction de cette inscription et le plan du mausolée, *Général Brune*, p. 58, et la transcription, p. 57.

Je serais bien embarrassé de dire quelque chose sur le commerce d'Amastra. Il n'y a rien absolument sur le pays d'abondant, que des pommes que l'on charge sur des Saïques, et que l'on porte à Constantinople. Le gouverneur du pays achète quelquefois du fer et autres objets des bâtimens qui viennent relâcher, et l'envoye à Constantinople avec deux petits Saïques qui lui appartiennent. Le pays n'a tout au plus que 600 âmes. On y voit une quantité de tourneurs qui font des quenouilles et des mortiers qu'ils envoient dans la capitale.

Latitude N	41°46′ 3″
Longitude Ouest (MM) 2 h h. 0′ 19″...............	30° 4′45″

Les cartes que j'ai entre les mains la mettent 30′ de plus environ vers le Sud. La variation est aussi de 9°30″.

Le 6 vendémiaire, nous levâmes l'ancre à 4 heures après midi d'Amastra, avec un vent très frais de S. O. Nous souffrîmes extraordinairement pendant la nuit, nous naviguions avec la misaine seulement ; les vagues enlevaient notre navire ; le ciel était couvert, la pluie continuelle. Le 7 au matin, le temps étoit aussi mauvais, le pilote profita d'un moment où les nuages de la côte se dissipèrent, et à onze heures et demi il reconnut le cap Judgé. Nous fîmes voile aussitôt pour aller à Sinope, où nous ne mouillâmes que le soir vers les 7 heures, le vent contraire nous ayant obligés de louvoyer pour entrer dans le port.

SINOPE.

Le Consul russe qui réside dans cette ville envoya aussitôt son canot, croyant que notre bâtiment portoit le commissaire français qui devoit résider à Sinope[1]. Nous répondîmes à ses bateliers que c'étoit celui de Trébisonde. Le lendemain il envoya son chancelier me complimenter, et lui-même dans la matinée vint me rendre visite. Nous descendîmes à terre l'après midi et, après avoir été chez le Consul de Russie, nous allâmes parcourir la ville qui est très petite et n'a tout au plus que 1.500 habitants. Les Grecs habitent dans les faubourgs

1. Fourcade aîné, commissaire général à Sinope, qui avait quitté Toulon avec le général Brune sur la *Syrène*. — Voir *Général Brune*, p. 51.

hors de la ville, et les Turcs dans le château ainsi que 3 familles Arméniennes, les seules qui soient à Sinope. Le château est situé vers le N. Il a été bâti presque tout par les Turcs ; il n'y a que les fondemens qui ont été posés par les Génois. Le fort regardant le N. O. a été bâti par ce peuple, mais réparé par les Turcs. Il y a des fondemens en entier qui se sont écroulés, et qui ont été rebâtis par ces derniers. Nous vîmes sur une porte du fort une inscription grecque, mais la hauteur nous empêcha de pouvoir la lire. C'est ce qui nous arriva à une autre inscription semblable qui est sur la porte du château, mais qui paroît avoir été mise par les Turcs, pour remplir un vuide. On nous montra en entrant dans le fort l'endroit où avoient été mis pendant la guerre dix de nos infortunés compatriotes. C'est un endroit horrible qui a à peine 12 pds quarrés. Une très petite porte ferrée de 2 pds et 1 /2 sert d'entrée ; je n'ai pas vu de cachot plus affreux.

Nous continuâmes notre tournée, mais nous ne vîmes rien d'extraordinaire, sinon deux lions sculptés par les Gênois, à ce que je pense, et qui sont sur deux bastions différents de la forteresse.

La ville de Sinope est située à l'entrée d'une presqu'isle de 2 lieues environ de périmètre. Le château la ferme du côté de la terre. Les murailles de la ville et du château sont battues des deux côtés par la mer et dans sa plus petite largeur. La langue de terre qui unit la presqu'isle au port est d'environ 800 pas (2 p^{ds} 1 /2). On prétend qu'il y avoit autrefois à l'extremité du fort un canal sur lequel étoit un pont et où passoient les barques et petits navires. Le port de Sinope est sûr et bon. Nous y restâmes sur une seule ancre cinq jours, avec de très mauvais tems. Il est fermé de tous les côtés, excepté aux vents d'E. et S. E. qui ne doivent pas beaucoup inquiéter les bâtimens. On pourroit y hiverner sans crainte. On met sur les cartes marines une île devant le cap de Sinope apellé Bostepé ; mais c'est à tort, puisqu'il n'y a qu'un écueil d'environ 30 toises. Il existe à quelque distance du cap une petite redoute regardant l'entrée du port faite en forme de fer à cheval.

Il y a, au sortir du faubourg grec, un excellent chantier où se trouve présentement un vaisseau de ligne de 74 canons auquel on ne travaille plus depuis presque un an, à cause d'une picque survenue entre le Capitan Pacha et Tayar Mahmout

Pacha, et le vaisseau commence à pourrir. Il est construit sous la direction de Mustapha effendi, apprenti de M. BRUN. Dans le château se trouve un autre chantier, où l'on construit les bâtimens marchands. Ce qui est extraordinaire, c'est la hauteur à laquelle on élève tous les navires en les construisant : c'est à cause des bas fonds, et par le moyen d'une échelle très longue, qui va toujours en déclinant, ils lancent le bâtiment à l'eau.

L'après dîner, picqués par la curiosité, nous grimpâmes sur la montagne, et nous vîmes les fondemens seulement d'un fort, dans une position admirable, et de forme triangulaire. Un angle regarde Ak-liman, port situé de l'autre côté de la presqu'isle ; le second, au Sud, bat la ville et le château ; le troisième donne sur l'entrée du port. Il y a auprès de ce fort une maison quarrée surmontée d'un dôme, il paroît que c'étoit autrefois une ancienne chapelle. Cette enceinte peut avoir 12 p^ds^ de côté. Vers Ak-liman, rivage sabloneux, dans la longueur de 200 toises sur 15. à 16. de largeur, se trouve une carrière de pierres d'où l'on a tiré les matériaux pour bâtir le fort et le château.

On trouve dans la ville de Sinope beaucoup de fontaines avec des inscriptions grecques ; ce qui me fait croire qu'elles ne doivent pas être anciennes, c'est qu'elles n'ont rien d'extraordinaire.

Les cartes mettent la presqu'isle de Sinope du N. E. au S. O , mais c'est à faux. Elle court de l'E. à l'O. On marque Sinope aussi un degre plus bas qu'il n'est véritablement. Sa latitude est au 42° 2′ 17″, sa longitude est de 32° 48′ 0″ [1].

J'allai, pendant notre relâche à Sinope, voir tous les jours le consul russe apellé *Conochinco*. Il m'a comblé de politesses et m'a fait plusieurs fois l'offre de venir loger chez lui, jusqu'à ce que le bâtiment mist à la voile. Je l'en remerciai constament, ne voulant point lui être à charge et lui donner de l'embarras. C'est un homme extrêmement poli et honnête ; il se prêtait volontiers à toutes les demandes que je lui faisois ; je ne saurois trop faire son éloge.

Le commerce de Sinope est absolument nul ; on y pourroit

1. Voir le plan de Sinope, *Général Brune*, p. 64.

vendre quelques ocques[1] de savon, d'étain et d'acier, mais encore faudroit-il pour vendre ces objets, au plus une caisse, pue qlusieurs boutiquiers voulussent se réunir pour l'acheter. Le commerce d'exportation est nul ; tous les jeudis, il y a un marché où l'on apporte quelques ocques de cire, de suif et quelques mauvais draps de laine à l'usage du pays ; la vie animale y est a bon compte. Les bois de construction viennent de Sansom à Sinope, ils ne sont pas chers ainsi que la main d'œuvre.

Le mercredi 12 vendémiaire le temps s'étant mis au beau, nous avons appareillé. Le 16 au coucher du soleil, nous avons relevé le cap Vona qui nous restoit à l'O. nous trouvant à 25 milles turcs ou 5 lieues marines du cap Joros. La côte court de l'E. à l'O. et non du N. N. E. au S. S. O. comme le marquent toutes les cartes de la mer Noire. Il n'y a qu'un petit enfoncement dans le golphe de Sansom, bien moindre de celui marqué dans les cartes, et le reste de la côte court de l'E. à l'O. comme je l'ai déjà dit. Si nous eussions navigué vers l'E. d'après la carte marine, pour venir reconnoître Trebisonde, nous aurions été aboutir à l'embouchure du Phase.

Après six jours d'une navigation entremêlée de calme, de bon vent et de vent contraire, mais toujours très tranquille, nous avons mouillé dans le port ou plutôt dans la rade de Platana, le 18 vendémiaire an douze, à deux lieues O. de Trebisonde et non à l'E. comme il est marqué sur les cartes marines de la mer Noire qui mettent aussi une petite isle sur la pointe de ce port, lorsqu'il n'en existe aucune.

Platana se trouve à l'O. 5° S. de la dernière pointe de Trebisonde. La rade de Platana est exposée au vent de N. O. et ceux qui sont intermédiaires entre le N. O. et l'E. Les bâtimens mouillent au nord de Platana par 15. 12. et 10 brasses de fond de vase et d'herbe, et à deux encablures du rivage. Ils y passent tout l'hiver, sans que jamais, au dire des gens du pays, il s'en soit perdu aucun. Il y a vingt-deux milles turcs de Trebisonde jusqu'au cap Joros. Il se trouve à peu près à la même latitude que cette ville. Le village de Platana se trouve composé de 400 maisons, dont le tiers est au rivage, le reste sur la mon-

1. Poids du Levant, en usage dans le commerce des peaux et des cuirs. Il équivaut à 3 livres 2 onces (ancien poids de France).

tagne. La côte est basse, pendant un mille à peu près. Elle s'élève beaucoup ensuite et l'on voit les montagnes de l'horison dont les sommets sont tout couverts de neige. Le rivage de Trebisonde est bordé de rocher et bas fonds très dangereux ; tous les vaisseaux sont et seront obligés, pendant l'hiver, de venir mouiller à Platana. Dans l'été, ils mouillent devant la ville. Derrière la dernière pointe de Trébisonde à l'E. se trouve un autre port où, dans la bonne saison, viennent aborder les navires.

Latitude de Trebisonde	41° 2′ 5″
Longitude moyenne	41°16′45″

Voici les distances depuis *Feneraki*, embouchure du Bosphore, jusqu'à Trebisonde que j'ai écrites sur la dictée d'un Turc de Sansom que nous avions à bord :

	MILLES TURCS.
De Feneraki à Keften	83
De Keften à Eregri	100
D'Eregri à Amastra	100
D'Eregri au Cap Kilimeli	45
D'Amastra au Cap Kerempé	50
De Kerempé à Jnneboli	30
D'Jnneboli au Cap Jndgé	75
Du cap Jndgé à Sinope	25
De Sinope à Gherzé	18
De Gherzé à Kumgiagas	75
De Kumgiagas à Sansom	18
De Sansom à Termeh	53
De Termeh à Ounieh	25
De Ounieh à Fatsah	18
De Fatsah à Vona	26
De Vona à Boudjeak	9
De Boudjeak à Kerasonte	45
De Kerasonte à Kefreh	15
De Kefreh à Tirboli	18
De Tirboli à Bujuk-liman De Bujuk- liman au cap Joros	36
Du cap Joros à Trébisonde	22
	886[1]

Salut et respect.

Signé : DUPRÉ.

1. Comparer ces chiffres avec ceux de Jouannin, *Général Brune*, p. 75.

Pierre Dupré n'eut d'ailleurs qu'une courte carrière. Agent du Consulat général d'Albanie à Arta (nivôse an III), il fut appelé à Préveza vers la fin de l'an V, par le général Gentilly, pour y remplir les fonctions de commissaire du Gouvernement exécutif; il perdit tous ses biens à la prise de cette ville par les Turcs.

Nommé à Trébizonde vice-consul en 1803, puis consul en 1811, il mourut dans ce poste le 6 septembre 1820.

UN ORIENTALISTE ALLEMAND

JULES KLAPROTH[1]

Je voudrais aujourd'hui étudier quelques particularités de la vie d'un savant qui joua un rôle considérable dans le monde des Orientalistes dans la première moitié du XIXe siècle : travailleur infatigable, linguiste de grande valeur, mais personnage dont l'attitude a permis de le soupçonner de remplir à Paris le rôle d'agent secret de la Cour de Berlin[2].

Henri-Jules KLAPROTH, fils du remarquable chimiste Martin-Henri KLAPROTH, né à Berlin le 11 octobre 1783, destiné par son père aux sciences naturelles, fut dès sa jeunesse entraîné par une vocation irrésistible vers l'étude des langues orientales. Klaproth nous apprend lui-même qu'il commença l'étude du chinois en 1797 avec l'aide du *Museum sinicum*[3] de BAYER auquel il ajouta sans doute le peu qu'il put tirer, à la Bibliothèque royale de Berlin, du *Lexicon sinicum* inachevé et de la

1. Extrait des *Comptes rendus des séances de l'Académie des Inscriptions et Belles-Lettres*, 1917, p. 297.

2. Voir sa notice par R. Lindau dans la *Biographie Didot.*

3. En tête de l'exemplaire personnel de Klaproth se trouvait cette note de sa main : « Le présent exemplaire du *Museum sinicum* de Bayer a été le premier faible secours que j'ai eu en 1797, époque du commencement de mes études chinoises. » (No. 737 du *Cat. des livres.. de feu M. Klaproth.* Paris, 1839, in-8o.)

Clavis sinica de Christian MENTZEL[1]. Mais son père l'envoya cultiver les sciences à Halle d'où il alla en 1802 à Dresde où il reprit ses études chinoises. Dès 1800, il avait entrepris un gigantesque *Vocabularium Characteristico-Sino-Latinum ad Chrestomathiam Sinicam quem Gramaticae meae Sinicae subjunxi Henricus Julius Klaproth*, qui encombre de ses feuilles blanches la Bibliothèque de Berlin[2]. En 1800, alors à Berlin, il se mit en relation, par une lettre adressée le 8 septembre à Copenhague, avec un capitaine de l'armée danoise démissionnaire, Mourier, qui, avec son beau-père, était allé à Canton en 1770 refaire une fortune qu'il trouva d'ailleurs après quelques longues vicissitudes. Il rentra en Europe en 1785. Mourier nous dit lui-même : Je n'ai pas appris la langue chinoise à fond, quoique je sois resté assez longtemps en Chine et que je parle aussi un peu le chinois », mais grâce au P. Juan FERNANDEZ da SYLVA, il traduisit quelques livres et apprit « à parler assez bien le chinois dans le pur dialecte de Nan King »[3]. C'est en 1802 que Klaproth entreprit la publication à Weimar d'un recueil intitulé *Asiatisches Magazin* qui n'eut que quatre parties formant deux volumes. Deux ans plus tard, il était attaché par le comte Jean POTOCKI à la mission qui lui était confiée lors de l'ambassade en Chine du comte Golovkin (1805) et il fut nommé par l'Académie des Sciences adjoint pour les langues orientales et la littérature asiatique. Klaproth raconte lui-même

1. Voir Henri CORDIER, *Bibliotheca Sinica*, col. 1634-5.
2. Voir *Bibl. Sinica*, col. 1635.
3. J'ai publié et traduit une partie des dix-neuf lettres adressées en allemand par Mourier à Klaproth, de Copenhague, de 1800 à 1804, dans les *Mélanges de Charles de Harlez*, pp. 239-250.

dans quelles conditions il fit la connaissance du comte Jean Potocki :

« Après le partage définitif de la Pologne, le comte J. Potocki devint sujet russe, et entra au service de cette puissance, avide de s'attacher les personnages les plus marquans du pays qu'elle s'était approprié. A l'époque de l'ambassade que l'empereur Alexandre envoya en 1805 en Chine, le comte J. Potocki fut nommé chef du corps de savans qui accompagna cette légation. Ce fut alors que j'eus l'honneur de faire sa connaissance particulière, et le plaisir de voyager avec lui depuis Kazan jusqu'à Kiakhta sur la frontière de l'empire de la Chine. Il aurait été impossible de faire un choix plus heureux pour remplir un emploi aussi éminent ; les vastes connaissances du Comte et son zèle pour le progrès des sciences l'en rendaient digne. Malheureusement des circonstances assez connues firent échouer l'ambassade du comte Golovkin, et au lieu de pénétrer dans la capitale du Céleste Empire, elle fut renvoyée avec dédain du camp du vice-roi de Mongolie. Cet événement était d'autant plus imprévu que tout paraissait présager un succès heureux à une expédition si importante.

« Quelques années auparavant, j'avais vu le comte Potocki à Berlin. Comme il savait que je m'occupais de l'étude du chinois et d'autres langues d'Asie, pour me guider dans mes études historiques, il contribua beaucoup à me faire appeler à Saint-Pétersbourg en 1804. Depuis, il m'a toujours honoré de son amitié et de sa bienveillante protection. Je lui dois principalement la direction que j'ai donnée à mes travaux, et l'idée de les poursuivre à Paris, ville qu'il regardait avec raison comme celle que doit habiter de préférence l'homme que ses occupations obligent à consulter de riches bibliothèques et des collections de tout genre[1]. »

Klaproth se montra toute sa vie reconnaissant au comte Jean Potocki des bontés qu'il avait eues pour lui ; longtemps après la mort du comte, le 12 décembre 1816, à Oladowska, à l'âge de cinquante cinq ans, Klaproth publia à Paris, chez Merlin (1829), le récit des voyages de son ancien protecteur[2]. Rien que de louable dans tout ceci. Klaproth avait été moins heureux quelques années auparavant lorsqu'il avait désiré honorer la mémoire du comte Jean Potocki en voulant donner son nom à un archipel d'Asie qu'il n'avait jamais visité, mais que lui, Klaproth, avait découvert de la manière suivante :

« Je consultai les originaux chinois et mandchous des cartes levées par ordre de l'Empereur Khang-hy, et j'y trouvai non seulement la pointe du Liao Toung autrement représentée que dans les cartes de d'Anville ; mais elles me firent voir aussi qu'au sud de la côte méridionale de cette province se trouve un groupe de dix-huit îles, qui ne sont indiquées sur aucune de nos cartes, et que les Anglais n'ont pas découvertes en 1816, puisqu'ils sont toujours restés à plus d'un degré trop au sud pour apercevoir ce nouvel archipel.

« Il m'est donc permis de dire, sans trop de vanité, que je suis le premier Européen qui ait découvert

1. *Voyage dans les steps d'Astrakhan.*

2. *Voyage dans les steps d'Astrakhan et du Caucase. Histoire primitive des peuples qui ont habité anciennement ces contrées. Nouveau Périple du Pont-Euxin.* Par le comte Jean Potocki. Ouvrages publiés et accompagnés de notes et de tables par M. Klaproth... Avec 7 planches et 2 cartes. Paris, Merlin, 1829, 2 vol. in-8°. — Dédié à M. le Docteur S. H. Spiker, bibliothécaire de S. M. le Roi de Prusse.

ces îles, quoique renfermé dans mon cabinet et sans m'être exposé aux fureurs des ouragans et des typhons si fréquens dans les mers de Chine. Comme ces îles ne portent pas un nom général sur les cartes chinoises, je leur ai donné celui de *feu comte Jean Potocki*, que j'ai eu l'honneur d'accompagner pendant le voyage de l'ambassade russe destinée pour la Chine.

« En 1805, ce fut lui qui, le premier, conçut le plan de mon voyage au Caucase, et il rédigea en partie les instructions qui me furent remises[1]. »

Un Chinois qui, du fond d'une province du Céleste Empire, découvrirait les îles normandes de la Manche et les baptiserait du nom d'un de ses compatriotes qui lui aurait rendu quelque service ne serait pas plus ridicule que ne l'a été Klaproth. L'archipel qu'il place sous le vocable de Jean Potocki, connu des géographes et même des diplomates, s'étend de Port-Arthur à l'embouchure du Ya lou kiang; personne n'a d'ailleurs adopté la proposition de Klaproth.

Le voyage que fit Klaproth avec le comte Jean Potocki lui permit de recueillir une quantité de matériaux qui lui furent fort utiles plus tard pour la rédaction de son *Asia Polyglotta*[2] qui, malgré des contradictions et des absurdités, témoigne d'un vaste savoir. Pendant un séjour de dix mois à Irkoutsk, il avait acheté des livres chinois, mandchous, mongols et japonais; grâce à un officier de

1. *Notice sur l'archipel de Jean Potocki situé dans la partie septentrionale de la Mer Jaune*. Par Jules Klaproth. Avec une carte. Paris, J.-M. Eberhardt, 1820, in-4°, pp. 8, carte.

2. *Asia Polyglotta*, von Julius Klaproth. Paris, Gedruckt bei J. M. Eberhardt, 1823, in-4°, pp. xv-144-8.

marine du Japon, naufragé sur les côtes de Sibérie, il put composer un vocabulaire japonais. Rentré à Saint-Pétersbourg, nommé le 11 mars 1807 académicien extraordinaire, il est envoyé le 15 septembre 1807 au Caucase dont il étudie les langues, mais rappelé à Saint-Pétersbourg, il y arrive le 11 janvier 1809 et publie en 1810 un volume de ses recherches[1]. Un de ses biographes nous raconte ainsi la suite de sa carrière : « A la demande du prince Czartoryski, curateur de l'Université de Vilna, il traça le plan d'une école spéciale de langues asiatiques pour cette université. Il venait d'y être nommé professeur, et se disposait à partir, lorsqu'il fut retenu par le ministre de l'Instruction publique, qui le chargea de rédiger le catalogue des livres et manuscrits chinois et mandchous de la bibliothèque de l'Académie. Il fut envoyé à Berlin à la fin de 1810, pour diriger la gravure des caractères chinois nécessaires à la publication de cet ouvrage. En quatorze mois tout fut terminé. Les prétentions de M. Klaproth n'étaient pas diminuées par les nouveaux services qu'il venait de rendre. Il devenait plus pressant, et se croyant autorisé à regarder un refus comme une injustice, il ne revint pas à Saint-Pétersbourg. Le congé qu'il sollicita en 1812 se fit très longtemps attendre; en l'obtenant il perdit les titres de noblesse qui lui avaient été conférés et quelques titres académiques [2]. »

On pouvait s'étonner qu'un homme étranger, accueilli avec honneur, nommé académicien, anobli, pensionné, ait abandonné si facilement une capitale où il semblait qu'une glorieuse carrière lui fût assu-

1. *Archiv für Asiatische Litteratur*, gr. in-4°.
2. Larenaudière, *Nouv. Annales des Voyages*, 1835, IV, pp. 10-11.

rée pour chercher une nouvelle position au loin à Paris. Sa manière de faire l'avait rendu suspect à l'esprit clairvoyant de Silvestre de Sacy qui écrivit à Saint-Pétersbourg à Ouvarov pour éclaircir les doutes qu'il avait de la correction de Klaproth.

« Paris, 1er février 1817 [1].

« ... Je dois, Monsieur, vous avoir déjà parlé de M. Rémusat, aujourd'hui membre de l'Académie des Belles-Lettres, professeur de Chinois et de Tartare-Mandchou au Collège royal. Il m'a chargé de vous présenter un exemplaire d'un petit ouvrage qu'il a traduit du chinois et publié, et une planche des clefs chinoises, imprimée par le procédé lithographique. M. Rémusat s'occupe aussi des idiomes Mongol et Tibétain, et le plus grand bonheur que je pourrois lui procurer par votre canal, ce seroit de le mettre en correspondance avec quelqu'un de vos interprètes, résidant sur la frontière chinoise, ou parmi les Calmouques. Un dictionnaire mongol est l'objet de ses vœux les plus ardens. Votre zèle pour le progrès de ces sciences orientales me fait espérer que vous mettrez quelque prix à seconder son ardeur, jointe à un excellent esprit et un rare talent.

« A ce propos, je dois vous parler d'un homme qui ne manque assurément ni de talens, ni de connaissances acquises, mais dont la moralité, et les principes me sont extrêmement suspects. Je veux parler de M. Jules de Klaproth. Il y avoit long-temps que j'étois en correspondance avec lui, avant de

1. Je dois la connaissance de ces lettres, conservées à la Bibliothèque de l'Institut, à M. H. Dehérain, bibliothécaire.

faire sa connoissance personnelle. En 1813, tandis que Buonap. étoit à Dresde, il sollicita un emploi à Paris, et m'en fit part. En 1814, après notre heureuse restauration, il écrivit au Duc de Bassano pour lui témoigner son admiration pour le colosse renversé, et le projet qu'il avoit formé d'aller lui offrir ses services. Il se rendit en effet à l'isle d'Elbe en 1815. La même année, il venoit de Florence à Paris, quand son idole fut encore renversée. Il y fit d'abord société avec moi, M. Rémusat, etc., fit imprimer des pamphlets grossiers contre M. Langlès, puis se lia d'amitié avec lui, quitta Paris sans rendre rien des livres et objets précieux qu'il avait empruntés à des particuliers ou à des établissements publics, et disparut, laissant le tout à la garde d'une femme de mauvaise vie. On fut obligé de reprendre le tout par la voie de la police. Aujourd'hui il est revenu plus impudent que jamais, avoué par le gouvernement Prussien, recommandé par l'Ambassadeur, et disposant d'une somme considérable (70.000 fr.), dit-on, pour faire imprimer divers ouvrages. Sa présence ici m'inquiète, ainsi que beaucoup de gens bien intentionnés. Quand je réfléchis sur toute sa conduite, j'ai peine à me défendre du soupçon qu'il a toujours été employé comme espion, et espion dangereux. Il m'est revenu de plusieurs parts qu'il avoit été chassé de Pétersbourg, et rayé de l'Académie. Je mettrois beaucoup de prix à savoir ce qui en est. Car enfin sans l'honneur et la probité, je ne fais aucun cas des talens. Vous nous rendriez un service important, en nous éclairant sur ce point-là, et vous pouvez être assuré que je ne vous compromettrai en aucune manière. »

Le comte Serge Semenovich Ouvarov, né à Moscou

le 25 août 1785, Président de l'Académie impériale des Sciences en 1818, devint Ministre de l'instruc-truction publique en 1833; en 1846, il fut créé comte ; le 7 janvier 1820, il fut élu associé étranger de l'Académie des inscriptions et belles-lettres; il est mort à Moscou le 16 septembre 1855; c'était donc un homme occupant une place considérable dans le monde scientifique; voici ce qu'il répondit à Sacy le 14-26 mars 1817 :

« Saint-Pétersbourg, ce 14/26 mars 1817 [1].

... « Chargés vous, je vous prie, de mes remerciemens pour Mr. de Rémusat, en lui remettant le Dictionnaire Mongol-Allemand ci-joint. Ce Ms. m'a été envoyé de Sibérie et je prie M. Remusat de le garder tant qu'il en aura besoin & d'en faire tirer copie s'il le croit digne de son attention. Assurés le, je vous prie, que je serai toujours charmé de me trouver en relation avec lui.

« Il y a quelque tems qu'interrogé par M. Langlès sur le compte de M. Klaproth, je répondis que sa conduite en Russie avait été singulièrement honteuse; que chargé du soin de faire graver des caractères chinois et muni à cet effet d'une somme d'argent assés considérable, il fut envoyé à Berlin & disparut gardant l'argent & les manuscrits très précieux qu'il avait emportés avec lui. Les égards dus à son respectable père empêchèrent en partie de sévir publiquement contre lui : quoiqu'il ait été alors rayé de la liste des Académiciens. Actuellement j'ai tout lieu

1. Lettre du comte Ouvarov, curateur de l'Instruction publique dans l'arrondissement de Saint-Pétersbourg ; à Silvestre de Sacy ; reçue 27 juillet ; répondue 3 août. L. a. s., Bibl. de l'Institut. No. 407.

de croire que le Gouvernement ne tardera pas à faire connaître à l'Europe la honte de M. Kl. & le juste châtiment qu'il s'est attiré. Les honnêtes gens ne peuvent être que du même avis sur la conduite & les principes de M. Kl. Il est incroyable que le gouvernement prussien, averti comme il l'était, ait pu accorder la moindre confiance à un homme de cette espèce. Je vous avoue que séduit par ses talens autant que par ma propre passion pour la littérature, j'ai été du nombre de ceux qui, en Russie, lui ont témoigné le plus d'intérêt & c'est un reproche que je me fais souvent. Il est triste de penser que des connaissances & des moyens ne mettent pas à l'abri des bassesses du cœur. »

Dans un post-scriptum à cette lettre, Ouvarov écrit : « Il ne faut pas oublier parmi les torts les plus graves du S^r. Klaproth celui d'avoir écrit à l'Académie une lettre digne d'un crocheteur ivre. »

Sacy remercia Ouvarov par la lettre suivante[1] :

« Paris, 4 août 1817.

Monsieur,

« J'ai reçu en même temps, par S. Exc. M. le G^al. Pozzo di Borgo, vos deux lettres des 14/26 Mars et 15/27 Mai de cette année, et mon premier soin doit être de vous remercier de l'obligeante prévenance avec laquelle vous avez accueilli ma recommandation en faveur de M. Rémusat. Vous pouvez être assuré que le Dictionnaire Mongol entre ses mains, est une mine bien placée, et qu'elle ne restera point enfouie dans la terre et sans porter intérêt; il vous en remercie lui-même par une lettre que je

1. Lettre de Sacy à Ouvarov, Paris, 4 aout 1817.

joindrai à la mienne, et il vous fait hommage de deux brochures qui seront jointes à celles que je vous envoie.

« Je vous remercie, Monsieur, des renseignemens que vous avez eu la complaisance de me communiquer sur M. Klaproth. Il est bien étrange, sans doute, que le gouvernement prussien accorde quelque confiance à un homme déshonoré à ce point. Cependant M. Schuckmann, ayant été instruit par une lettre que j'avais écrite confidentiellement à M. Ideler à Berlin, et qu'on lui a fait voir, de l'opinion que j'avais de M Klaproth, a fait prendre à ce sujet des informations a Paris. Mais j'ai tout lieu de croire que MM. les Conservateurs de la Bibliothèque du Roi ne voulant pas se compromettre et s'attirer des reproches sur leur imprudente confiance, auront répondu que M. Klaproth leur a tout restitué. Ce qu'il y a de sûr, c'est que M. Langlès contre lequel il a imprimé des injures atroces, lui témoigne encore aujourd'hui beaucoup de confiance, et ne lui refuse rien. Pour moi qui ne crains point sa langue, et ne me fie pas à ses mains, je l'ai tout à fait écarté de chez moi. On m'a assuré qu'il a vendu à Berlin à M. de Diez un manuscrit de l'histoire généalogique des Tartares d'Abou'l Gazi. Ne seroit-ce point l'exemplaire de la Bibliothèque impériale de Pétersbourg, dont a parlé Schloezer, dans ses *Kritisch-historische Nebenstunden?* M. Klaproth colore les spoliations dont il s'est rendu coupable, en disant qu'on l'avait autorisé à prendre tous les doublets de là Bibliothèque Impériale, et il se vante de n'avoir pas choisi les moins bons. Il y a ici quelques yeux ouverts sur sa conduite; mais malheureusement ce ne sont pas ceux qui devraient l'être le plus. »

On a vu plus haut que Klaproth avait emprunté à Paris des livres qu'on fut obligé de reprendre par l'intermédiaire de la police; étant donnés les antécédents du personnage, on peut penser à lui en constatant la disparition de la Bibliothèque royale de deux cahiers du manuscrit de la *Notitia Linguae Sinicae* du P. de Prémare; on sait que ce missionnaire, l'un des plus remarquables de la mission française de Peking, avait sous ce titre composé une grammaire chinoise formant *cinq* volumes in-4° écrits sur papier de Chine qu'il envoya en 1728 à Fourmont l'aîné, que celui-ci s'empressa de déposer à la Bibliothèque du Roi le 11 février 1730; lorsqu'Abel Rémusat retrouva le manuscrit, il ne restait que trois cahiers qui ont été reliés en 1825[1] et qui ont été seuls imprimés à Malacca en 1831 par les soins de l'Anglo-Chinese College et aux frais de Lord Kingsborough. Que sont devenus les deux autres cahiers qui ont été envoyés par Prémare, qui ont été vus par Fourmont, mais qui n'ont pas été vus par Rémusat? Stanislas Julien avait méchamment insinué que les deux cahiers avaient été soustraits par Abel Rémusat, ce qui est faux; peut-être aurait-il pu chercher du côté de Klaproth qui connaissait la valeur de l'ouvrage, car il possédait une copie de ces deux cahiers, copie qui a été vendue après sa mort avec ses autres livres pour 100 francs et qui est passée au Musée britannique, Add. Ms. 11707; j'ai donné un facsimilé de la première page de cette copie qui renferme un traité inédit : *De Sinica urbanitate inter loquendum*[2].

1. Cf. *Nouv. Mél. As.*, II, pp. 272-3.
2. Cf. *Bibliotheca Sinica*, col. 1664-9. — *Fragments d'une histoire des études chinoises au XVIIIe siècle*, 1895.

Enfin, pour achever de peindre le personnage, disons que plus tard il a été accusé d'avoir fabriqué de fausses cartes de l'Asie centrale. Il partage avec Étienne QUATREMÈRE la peu enviable gloire d'avoir été un des détracteurs de CHAMPOLLION LE JEUNE. « On ne peut être qu'extrêmement surpris de la hardiesse avec laquelle, écrit-il, M. Champollion veut faire accroire qu'il lit, qu'il comprend et qu'il peut traduire les papyrus et la partie démotique de l'inscription de Rosette[1]. »

Ce que ni la Russie, ni Napoléon n'avaient fait pour lui, Klaproth l'obtint du gouvernement prussien dès 1816 : « Dès cette époque, la protection du gouvernement prussien vint le soutenir dans ses travaux. M. Guillaume de Humboldt, signataire de la paix de Paris, l'un des hommes d'état comme l'un des savants les plus distingués de son époque, proposa à son gouvernement d'attacher M. Klaproth à la légation prussienne de Constantinople, avec mission d'explorer l'Asie mineure et de faire quelques excursions dans le pays des Kourdes. M. Klaproth préféra le séjour de Paris au sol classique de l'Asie mineure, et le voisinage de la Bibliothèque royale aux pays des Kourdes. Ce refus n'arrêta pas la bienveillance de M. Guillaume de Humboldt pour M Klaproth; il lui obtint une pension du roi de Prusse et 80.000 francs destinés à la publication d'ouvrages relatifs à l'histoire et à la géographie de l'Asie[2]. »

Je laisse le lecteur juger si les soupçons de Silvestre de Sacy n'avaient pas une base assez solide.

1. P. 39 de la *Collection d'Antiquités égyptiennes* recueillies par M. le Chevalier de Palin. Paris, 1829, in-fol.

2. Larenaudière, *Nouvelles Annales des Voyages*, 1835, IV, p. 12, *note*.

LA MISSION DUBOIS DE JANCIGNY

DANS L'EXTRÊME-ORIENT

(1841-1846) [1]

En Chine régnait, depuis la mort de KIA K'ING le 2 septembre 1820, son fils l'empereur TAO KOUANG. A la suite de nombreuses vexations subies à Canton par ses nationaux et de la destruction dans cette ville, en 1839, de 20.243 caisses d'opium par le Commissaire impérial LIN, l'Angleterre avait déclaré la guerre à la Chine. Après le débarquement à Canton des troupes de Sir John Gordon BREMER le 7 janvier 1841, des négociations avaient eu lieu et des arrangements avaient été signés le 20 janvier par le représentant anglais, le Capitaine ELLIOT, par lesquels l'île et le port de Hong-kong étaient cédés à la Couronne britannique; la Cour de Pe King disgracia KI CHEN chargé des négociations, les hostilités reprirent et le 25 mai 1841 le général Sir Hugh GOUGH s'emparait de la ville et des hauteurs de Canton. La guerre fut transportée au cœur de la Chine et successivement tombaient entre les mains des Anglais, Amoy (26 août), Ting Haï, dans la grande Chou san (2 octobre), la citadelle de Tchin Haï, à l'entrée de

1. Extrait de la *Revue de l'Histoire des Colonies françaises*, 1er trimestre 1916.

la rivière de Ning Po (10 octobre), Ning Po même (9 mars 1842).

En Annam, l'empereur Minh Mang, fils de Gia long, était mort le 21 janvier 1841 d'une chute de cheval, au moment où la France allait sans doute intervenir pour châtier les bourreaux de ses nombreux missionnaires martyrs; il avait été remplacé sur le trône par son fils Nguyen phu'o'c, qui allait sous le nom de Thieu tri poursuivre une politique antichrétienne devant forcément amener une action énergique de la France.

Les Indes anglaises, sous le gouvernement de Lord Auckland (1836-42), de Lord Ellenborough (1842-4), de Lord Hardinge (1844-8), passaient par une période difficile marquée au début par l'assassinat, en novembre 1841, de Sir Alexander Burnes à Caboul qui fut occupée par le général Elphinstone dont les troupes furent anéanties lorsqu'elles retournaient aux Indes (1842).

Pendant cette période, les Indes néerlandaises sorties de la terrible guerre de Java (1825-1830) étaient administrées par les Gouverneurs généraux, M. Pieter Merkus (1841-1844) et Jan Jacob Rochussen (1845-1851).

*
* *

La France, qui avait porté son plus grand effort en Algérie, ne restait pas cependant indifférente aux événements qui se déroulaient dans l'Extrême-Orient, et des esprits avertis s'inquiétaient des débouchés nouveaux que pourrait offrir à notre commerce l'ouverture de la Chine. Le 19 mars et le 16 avril 1840, un avocat à la Cour royale de Paris, A. S. Bellée, adressait au Président du Conseil des

Ministres, M. THIERS, alors Ministre des Affaires étrangères, le programme d'une Mission en Chine[1]. Mais les renseignements directs et exacts nous faisaient défaut; nous ne les recevions que par l'intermédiaire de nos trop rares navires de guerre qui visitaient hâtivement les ports d'Extrême-Orient au cours d'une mission dans les mers lointaines. Justement à cette époque le capitaine de corvette, Joseph DUCAMPE de ROSAMEL, commandant la *Danaïde*, en mission dans les mers du Sud, de l'Inde et de Chine, envoyait quelques renseignements sur Hong-kong et sur l'expédition anglaise; il écrivait au Ministre, le 8 octobre 1841 :

En quittant Macao, le 30 Août, pour m'élever vers les côtes N. de la Chine, j'ai jeté l'ancre trois jours dans le port de Hong-kong, aujourd'hui entièrement possession anglaise.

Il est impossible de rencontrer un plus beau havre sous le rapport maritime. Toutes les escadres du monde y seraient en sûreté. Deux entrées également faciles, ouvertes l'une à l'E., l'autre à l'O., le rendent de l'accès le plus commode dans les deux moussons. Malheureusement il est situé trop en dehors de la route directe de Canton. Malgré cet inconvénient, déjà Hong-kong est couvert de navires. La différence du système colonial anglais, tout de liberté, d'avec celui des Portugais, tout de restrictions, a déjà fait affluer une nombreuse population chinoise dans la nouvelle colonie.

Là, pour elle, point de mandarin qui, comme à Macao, fasse sentir au peuple le poids de son autorité. A Hong-kong, le peuple chinois, naturellement vicieux et à la recherche de toutes les jouissances, peut se livrer à ses passions ; aussi les cafés, les boutiques de comestibles, les maisons de jeu, les fumeries d'opium, etc., ont-elles envahi le peu de cases que les autorités ont permis de construire. On s'étonne, en voyant la rapidité avec laquelle s'élèvent les habitations de bambous, et surtout la persévérance que mettent ces hommes à réparer

1. Imprimé en 1842. Bibl. Nat., O² n 119.

les démolitions et les dégâts produits soit par les incendies, soit par les ty-foongs.

On peut sans exagération, porter à quatorze ou quinze mille le nombre des Chinois établis à Hong-kong à l'époque actuelle. Je ne compte pas là-dedans une population flottante qui vit sur les bateaux, allant chercher les approvisionnements sur la côte opposée au N. de l'île ou dans les baies voisines. A peine si les cinq ou six cents Anglais qui forment la garnison paraissent au milieu de cette fourmilière dont pas un des membres ne reste inactif.

M. JOHNSTON, gouverneur de Hong-kong, ex-sous-intendant commercial avec M. ELLIOT, emploie quelques centaines de Chinois à faire des routes à travers cette île montagneuse et escarpée. Beaucoup de magasins, pour les plus fortes maisons de commerce anglaises de Canton, ont été construits sur des terrains vendus aussi cher la toise carrée que dans les quartiers les plus recherchés de Paris. La maison Matheson et Cie paye, assure-t-on, 4.000 livres sterling de rente annuelle pour l'achat du petit coin de terrain où sont ses magasins. Les chefs de ces puissantes et riches maisons attendent que les affaires de Chine soient terminées, pour aller s'établir eux-mêmes dans le nouvel entrepôt commercial. Mais, en supposant que l'Angleterre garde Hong-kong, ce point deviendra peut-être de peu d'importance, si, comme on le suppose, Amoy, Chusan et Ning Po sont ouverts au commerce étranger : alors, pour les acquéreurs de ces terrains, il y aura de rudes déceptions [1].

Le Commandant de ROSAMEL manquait assurément de flair ; de quelle utilité pouvaient être des renseignements, souvent erronés, glanés à la hâte pendant une visite de quelques jours? Le Gouvernement du roi Louis-Philippe se décida à envoyer une mission spéciale pour étudier sur place la situation dans l'Extrême-Orient. Le départ de l'*Érigone*, frégate armée de 46 canons dont le capitaine de vaisseau CÉCILLE [2], nommé par décision du roi en date du

1. *Annales maritimes*, I, 1842, pp. 277-9.

2. *Jean Baptiste Thomas Médée* CÉCILLE, né à Rouen, le 16 octobre

23 octobre 1840 en remplacement du capitaine de vaisseau Bonnefoux, avait pris le commandement le 9 novembre 1840, devait favoriser ce projet.

*
* *

Le 14 mars 1841, l'amiral Duperré, Ministre de la Marine[1], écrivait au Ministre des Affaires étrangères[2] :

J'avais aussi fait disposer la frégate l'*Erigone* pour remplacer dans les mers de Chine celle que nous avons eu le malheur de perdre. Aujourd'hui votre intention étant d'envoyer dans ces parages un agent chargé d'une mission dans l'intérêt de votre Département, j'ai besoin de connaître vos intentions pour donner une direction et des instructions au Commandant de la frégate.

L'*Erigone* est prête. — Il est même à désirer qu'elle puisse partir prochainement pour se trouver dans les mers de Chine, à l'époque de la saison favorable, qui commence en avril et finit en novembre[3].

On fit choix, pour remplir cette mission, de Dubois de Jancigny.

Adolphe Philibert Dubois de Jancigny, né à Paris en 1795, était fils de Jean-Baptiste Dubois de Jancigny, né à Jancigny (Bourgogne), le 22 mai 1753,

1787 ; capitaine de frégate le 30 octobre 1829, capitaine de vaisseau le 17 juin 1838, il fut nommé contre-amiral le 2 juin 1844, vice-amiral le 23 décembre 1847 ; ambassadeur à Londres, 2 janvier 1849 ; sénateur 31 décembre 1853 ; il est mort à Saint-Servan, le 8 novembre 1873.

1. L'amiral Duperré a été Ministre de la Marine à trois reprises différentes : 22 nov. 1834-6 sept. 1836 ; 12 mai 1839-1er mai 1840 ; 29 oct. 1840-7 février 1842. *Victor Guy*, baron Duperré, né à La Rochelle, le 29 février 1775 ; mort le 2 novembre 1846.

2. M. Guizot était Ministre des Affaires Étrangères depuis le 29 octobre 1840.

3. A moins d'indications contraires, les pièces de ce Mémoire sont tirées des Archives des Affaires étrangères : Chine, 1841-1846 ; 1840 à 1844, Janvier-Septembre.

mort à Moulins (Bourbonnais), le 1er avril 1808, savant distingué qui fut le premier préfet du Gard. Jancigny était parent du général Damesme qui, sur son lit de mort, le recommanda au gouvernement. Après avoir pris part aux dernières campagnes de l'Empire, Dubois de Jancigny, mis en demi-solde, voyagea jusqu'en 1829 dans les Indes orientales ; étant entré au service du roi d'Aoudh, Naçr ed-din Haïdar (1827-1837), en qualité d'aide de camp, il fut chargé d'une mission en Europe en 1834-1835[1]. Il se fit remarquer par une série d'articles sur l'Asie, donnés à la *Revue des Deux Mondes*[2] ; sa connaissance approfondie des affaires de l'Inde semblait donc le désigner au choix du Ministre des Affaires étrangères pour remplir la double mission politique et commerciale qu'on se proposait d'envoyer en Extrême-Orient. Dubois de Jancigny expose dans la note suivante les questions qu'il paraît devoir étudier.

NOTE SUR LA MISSION PROJETÉE AUX INDES ORIENTALES ET EN CHINE[3]

La Mission qui paraît devoir m'être confiée a pour but général de constater l'état actuel des Indes Orientales et de la Chine sous le point de vue politique et sous le point de vue commercial.

1. Voir *Bul. Soc. Géog. Rochefort*, 1907, p. 305.
2. *Les Indes anglaises*. I. Affaires de l'Afghanistan Expédition anglaise au delà de l'Indus, 1er janvier 1840. II. Systeme fluvial de l'Indus. Le Scinde, 15 février 1840. — III. L'Afghanistan, Mœurs des Afghans, 15 mars 1840. — IV. L'Hindoustan. Expédition de Khiva. Affaires de Chine. 15 mai 1840. V. Progrès de la puissance anglaise en Chine et dans l'Inde. Expédition de Chine (1840). L'Inde britannique en 1840, 15 avril 1841.
3. Pièce autogr. signée.

Cette donnée générale embrasse trois grandes questions :

La question de Chine, plus particulièrement dans ses rapports avec l'Angleterre, l'Amérique et la Russie;

L'état actuel et l'avenir probable des Indes Néerlandaises;

L'état politique actuel des Indes Anglaises en général et l'avenir probable du commerce de ces contrées, surtout par suite de l'ouverture de la navigation de l'Indus.

Dans la situation présumable des affaires de Chine, d'après les derniers avis reçus, le premier point et le plus important à visiter semble être Macao. Je croirais cependant utile que la Frégate s'arrêtât 48 heures à Singapour, point intéressant situé sur la route, où nous avons un Consul et où il serait possible, à la rigueur, qu'on trouvât des nouvelles qui me détermineraient à me diriger de préférence sur Manille, ou sur un point des côtes de Chine autre que l'embouchure de la rivière de Canton. — En tout cas (et indépendamment des considérations qui rentrent plutôt dans le domaine de la Marine), cette courte relâche à Singapour aurait l'avantage de me placer à l'ouverture de la campagne dans une position intermédiaire entre l'Inde anglaise et la Chine : et, en prenant la précaution d'expédier, dès à présent, par la voie d'Égypte, des instructions précises à notre Consul à Calcutta, il est présumable que je trouverais en arrivant à Singapour une ou plusieurs dépêches de ce Consul me renseignant sur l'état des affaires politiques ou commerciales au Bengale au mois de mai ou commencement de juin prochain et me transmettant les journaux de Bombay et de Madras.

De Singapour, la Frégate ferait voile, selon les circonstances, pour Macao ou directement pour Manille. — Si elle touchait d'abord à Macao, elle ne s'y arrêterait que le temps strictement nécessaire pour s'assurer du véritable état des choses et pour que je pusse conférer avec notre agent consulaire à cette résidence. Elle se dirigerait ensuite sur Manille où je remettrais au Consul général les dépêches du gouvernement et m'entendrais avec ce fonctionnaire sur le but ultérieur de la mission en ce qui touche aux affaires de Chine.

Il serait à désirer que la Frégate pût ensuite me transporter sur les divers points qui ont été successivement atteints par l'expédition anglaise ou du moins dans les parages voisins, de manière à ce que je pusse m'assurer des traces que cette expédition a laissées, de l'impression qu'elle a faite, des résultats politiques et commerciaux qu'elle a obtenus ou qu'elle est en droit de se promettre. — Je devrais, autant que les circonstances le permettraient et dans les limites d'une circonspection rationnelle, me mettre en rapport avec les autorités chinoises et avec des personnes appartenant aux diverses classes de la population aux points principaux de la côte dans le but spécial d'obtenir des renseignemens précis sur le commerce, les ressources, l'état politique du pays et sur la possibilité d'établir, par suite, des relations utiles à notre commerce. — Il serait du dernier intérêt de pousser cette exploration rapide jusqu'à l'embouchure du Pei-ho et jusqu'au pied de la Grande Muraille afin de faire comprendre aux Chinois, dès à présent, que ce que l'Angleterre a fait dans ces mers lointaines, la France pourrait aussi le faire un jour, si les intérêts de sa politique ou de son commerce lui prescrivaient d'y faire flotter son pavillon.

Cette exploration de l'Est et du Nord des côtes de Chine terminée, la Frégate reviendrait à Manille et de là, selon les circonstances, ferait voile de nouveau pour la Rivière de Canton ou se dirigerait immédiatement vers le sud pour me mettre à même de visiter les principaux comptoirs des Indes néerlandaises.

Cette partie de ma mission embrasserait Bornéo et Célèbes, où les Hollandais ont des établissements qu'il est intéressant de reconnaître avec soin ; Java et Sumatra, où les progrès de la puissance et du commerce néerlandais sont assez rapides pour exciter à un haut degré les susceptibilités et la jalousie des Anglais. — Sumatra, en particulier, sous le rapport des intérêts commerciaux, mérite une attention et appelle une investigation spéciales. (J'ai entendu parler de renseignements précieux recueillis tout dernièrement à cet égard par la Marine et que je vais tâcher d'obtenir.)

Après avoir visité les îles de la Sonde, je voudrais toucher de nouveau à Singapour où je m'arrêterais une ou deux semaines pour recueillir des renseignements précis tant sur l'état politique et commercial de la presqu'île que sur le développement actuel ou probable de l'organisation politique et des ressources des principaux États de l'Indo-Chine par suite de la solution qu'aura reçue la question de Chine. De Singapour, je ferais voile pour l'île de Ceylan, touchant en passant à Malacca et à Poulo-Pinang. Je m'arrêterais quelques jours à Colombo d'où je me dirigerais sur Pondichéry. — Je séjournerais à Pondichéry assez longtemps pour m'assurer du véritable état des affaires dans cette colonie, et de Pondichéry, je me rendrais à Madras, laissant la Frégate libre de ses mouvements ultérieurs.

Je me proposerais de faire une halte d'une quinzaine de jours à Madras où je pense qu'on peut recueillir des renseignements d'un grand intérêt, non seulement sur l'état politique de la Péninsule, mais sur les productions et les ressources commerciales du pays. Je me rendrais de Madras à Bombay, traversant le Dekkan dans une direction oblique et visitant Hyderabad, Pounah et d'autres points où nous avons eu longtemps des relations actives et importantes et où nous avons laissé des souvenirs que les changements qui surviennent de temps à autre dans la politique pourraient nous faire penser à exploiter un jour.

La durée de mon séjour à Bombay serait réglée par des considérations qu'il n'est pas nécessaire de détailler ici et au premier rang desquelles il faut placer la nécessité de profiter de la saison favorable pour pénétrer avec les caravanes dans le Sindh et dans l'Afghanistan. — En effet, l'un des buts les plus importants de ma mission, au retour, étant de constater l'état actuel et le développement probable du commerce dans le bassin de l'Indus, je devrais me placer dans la position la plus favorable pour voir de mes propres yeux et pour suivre dans leurs détails les opérations commerciales dont les caravanes et la navigation de l'Indus et de ses affluents sont les principaux véhicules. — J'irais donc dans le Sindh, et de là, si les circonstances me le permettaient, à Kandahar, et à Kaboul, d'où je me dirigerais sur Peshawar, passerais dans le Pandjab et après avoir constaté l'état politique et commercial de cette riche contrée dans les circonstances nouvelles où l'a placée la mort inattendue du fils et du petit-fils de Randjît-singh, je m'embarquerais à Firozepour, descendrais le Sutledge et le bas Indus et reviendrais à Bombay où, suivant les instructions que le Gouvernement m'y aurait adressées ou l'exigeance des circonstances, je repasserais en Europe par le golfe Persique et la ligne de l'Euphrate ou par l'Égypte, ou enfin, par le Cap de Bonne Espérance.

(*Sign.*). A. dB. DE JANCIGNY.

Paris, 24 Mars 1841.

*
* *

Le 30 mars, M. Dubois de Jancigny, avec l'autorisation et par le désir exprès du Ministre des Affaires étrangères, se mettait à la disposition du Ministre de l'Agriculture et du Commerce dans le cas où celui-ci jugerait convenable de lui confier des instructions spéciales en ce qui touchait les intérêts prochains ou à venir de notre commerce.

Le 6 avril, le Ministre des Affaires étrangères écrivait au comte DUCHATEL, Ministre de l'Intérieur, pour obtenir qu'au cours de sa mission, M. de Jancigny fût autorisé à porter l'uniforme de colonel de la Garde nationale, et au Ministre du Commerce pour lui demander s'il avait des instructions à donner à M. de Jancigny. Ces instructions, écourtées à cause du peu de temps, furent envoyées le 13 avril ; quant au Ministre de l'Intérieur, il répondit le 19 avril qu'aux termes de la loi du 22 mars 1831 il ne pouvait accéder à la demande de M. de Jancigny ; que tout ce qu'il pouvait faire, c'était de l'autoriser à porter hors de France l'uniforme de capitaine de la

Garde nationale; si l'on voulait qu'il fût pourvu d'un grade d'officier supérieur d'état-major de la Garde nationale, il fallait en conférer avec le maréchal Comte GÉRARD.

Une difficulté se présentait dès le début de la mission : mettre d'accord les deux départements de la Marine et des Affaires étrangères ; ce dernier s'occupait du but de la mission de Jancigny, le premier seulement de la campagne de l'*Erigone ;* l'amiral Duperré finit par reconnaître que ce bâtiment seul était insuffisant pour cette double mission et il adjoignit à cette frégate la corvette la *Naïade* dont il ordonna l'armement immédiat (11 avril 1841).

Voici comment est exposé le double but de la Mission au point de vue des deux départements ministériels :

Ministère des Affaires étrangères.	*Ministère de la la Marine et des Colonies.*
Mission de M. DUBOIS DE JANCIGNY.	Mission de la frégate l'*Erigone*.
Le but des Affaires étrangères est d'obtenir des renseignements exacts et précis sur les affaires de la Chine et sur celles de l'Inde anglaise.	Le but de la Marine est de faire visiter les points que nous possédons dans les mers de l'Inde, et ceux où nous avons eu dernièrement quelques démêlés, puis de faire apparaître le pavillon français dans les mers de la Chine au milieu de l'escadre anglaise.
L'itinéraire proposé	L'itinéraire que la ma-

par M. de Jancigny se divise naturellement en deux périodes. M. de J. voudrait tout d'abord se rendre directement dans les mers de Chine, en faisant à Singapour une relâche de quelques jours seulement, aller mouiller à Manille, puis à Macao, ne séjournant en ces deux lieux que le temps nécessaire pour s'y procurer des renseignements généraux, puis s'élevant dans le Nord, y suivre pas à pas la trace de la grande expédition anglaise; et, cette exploration achevée, revenir hiverner, selon les circonstances, soit à Macao, soit à Manille.

rine trace à la frégate diffère beaucoup de celui que propose M. de Jancigny pour la première période de son voyage. La Marine veut bien que sa frégate se rende d'abord dans les mers de Chine, mais elle exige comme condition indispensable que cette frégate soit logée dans un port sûr avant le 15 octobre; elle désigne *Manille* de préférence à *Macao*, « à cause des soupçons qu'inspire généralement aux Chinois la présence prolongée d'un navire de guerre dans leurs ports ». La Marine tient surtout à éviter que sa frégate se trouve sous voiles dans les mers de Chine au moment de l'équinoxe; elle sait qu'à cette époque de fréquents typhons ont englouti ou désemparé bien des navires : les annales des sinistres de mer citent particulièrement les 21 et 22 septembre comme des jours néfastes. Il ne faut pas tenir non plus la mer au moment où la mousson du N. E. s'établit ; c'est une époque critique, les mers de Chine alors sont souvent balayées par des tempêtes ou de violents coups de de vent. — De Manille, où elle resterait pendant tout le mois de novembre, la frégate se rendrait à Macao dans les premiers jours de décembre ; mais il lui serait complètement impossible de s'élever dans le Nord, le vent régnant s'y oppose. Si donc on tenait à cette partie de la mission de M. de Jancigny, il faudrait que la frégate attendît la mousson suivante, c'est à dire qu'elle doublât son temps de station dans les mers de Chine, ce qui n'entre point dans les plans de la Marine.

De plus la Marine demande qu'en se rendant en Chine la frégate touche à Bourbon, ce qui écarte la relâche à Singapour indiquée par M. de Jancigny.

La seconde période de la mission de M. de Jancigny embrasserait l'exploration des comptoirs néerlandais à Célèbes et Bornéo, celle des îles de la Sonde, donnant une attention particulière aux nouveaux comptoirs de Sumatra, et s'arrêtant une semaine environ à Singapour. De là M. de Jancigny propose de se rendre à Malacca et Poulo-pinam, puis à Colombo où il désirerait séjourner trois semaines, enfin aller à Madras ou à Pondichéry et laisser aller alors la frégate entièrement libre de ses mouvements.

La Marine indique Batavia comme point de relâche à sa frégate, lui trace son itinéraire le long de la côte de Sumatra pour gagner ensuite Ceylan au mois d'avril et Pondichéry au commencement de mai. Seulement il serait possible qu'au lieu de Colombo, le Commandant de la frégate préférât se rendre à Pointe-de-Galles ou Trinquemale, à cause des vents régnants et de la position de Colombo relativement à Madras ou Pondichéry. Mais il est évident que si les instructions de la Marine laissent au Commandant la latitude de profiter des circonstances éventuelles pour que M. de Jancigny puisse remplir sa mission le plus complètement possible, il sera facile de choisir les escales et de les combiner de telle sorte que la seconde période du plan soumis aux Affaires étrangères reçoive un accomplissement presque entier.

N. B. — Pour la régularité du service du bord, la Marine prie les Affaires étrangères de lui indiquer en quelle qualité M. de Jancigny devra être considéré et de combien de personnes sa suite sera composée ; et si ces personnes devaient prendre rang parmi les officiers, la Marine désire en être avertie.

Double Mission dans les mers de la Chine

La Frégate l'*Erigone*,

1841 (mai), part de France ; — fait voile vers les mers de l'Inde ; — s'arrête à *Bourbon* quelques jours seulement, de manière à se trouver à *Singapour* au commencement de septembre ; — visite *Macao* en *septembre ;* — doit être rendue à *Manille* dans les premiers jours d'*octobre ;* — stationne à *Manille* pendant les mois d'*octobre*, de *novembre* et *décembre*.

1842. — Part de *Manille* en janvier ; explore

La Corvette la *Naïade*,

1841 (mai), part de France ; — fait voile vers les mers de l'Inde ; — se rend à *Bombay* en septembre, y fait de l'eau et des vivres ; — emploie les mois d'*octobre*, de *novembre* et *décembre* à l'exploration du *golfe Persique ;* — part de là pour se rendre dans la *mer Rouge*.

1842. — Parcourt la *mer Rouge* pendant les

les comptoirs *néerlandais*, les *îles de la Sonde*, et en particulier les nouveaux établissements de *Sumatra ;* — touche une seconde fois à *Singapour ;* — puis choisit sa route de manière à se trouver en *avril* à *Pondichéry*.

mois de *janvier*, *février* et *mars*, après avoir eu soin de compléter ses vivres et son eau, soit à *Muscate*, soit à *Aden ;* — quitte cette mer et fait voile ensuite de manière à venir rejoindre, dans le mois d'avril, la frégate l'*Érigone* à *Pondichéry*.

Les deux navires ainsi ralliés en avril à Pondichéry, en partent au commencement de mai pour les mers de Chine.

1842. — La Frégate doit être mouillée à *Manille* dans les premiers jours de *juillet*, y faire ses vivres et son eau, et se trouver rendue à la *Nouvelle-Zélande* dans le courant d'octobre ; passer là le mois de *novembre*, puis quitter ces parages pour se rendre à *Valparaiso*, en touchant (si les bordées sont favorables), à *Otaïti*, aux *Marquises*, aux îles *Gambier ;* (*1843*) quitter le *Chili* en *février* et effectuer son retour en France par le Cap *Horn*.

1842. — La Corvette se montre en *juin* à *Macao*, explore la *Mer Jaune* et le golfe de *Pe-Tche-li* pendant les mois de *juillet*, *août* et *septembre ;* — revient en *octobre* à *Singapour* en suivant les côtes de la Chine ; — emploie les mois de *novembre*, *décembre*, *janvier*, *février* et *mars* (*1843*) à explorer les *Célèbes*, *Java* et *Sumatra* ; arrive en avril à *Pondichéry* en passant par *Ceylan* et mouillant à *Trinquemale* de préférence ; — quitte *Pondichéry* en mai, et effectue son retour en France par *Bourbon* et le Cap de Bonne Espérance.

En envoyant ses instructions pour M. de Jancigny, le Ministre de l'Agriculture et du Commerce, Cunin-Gridaine[1], rappelait (13 avril 1841) à son collègue des Affaires étrangères « une question qui a plusieurs fois occupé le Gouvernement, celle de savoir si pour pouvoir se rapprocher commercialement des contrées éloignées que baignent les mers de la Chine, la France ne devrait pas avant tout se procurer une station commode et sûre, une sorte d'abri militaire et de point de relâche vers le golfe de Siam ou sur les côtes de la Cochinchine ».

Cet objet ne fut pas perdu de vue lorsque fut organisée l'ambassade en Chine de M. Théodose de Lagrené peu de temps après.

En même temps, sur une demande du Ministre des Affaires étrangères, le Ministre de la Marine organisait une autre exploration ; en effet, le 17 avril 1841, l'Amiral Duperré écrivait à son collègue des Affaires étrangères :

Pour satisfaire à la demande que vous m'avez faite d'affecter une corvette à l'exploration du golfe Persique et du golfe Arabique, j'ai désigné la corvette la *Favorite ;* pour remplir cette mission importante, j'ai fait choix de M. Page[2], capi-

1. *Laurent* Cunin-Gridaine, né à Sedan, en 1778 ; mort dans cette ville en avril 1859 ; ministre depuis le 29 octobre 1840 ; il l'avait été pour la première fois le 15 avril 1837, puis le 12 mai 1839.

2. *Théogène François* Page, né le 31 mars 1807 ; enseigne 1830 : lieutenant 1836 ; capitaine de vaisseau 1845 ; contre amiral le 12 août 1858 fit les campagnes de Chine et de Cochinchine ; vice-amiral le 10 août 1861 ; mort à Auteuil le 2 février 1867.

taine de corvette, à qui le Roi, sur ma proposition, a bien voulu confier le commandement de ce bâtiment.

Je ne puis donner à cet officier que des instructions nautiques. Mais, pour toutes les informations à prendre, pour tous les renseignements à recueillir et qui peuvent intéresser particulièrement votre département, je vous prie de m'adresser vos instructions.

A son retour de sa mission dans les golfes Arabique et Persique, M. Page devant parcourir les côtes N.-E. de la Chine, il serait bon qu'à tout événement, il fût pourvu d'instructions à peu près semblables à celles que vous donnez à M. de Jancigny. Je vous prie donc de vouloir bien m'en adresser pour lui.

*
* *

Jancigny quitta Paris le 23 avril 1841, arriva à Brest le 25 avril au soir ; il se rendit le 27 au soir à bord de l'*Erigone* qui devait appareiller le lendemain à la pointe du jour ; le 14 juin, le bâtiment français mouillait, dans la soirée, devant Rio-Janeiro « après une traversée assez longue, mais sans accidens ».

En cours de route, Jancigny remettait les Instructions suivantes à M. de CHONSKI[1] et à M. Alphonse MAREY MONGE, attaché aux Affaires étrangères, qui l'accompagnaient, le premier comme secrétaire particulier, le second comme attaché ; ce dernier fut depuis attaché payé à l'ambassade de M. de Lagrené.

INSTRUCTIONS POUR M. H. E. DE CHONSKI.

Je crois nécessaire de résumer, par écrit, les instructions verbales que j'ai données à M. CHONSKI et j'entrerai dans quelques détails qui lui feront mieux comprendre quel est le

1. *Henri* DE CHONSKI, né en 1801, à Kremenetz (Volhynie) ; venu en France après les désastres de la Pologne (1831), il se fit naturaliser français. Rentré à Paris en 1844, il fut attaché, puis rédacteur au Ministère de l'Agriculture et du Commerce.

rôle que je lui destine (indépendamment de ses fonctions ordinaires) dans la mission qui lui est confiée, quel est le genre de coopération que j'attends de lui dans le vaste champ d'exploration qui s'ouvre devant nous.

La mission dont je suis chargé par le Gouvernement du Roi a pour objets principaux :

1° De faire connaître le véritable caractère, les opérations, les résultats actuels et les conséquences probables de l'expédition que les Anglais ont envoyée dans les mers de Chine.

(Les questions de détail qui se rattachent à cette expédition, tant sous les points de vue politique et commercial que sous le point de vue ethnographique, doivent être étudiées avec soin.)

2° L'exploration des Indes néerlandaises. dont l'état de plus en plus florissant appelle une investigation spéciale et acquiert pour nous plus d'importance depuis que notre traité de commerce avec le Roi des Pays-Bas[1] peut nous faire espérer, dans ces contrées, des relations plus actives et plus étendues.

(A cette exploration se rattachent des considérations politiques, qui nous font une loi d'étudier très attentivement les *localités*, le caractère des populations, les dispositions du gouvernement et des indigènes à notre égard, etc.)

3° D'éclairer le gouvernement du Roi sur l'état actuel, tant politique que commercial, de l'Inde transgangétique et plus particulièrement sur les ressources, l'attitude politique, les moyens d'échange, les intentions plus ou moins bienveillantes à notre égard, des peuples de Siam et de la Cochinchine.

(Il y a surtout à examiner si nous aurions intérêt à conclure avec le roi de Siam un traité semblable à celui que les États-Unis d'Amérique ont conclu avec ce prince et si nos relations avec la Cochinchine ont acquis ou peuvent acquérir un caractère tel que la conclusion d'un traité de commerce avec ce pays ne rencontre pas d'obstacles sérieux et présente des avantages certains.)

Parmi les questions secondaires à étudier, les plus importantes sont celles qui se rattachent à l'état actuel des Philip-

1. Un traité de Commerce et de Navigation avait été conclu le 25 juillet 1840, entre la France et les Pays-Bas.

pines, aux moyens de développer notre commerce avec cet archipel et les autres îles ou archipel de l'Indo-Chine et en général d'Inde en Inde.

J'invite M. Chonski à diriger plus particulièrement son attention et ses recherches sur le commerce et la statistique industrielle des divers pays que nous sommes appelés à visiter ou dans le voisinage desquels nous nous trouverons. Je désire également qu'il s'occupe de l'étude des langues (dans les limites que comporte notre mission) et qu'il recueille le plus grand nombre possible de *vocabulaires usuels.*

. . . .

Je n'ai pas besoin d'engager M. Chonski à s'entendre toujours avec M. Monge sur tout ce qui peut contribuer au bien de la mission...

. . . .

Sig. : A. dB. de Jancigny.

En mer, entre le Cap de Bonne Espérance et la Nouvelle Hollande, juillet 1841.

Itinéraire probable de la mission à dater de la relâche de Rio de Janeiro.

Singapour : Fin d'août 1841.
Manille, du 15 sept. au 25 nov.
Macao. Hongkong, Canton, etc. du 5 au 31 déc.
Côtes de Cochinchine, — Chamkolao, Poulo Condor, etc. (s'il est possible), du 10 janvier 1842 au 25 du même mois.
Batavia, du 5 au 20 fév. 1842.
Sumatra et îles voisines, du 20 fév. au 25 mars.
Singapour, du 25 mars au 5 avril.
Pondichéry, du 20 avril au 1er mai 1842.

En 1842-43.

Singapour, 15 mai environ ; relâche de 48 h.
Macao, Canton, etc., de la fin de mai au 10 juin.
Côte S. E. de Chine, île Formose ? Iles Chusan, golfe de Pe Tché-li, Corée, etc., du 10 juin au 31 août.
Singapour, 15 sept. à la fin d'octobre.

Manille, Célèbes, Bornéo et Java, du 1er nov. au 31 janvier 1843.

Sumatra et îles voisines, du 1er fév. au 31 mars.

Ceylan (Trinquemale), du 25 mars au 10 avril.

Pondichéry, 15 au 20 avril 1843.

Cet itinéraire est seulement *probable*, les circonstances politiques ou commerciales peuvent le modifier ainsi que les circonstances de la navigation.

M. DE CHONSKI muni d'une lettre du Consul Général pour M. CHALLAYE quitta Manille le 8 novembre 1841.

INSTRUCTIONS POUR M. MAREY MONGE.

...Les faits que nous sommes appelés à recueillir se rangent naturellement dans deux classes : *faits politiques, faits commerciaux*. Je désire que M. DE CHONSKI s'occupe plus particulièrement des derniers ; j'engage M. MONGE à diriger de préférence ses investigations sur tous les points qu'intéresse plus spécialement la politique.

Il est indispensable de s'occuper, avant tout, de recueillir des renseignements sur la grande expédition envoyée par les Anglais dans les mers de Chine...

Jancigny adressait de Macao le 5 juillet 1842 une lettre au Ministre des Affaires étrangères relatant la campagne de M. de Chonski qui avait quitté Manille le 8 novembre 1841 pour Macao, sur le bateau à vapeur *Medusa* à fond plat, de 70 à 80 chevaux, armé de deux canons de fort calibre ; il essuya un gros temps à l'embouchure du Tchou-Kiang, rivière de Canton, et fut chassé le 18 novembre jusqu'à la baie de Camranh[1], ce qui lui permit de donner des renseignements qui ont pour nous un intérêt particulier maintenant que nous occupons ce point de la côte d'Annam.

1. Lat N. 11°484′ à 12° ; long. E. 106°38′ à 106°55′.

La côte[1], sur toute son étendue est formée par une chaîne de montagnes couvertes de forêts, et dont quelques sommets atteignent une grande élévation ; de leurs bras immenses, elles entourent des baies vastes, profondes, sûres, où des flottes entières pourraient facilement s'abriter. Parmi elles la baie de Camraigne est une des plus grandes ; elle est ouverte, mais abritée à l'Est par l'île de Kam lin-tong-ha, — partout ailleurs elle est entourée de hautes montagnes, — le fond est de vase, et la profondeur varie entre 5 et 22 brasses.

Au bruit d'un coup de canon, quelques habitants s'assemblèrent sur le rivage au fond d'une anse voisine ; leur surprise fut grande quand ils virent débarquer les Européens, qu'ils reçurent avec bienveillance, bien plus grande encore le lendemain, quand, à l'aide du bois qu'on avait pu couper, on fit fonctionner la machine pour changer de mouillage ; jamais semblable prodige n'avait frappé leurs regards étonnés !

Deux villages s'étendent sur les bords de la baie ; ils sont en grande partie formés de huttes de pêcheurs.

« Leurs habitants, dit M. de Chonski, nous ont paru doux, « gais, bienveillants, mais paresseux et malpropres. Leur cos- « tume ressemble à celui des Chinois des basses classes ; il se « compose d'un sarong blanc, bleu ou noir, en coton ou en « soie, croisé sur la poitrine et boutonné sur le côté droit au « moyen de quelques petits boutons sphériques de cuivre « jaune et d'un pantalon large, de même étoffe, le tout en- « semble d'une malpropreté repoussante. Ils ramassent sur « leur tête, sans les tresser, leurs longs cheveux qu'ils couvrent « d'un morceau de crêpe noir, beaucoup moins ample qu'un « turban. Le plus grand nombre était nu-pieds ; quelques-uns « portaient des sandales à semelles de bois. L'usage du bétel « m'a semblé parmi eux plus général et plus constant encore « que parmi les Malais. Par suite de cette habitude, leurs « mâchoires sont dans un mouvement perpétuel et leur bouche « d'un rouge sanglant laisse voir leurs dents noires et gâtées. « Les maladies de peau sont très communes chez eux ; pro- « bablement à cause de leur extrême malpropreté, de l'abus « qu'ils font des caustiques et de leur genre de nourriture qui « se compose en grande partie de poisson salé. »

1. Let. de Jancigny au Min. des Aff. étrangères.

. . . .

Dans tous les échanges faits à Camraigne pendant la relâche de la *Medusa*, les naturels préféraient les étoffes, les chemises, les mouchoirs de coton imprimé, aux piastres espagnoles. Pour quelques mouchoirs de Mulhouse, une chemise de couleur, et quelques boutons de métal on a obtenu des provisions d'une valeur de plus de $ 20.

Il est probable que le capitaine de la *Medusa* aura transmis au gouvernement de l'Inde ces renseignements capables d'attirer l'attention du commerce anglais.

. . . .

Après une relâche de cinq jours, la *Medusa* quittait la baie de Camranh et arrivait le 6 décembre à Singapore où Chonski fut bien reçu par le Consul Chaigneau ; le 17 arrivaient M. et Mme Barrot qui avaient quitté Manille pour l'Europe. Chonski s'embarqua sur le *Sylph*, capitaine GUY, de la maison Jardine, Matheson et Cie, et après une navigation de vingt-neuf jours, débarqua à Hongkong le 23 janvier 1842.

*
* *

Au moment de l'arrivée de JANCIGNY dans l'Extrême-Orient, la France y était représentée par notre Consul général à Manille, M. BARROT. En effet le dernier gérant de notre seul consulat dans les mers de Chine, celui de Canton, DE GUIGNES le fils, était rentré à Paris en 1801 et n'avait pas été remplacé par un consul de carrière[1]; on avait nommé agent consul honoraire à Canton (24 novembre 1827) M. Benoît GERNAERT, né à Dunkerque en 1792, après le départ duquel la gérance du consulat de France à Canton fut confiée à Lancelot DENT.

1. *Le Consulat de France à Canton au XVIIIe siècle*, par Henri Cordier. Ext. du *T'oung pao*, Série II, Vol. IX, n° 1. Leide, 1908, in-8.

L'auteur de l'ouvrage si intéressant intitulé *Bits of Old China*[1], M. W. C. HUNTER, l'un des associés de la maison américaine RUSSELL & C°, donne d'intéressants détails sur le consulat de M. GERNAERT :

Pendant trente ans, de 1802 à 1832, le pavillon français n'avait pas été hissé, et même on avait enlevé le mât. Le 13 décembre 1832, le consul français (nommé en 1828), M. GERNAERT, hissa à nouveau le pavillon, mais il vivait presque entièrement à Macao. De commerce français avec Canton, il y en avait peu ou point, mais la nomination d'un consul fut suivie d'une correspondance avec le gouvernement local, par l'intermédiaire des marchands hanistes, à la suite de la terrible catastrophe du navire *Navigateur* en 1828. Ce navire, ayant souffert gravement dans son passage de Bordeaux à la Cochinchine, fut vendu au gouvernement de ce dernier pays. Le capitaine SAINT-ARROMAN et son équipage avec un passager, s'embarquèrent alors dans une jonque chinoise pour Macao. Il y avait quatorze personnes en tout. A quelques milles de Macao, dans la nuit du 4 août vers deux heures du matin, tous, sauf un matelot, furent massacrés par les gens de la jonque. L'unique survivant réussit, à l'aide d'un bateau chinois, à se rendre à Macao, le matin du même jour, et la catastrophe fut connue par lui. Au large des grandes Ladrones, douze passagers chinois avaient déjà quitté la jonque, qui, après le massacre, continua sa route vers Fou-tcheou. En cours de route, l'argent, les marchandises et les effets des Français furent répartis entre tous ceux à bord, à l'exception de quatre passagers qui n'avaient pas pris part au massacre et qui refusèrent leur part du butin. Quand la jonque arriva sur la côte du Fou Kien, elle fut coulée et son équipage se dispersa.

Le gouvernement local, en apprenant ces faits, se mit vigoureusement à la besogne, et réussit à s'emparer des coquins, sauf cinq ou six qui échappèrent. Les autres furent jugés à la Consoo House, quarante-neuf furent reconnus coupables et deux *acquittés* ; ces derniers furent remis en liberté après quelques coups de bambou, probablement pour leur

1. *Bits of Old China.* By William C. Hunter. London, Kegan Paul, 1885, pet in-8, pp. VIII 280 ; voir pp. 186-7.

apprendre à l'avenir à ne pas fréquenter la mauvaise société. Les coupables furent traités avec sévérité ; quant au capitaine, Wou Kouan, il fut coupé en morceaux lentement et ignominieusement.

M. Gernaert, qui avait assidument rappelé au Gouvernement la question de l'indemnité pour pertes de marchandises, d'argent, etc., du *Navigateur*, fut assez heureux, après *six* ans de correspondance, pour obtenir 13.150 dollars sur les 16.000 dollars réclamés, avec la « promesse » que le reste « serait soumis aux autorités du Fou Kien ». Il y eut naturellement beaucoup de retard dans la correspondance entre les deux Gouvernements, celui du Fou Kien et celui de Canton... et il passa en proverbe de dire « c'est une affaire qui sera aussi longue que celle du *Navigateur* ».

*
* *

En vue des événements considérables qui se déroulaient en Chine, on créa le 8 juillet 1839 un consulat général aux Iles Philippines (Manille) et on appela à ce poste Théodore-Adolphe Barrot, frère d'Odilon et de Ferdinand Barrot[1]. Né le 15 octobre 1803, Barrot avait été consul successivement à Carthagène dans la Colombie (1er août 1831), à Manille (3 octobre 1835) et aux Iles Baléares (25 avril 1838). Barrot s'était mis en route par Suez au commencement de l'année 1840; toutes ses dépêches en cours de route traitent des affaires de Chine; il arrive à Singapore le 11 mai « après une longue et fatigante traversée de quarante-cinq jours ». Sa première lettre, adressée

1. Depuis, M. A. Barrot a été Commissaire extraordinaire et plénipotentiaire à Haïti, 20 septembre 1843 ; Agent et Consul général a Alexandrie, 15 avril 1845 ; Envoyé extraordinaire et Ministre plénipotentiaire à Rio de Janeiro, 10 février 1849 ; à Lisbonne, 27 mai 1849 ; à Naples, 20 février 1851 ; à Bruxelles, 22 juin 1853 ; ambassadeur à Madrid, 24 août 1858 ; Chevalier de la Légion d'honneur, 1834 ; officier, 1839 ; commandeur, 1844 ; grand-officier, 1854 ; grand croix, 1863 ; Sénateur, 5 octobre 1854 ; † 15 juin 1870.

de Manille au Ministre des Affaires étrangères, est du 12 juillet 1840; après avoir donné avis du blocus de la rivière de Canton par Sir John Gordon BREMER et des nouvelles des affaires de Chine, il indique ses intentions à l'égard de MM. Eugène CHAIGNEAU et CHALLAYE.

J'ai pensé, Monsieur le Ministre, que dans les circonstances actuelles, retenu moi-même au centre de la mer de Chine par la mission commerciale que le gouvernement a bien voulu me confier, il était nécessaire que j'envoyasse sur les lieux une personne sur laquelle le Gouvernement pût compter et qui le tînt au courant des événements importants qui vont se passer en Chine. En conséquence, considérant d'ailleurs que, par les instructions que j'ai reçues du Ministère, je suis autorisé à garder à Manille M. E. CHAIGNEAU, Consul de France à Singapour, pendant le temps que je le croirai utile à l'accomplissement de ma mission, je me déciderai probablement à prier ce consul d'aller immédiatement à Macao : il attendra là l'arrivée de son exequatur et celle de M. CHALLAYE qui irait passer un mois ou deux auprès de lui et qui, après avoir été mis par lui au courant des affaires, le remplacerait. M. Chaigneau se rendrait alors directement à Singapour... Je m'occupe des instructions à donner à M. Chaigneau. Il aura plutôt, si sa mission a lieu, à observer qu'à agir...

Eugène CHAIGNEAU, Consul à Singapore, dont il est question, était le propre neveu de JEAN-BAPTISTE CHAIGNEAU, ancien consul de France en Cochinchine. En 1831, on avait vainement essayé de le faire reconnaître par le gouvernement de l'empereur Minh Mang. Eugène Chaigneau, qui avait été laissé par son oncle en qualité de vice-consul, de guerre lasse, avait quitté Tourane à bord de la *Favorite*, commandée par le capitaine de frégate Laplace, pour se rendre à Java, puis à Batavia et enfin à Bordeaux. Il avait été nommé consul à Singapore et, avant de regagner son poste, avait vu ses services utilisés par Barrot à Manille.

Charles-Alexandre Challaye, fils aîné d'Alexandre Challaye, sous-chef de division au Ministère des Affaires étrangères, depuis Consul général à Madrid et à Smyrne, et d'Eugénie Didot, fille du libraire Hyacinthe-Firmin Didot, député d'Eure-et-Loir, né à Paris le 11 août 1816, était entré aux Affaires étrangères en 1835, à dix-neuf ans, et, nommé élève consul, fut chargé de la gérance du consulat de Canton (10 septembre 1839); il arriva à Manille au début du mois d'août 1840. Il devait rejoindre son poste sur la *Magicienne*, mais ce bâtiment n'étant pas prêt, il s'embarqua le 1er septembre 1840 sur le navire français la *Rose*, capitaine Costey, « porteur d'instructions détaillées pour toutes les éventualités que M. Barrot pouvait être à même de prévoir ». Chaigneau devait attendre pour partir l'arrivée de la *Magicienne*.

Dans les instructions datées de Manille, le 29 août 1840, Barrot mandait à Challaye :

« En vertu des pouvoirs qui m'ont été donnés par S. E. M. le Ministre des Affaires étrangères en date du 30 novembre 1839, je viens vous prier de faire vos dispositions pour vous rendre en Chine où vous allez gérer le Consulat de France à la résidence de Canton... Le gouvernement ayant besoin d'avoir le plus tôt possible un agent en Chine, la *Rose* se rendra directement à Cam-sing-moon où la division anglaise qui bloque la rivière a son rendez-vous; il verra s'il peut aller à Macao; si oui, il s'y rendra, mais comme il n'est pas accrédité auprès du Gouvernement portugais, il se bornera à s'occuper de ce qui ressort de la chancellerie consulaire; il correspondra avec les

Affaires étrangères et avec M. Barrot; s'il ne peut débarquer à Macao ou s'il est obligé de quitter cette ville, il restera aussi longtemps que possible à bord de la *Rose* ». 15.000 francs étaient alloués au Consulat de Canton ; c'était une somme insuffisante; ce qu'on donnait à GERNAERT qui était négociant et avait une maison à Macao et une autre à Canton ; le chancelier VAN LOFFELT touchait 2.000 francs.

CHALLAYE arrivé à Macao annonçait au Gouverneur de cette colonie le 22 septembre 1840 qu'il était désigné pour remplir les fonctions de Consul de France à la résidence de Canton et quoiqu'il ne fût pas accrédité près du Gouverneur de Sa Majesté Très Fidèle, il demandait à lui présenter ses hommages.

On verra que Challaye dominé par Jancigny se conduisit d'une manière inqualifiable vis-à-vis du Consul nommé à Canton; il eût certainement été révoqué s'il n'avait eu en France de fortes protections. Après avoir occupé quelques postes sans grande importance[1], il fut chargé de la gérance du Consulat d'Ancône (7 juin 1855) où il mourut du choléra, victime de son dévouement, le 27 juillet 1856, rachetant ainsi son insubordination passée.

*
* *

Jancigny mandait de Macao, le 10 janvier 1842, au Ministre de l'Agriculture :

Les Chinois ont été émus de l'arrivée d'une frégate française dans les eaux de la rivière de Canton[2]. Ils paraissent

1. Gérant du Consulat de Venise, 4 avril 1845 ; Consul de 2e classe à Arica, 10 avril 1847 ; mis en disponibilité par suppression d'emploi, 8 mai 1848 ; Consul de 2e classe à Erzeroum, 5 mars 1852.

2. L'*Erigone* arriva sur la rade de Macao le 7 décembre.

persuadés que les Français sont leurs amis naturels et qu'ils sont disposés à favoriser le maintien de leur indépendance. Nos officiers sont traités par eux avec des égards, des prévenances, une confiance marquée : « *Les Français sont bons*, disent-ils, « ils sont venus pour s'opposer aux violences des Anglais, ils prendront notre parti, etc. » J'aurai soin, autant qu'il sera en mon pouvoir de faire, d'éloigner de l'esprit des Chinois cette idée que la France, pourrait, dans les circonstances actuelles, prendre, dans l'intérêt de la Chine, une part active au débat.. Je n'ai pas voulu me rendre encore à Canton dans la crainte que cette démarche, si elle eût suivi de près mon débarquement, n'eût indiqué de ma part le désir d'aller au devant des relations de cette nature. Cette précaution m'a semblé d'autant plus nécessaire que les journaux et l'opinion publique m'avaient déjà désigné comme *Envoyé du Roi des Français à la Cour de Pe-king*. J'ai pris, au reste, des mesures immédiates pour que ma mission fût envisagée ici sous son véritable caractère et j'ai tout lieu de croire que ce but est aujourd'hui complètement atteint.

Le 30 janvier 1842, Jancigny écrivait de Macao, où depuis quelques jours l'avait rejoint Challaye, au Ministre des Affaires étrangères que l'*Érigone* arrivée le 19 appareillait le 29 pour Boca Tigris et Canton :

M. le Commandant Cécille a cru devoir céder au désir, ou pour parler plus exactement, aux sollicitations pressantes des autorités chinoises qui l'invitaient à se rendre à Canton. Il est venu, aussitôt après son retour, me communiquer les principaux détails de ce qui s'était passé à l'entrevue qui a eu lieu entre les grands mandarins et lui, et qui font le sujet du rapport qu'il adresse à S. E. le Ministre de la Marine. — M. Cécille avait pris les précautions convenables pour éviter d'attirer l'attention et il croit avoir droit de penser que rien de positif n'a transpiré sur le lieu, les circonstances et le but de l'entrevue ; il croit même que le fait de l'entrevue est et demeurera secret. — Je doute fort qu'il en puisse être ainsi. Quoi qu'il en soit, il reste bien démontré que de hauts dignitaires civils et militaires dépositaires de la confiance de l'Empereur, comprenant enfin l'extrême gravité de la situation dans laquelle sont placées les affaires du Céleste Empire, se sont départis, *en notre faveur*, des règles *réputées inviolables* de leur étiquette séculaire et, chose inouïe ! ont sollicité avec instance des relations confidentielles et d'égal à égal avec le commandant d'un navire de guerre Français !

Le Vice-roi de Canton, le Commissaire impérial, le Général des troupes Tartares, etc... avec lesquels M. Cécille est ainsi entré en communication, l'ont accueilli avec l'empressement mêlé de dignité, les attentions et la parfaite politesse qu'on aurait pu attendre des représentants du peuple le plus civilisé. Apres plusieurs questions relatives à l'état actuel de l'Europe, aux relations des grandes puissances européennes entre elles, à leur supériorité dans l'art de la guerre, etc., questions auxquelles M. Cécille a répondu en détail et à la très vive satisfaction de ses interlocuteurs, les Mandarins ont abordé le sujet réel de l'entrevue sollicitée par eux et ont exprimé le désir que la France pût venir en aide à la Chine dans la crise où les événements l'ont placée. M. Cécille a indiqué comme le seul moyen d'arriver au but que se proposait le Gouvernement chinois, l'envoi d'un ambassadeur qui serait chargé de demander, de la part de l'Empereur, la médiation du roi des Français — et il a offert de transporter cet ambassadeur en France. — En réponse à cette ouverture qui a paru beaucoup les étonner, les Mandarins ont déclaré que l'honneur de l'Empire et les usages de la Cour impériale s'opposaient insurmontablement à l'envoi d'un ambassadeur et ils ont ajouté qu'aucun dignitaire chinois n'oserait en faire la proposition à l'empereur, de crainte de payer de sa tête la témérité d'une semblable démarche. Le commandant Cécille a offert alors de mettre lui-même par écrit son opinion sur le moyen qu'il avait indiqué pour que l'Empereur pût sortir honorablement de la crise actuelle ; les mandarins éviteraient les dangers de l'initiative en faisant parvenir cet écrit à l'Empereur qui déciderait dans sa sagesse. Un mandarin militaire, présent à la conférence, paraît avoir pris alors la parole et s'être montré disposé à porter cette proposition écrite aux pieds du Trône céleste tout en avouant sa conviction que l'Empereur la rejetterait sans hésiter. Les autres mandarins ont exprimé une conviction semblable. « D'ailleurs, ont-ils dit, le temps presse et ce dont nous avons besoin, c'est d'une intervention immédiate ou, au moins, de l'interposition d'un négociateur bienveillant ! —M. Cécille leur a fait sentir que, dans l'état actuel des choses, aucun des hauts fonctionnaires qui se trouvent à Canton n'ayant de pleins pouvoirs de l'Empereur, une semblable interposition manquerait de base et serait sans résultat ; et il les a engagés à réfléchir de nouveau aux conséquences inévitables du système de résistance obstinée que l'Empereur paraît décidé à poursuivre, malgré l'insuffisance manifeste des ressources militaires de l'Empire. Enfin, au moment où allait se terminer cette conférence, M. le commandant Cécille a annoncé qu'il allait, incessamment, s'éloigner, avec la Frégate, des eaux de la rivière de Canton, mais il a fait observer aux hauts dignitaires chinois qu'un agent spécial envoyé par le Gouvernement du Roi et amené par la frégate en Chine, se trouvait en ce moment à Macao et que si le Gouvernement chinois désirait donner suite aux ouvertures qui venaient d'être faites, il pouvait en toute sûreté s'adresser à cet envoyé dont la mission avait pour but la consolidation et l'extension des relations les plus avantageuses et les plus honorables pour les deux peuples. M. Cécille a revu la nuit suivante une partie des grands personnages avec lesquels il était entré en relations d'une manière si inattendue : mais, ce second rendez-vous ne paraît avoir eu qu'un intérêt secondaire.

La conférence... s'est donc terminée sans amener aucun résultat positif... J'ajouterai seulement à ce que j'ai dit des résultats de la conférence que M. le Capitaine Cécille a saisi l'occasion qui se présentait de réclamer contre la mesure qui soumet les navires de commerce français en Chine, à des droits plus élevés que ceux qui sont payés par les navires des autres nations, et que les grands Mandarins lui ont donné l'assurance que cette distinction au préjudice de notre commerce... serait abolie.

Dubois de Jancigny refusa malgré les tentatives des émissaires chinois de se rendre à Canton dans le but d'entrer en communication avec les autorités ; toutefois, l'intérêt toujours croissant de la situation l'a déterminé, dit-il, à engager M. Challaye à le précéder à Canton où M. Monge l'a accompagné.

D'ailleurs la *Canton Press* démentait l'entrevue du Commandant Cécille avec les Chinois.

*
* *

Enfin Jancigny écrit de Macao, 15 mai 1842, au Ministre des Affaires étrangères qu'il s'est rendu à Canton où il est arrivé le 13 mars. Il a fait un séjour de trois semaines dans cette ville, où ses relations se sont établies par l'intermédiaire de Young Tinn Qua ou simplement Tinn Qua, dont le nom honorifique est Pan Sétchang.

Dans la matinée du 14 mars, écrit-il, je reçus un message de Tinn Quâ, me félicitant sur mon arrivée, m'annonçant qu'il avait ordre des grands Mandarins de venir me trouver de leur part et me demandant à quelle heure je pourrais le recevoir. Il fut convenu que je le recevrais à 3 heures. Il vint, en effet, accompagné d'un linguiste qui ne comprenait que très imparfaitement la langue anglaise : Je pus, cependant, faire comprendre à Tinn Quâ que je ne désirais parler affaires et surtout affaires politiques qu'aux hauts dignitaires eux-mêmes : que s'ils avaient l'intention d'entrer en conférence avec moi, il était nécessaire que la conférence eût lieu dans le plus bref délai possible et que, pour éviter toute question de cérémonial ou d'étiquette, nous nous rencontrassions dans une maison tierce. Tinn Quâ s'engagea à aller rendre compte aux autorités et à me faire connaître leur réponse le lendemain.

Le 16, le linguiste qui avait servi d'interprète pendant l'entretien de la veille, est venu dans la soirée, de la part de Tinn Quâ, pour communiquer la réponse des hauts Mandarins.

Les Mandarins occupant le 2e et 3e rang à Canton avaient reçu l'ordre de m'attendre à une maison de campagne appartenant au Mandarin Tinn Quâ et il s'agissait de me déterminer à me rendre moi-même à cette maison de campagne pour y entrer en conférence avec eux. A cette proposition, motivée sur l'impossibilité où se trouvait le Commissaire impérial (le Prince Yek Shan) de se trouver au rendez-vous qu'il avait désiré me donner, *par suite d'indisposition*, je répondis que je ne pouvais avoir de conférence *utile* avec des Mandarins d'un rang inférieur à celui du Commissaire Impérial ou du Vice-Roi (dont il n'était pas fait mention), mais que, dans le cas où ces Mandarins, dont on venait de me parler, désireraient venir me trouver au Consulat de France, je me tiendrais honoré de leur visite et les recevrais avec grand plaisir, mais sans m'engager à traiter aucune affaire sérieuse *avec eux*. Le vieux linguiste promit de rendre un compte fidèle de ma détermination à cet égard et prit congé.

Le 17 et le 18 se passèrent en pourparlers. M. CHALLAYE eut la complaisance de donner au Mandarin Tinn Quâ les explications qui paraissaient nécessaires pour que les hautes autorités chinoises comprissent le véritable caractère de ma mission et les motifs qui s'opposaient (surtout depuis qu'une entrevue avait eu lieu entre M. le capitaine CÉCILLE et les hautes autorités en question) à ce que je pusse consentir à conférer avec des officiers d'un rang inférieur.

Il fut convenu dans la journée du 19 :

Que l'entrevue proposée par les hauts dignitaires aurait lieu le lendemain vers 10 heures du matin, à la maison de campagne déjà désignée ;

Que le Commissaire Impérial, le Vice-Roi, le Lieutenant-Gouverneur, le Directeur général des Sels, le Directeur général des Grains ou Subsistances et le Préfet de Canton (ce dernier fonctionnaire peut-être) se trouveraient à la Conférence ;

Que j'y viendrais accompagné de M. CHALLAYE et de MM. MONGE et CHONSKI ;

Que, provisoirement, selon le désir exprimé par les hauts dignitaires chinois, la conférence serait tenue secrète.

Le dimanche, 20 mars, à 9 heures du matin, je me rendis, avec ces Messieurs, au débarcadère où nous attendait un bateau de voyage mis à mes ordres par Tinn Quâ avec un interprète qui devait nous conduire au lieu du rendez-vous. Nous nous embarquâmes et remontâmes la rivière jusqu'au-dessus de « Macao-Passage », nous pénétrâmes ensuite au travers d'une multitude de bateaux, dans un petit bras du fleuve ou un canal, sur les bords duquel se trouvaient plusieurs magasins pour les thés ou la soie, appartenant aux Hanistes, et, continuant notre marche jusqu'à une petite distance dans l'intérieur des terres, en dehors de la ville, nous arrivâmes à

10 heures à la maison de campagne du mandarin Tinn Quâ, située sur la rive *gauche* du fleuve, *droite* du bras ou canal en question. Nous fûmes reçus avec toutes sortes d'égards et d'attentions par Tinn Quâ ; il nous informa que plusieurs Mandarins à la suite du Prince et du Vice-Roi étaient déjà arrivés, mais que ces hauts fonctionnaires n'arriveraient probablement pas avant une heure ou deux ayant eu à terminer plusieurs affaires importantes pour le service de l'Empereur. On nous servit une collation, après que nous eûmes fait nos toilettes *officielles* dans des appartements qui nous avaient été désignés d'avance. On me présenta un Chinois qui devait servir d'interprète à la Conférence et que j'appris être employé auprès du Vice-Roi en qualité de secrétaire. Ce personnage, destiné à jouer un rôle important quoique secondaire dans l'affaire qui réunissait, aux portes de Canton, l'humble représentant des intérêts de la France et le neveu du Céleste Empereur, me parut être assez intelligent, bon homme, s'il est permis de le juger sur la mine, assez familiarisé avec les idées européennes et avec la langue anglaise pour pouvoir comprendre et rendre fidèlement le sens de ce que j'allais avoir l'occasion de dire aux hauts dignitaires qui désiraient conférer avec moi des grands intérêts de leur pays. J'eus donc lieu d'espérer, dès lors, que, sur tous les points d'une importance réelle, ce que je dirais serait compris, et la suite de mes relations avec les autorités chinoises, toujours par l'intermédiaire obligé de ce même interprète, m'a prouvé que j'avais porté un jugement assez exact du degré d'habileté et du caractère de cet officier, dont le nom est ONN PING-KOUNN, mais que j'ai entendu désigner habituellement par celui de KOU. Il est parent de TINN QUA.

Vers midi, le son des gongs et du canon se fit entendre : il indiquait l'approche du Prince et du Vice-Roi. Un peu avant midi et demi, je fus invité à me rendre avec ces Messieurs dans une salle basse où nous attendîmes à peine cinq minutes l'arrivée des grands personnages : YEK SHAN (ou YIH SHAN), Commissaire impérial, Ministre d'État, Général en chef des troupes impériales (destinées à châtier les rebelles), KI-KOUNG, Gouverneur général des Deux Provinces (Kwang-toung et Kwang-si) ou (comme il est habituellement désigné par les Européens) *Vice-Roi* de Canton ; LIANG PAO-TCHANG, Lieutenant-Gouverneur, Y TCHUNG-FOU, Directeur général des Gabelles, SI, Directeur général des Subsistances, YI TCHANG-WA, Préfet de Canton, me furent successivement nommés par l'interprète. Je présentai à leurs Excellences M. CHAILLAYE, Consul de France, MM. MONGE et CHONSKI. Après les premiers complimens et l'échange des démonstrations les plus amicales, nous nous assîmes, le Prince Yek-Shan insistant pour que je prisse place avant lui-même et les autres dignitaires chinois. J'exprimai alors en quelques mots la satisfaction que j'éprouvais de me trouver au milieu de personnages aussi éminents par les emplois dont la confiance de l'Empereur les a revêtus et de pouvoir saisir une occasion aussi favorable, occasion que j'avais longtemps désirée, de faire parvenir sûrement à S. M. I. l'assurance des bons sentiments de la France envers le Céleste Empire et celle des sentiments personnels d'estime, d'intérêt et d'amitié sincères du Roi des Français pour l'Empereur. Je remarquai qu'en interprétant ces paroles, le linguiste faisait usage du mot *Wang* pour désigner le Roi. Je l'interrompis pour lui demander si ce titre ne désignait pas, d'après les idées chinoises, un Prince d'un rang inférieur à celui d'*Empereur*. J'ajoutai que, dans ce cas, je demanderais, avant d'entrer en conférence, que le Roi des Français fût désigné par le même titre que celui qui est employé pour désigner l'Empereur de Chine ou par des titres équivalents. J'expliquai que le Souverain du Royaume ou de l'Empire de France avait porté plusieurs fois le titre d'Empereur ; que plusieurs souverains en Europe ou dans les autres parties du monde, quoique portant ce titre d'Empereur, étaient, par le fait, des Princes infiniment moins puissants que le Roi des Français et qu'en toute circonstance où le nom de notre souverain et celui du souverain chinois pouvaient être mentionnés ou même indiqués, il devait être bien entendu que ces noms ou titres se trouvaient appliqués à des souverains parfaitement égaux en *dignité*. Il me fut répondu que : l'Empereur de Chine lui-même était souvent désigné, dans le discours ordinaire, par le mot *wang* ; que, dans tous les cas, c'était une manière abrégée de désigner un Prince souverain ; mais, que les hauts dignitaires chinois comprenaient à merveille et admettaient sans hésitation, que le rang, la dignité et la puissance du Roi des Français ne le cédaient en rien au rang, à la dignité et à la puissance des plus grands souverains de la terre et enfin que des relations amicales entre notre Roi et leur Empereur ne pouvaient subsister que sur le pied d'une égalité parfaite, etc.

Ce point éclairci, j'ai fait témoigner au Prince Yek-Shan et aux autres grands dignitaires que j'étais prêt à entrer en conférence avec eux s'ils le désiraient. Cette ouverture a été accueillie avec empressement et nous nous sommes rendus dans un salon, au premier étage, où la conférence a eu lieu.

J'ai cru devoir l'ouvrir en priant leurs Excellences de me permettre de laisser de côté, pour le moment, les réclamations ou les demandes que je pouvais avoir à faire au nom de la France et je les ai engagées à désigner précisément les points sur lesquels on désirait avoir mon avis. Il m'a été répondu que le but principal des autorités chinoises était de s'assurer comment, et jusqu'à quel point, la France pouvait venir en aide à la Chine dans les circonstances actuelles. J'ai fait observer, alors, qu'il me semblait nécessaire, avant tout, de bien établir *quelles étaient ces circonstances* et j'ai essayé de faire interpréter par le linguiste l'opinion que je m'étais formée de la *situation actuelle*. — Je me suis aperçu bien vite que le linguiste ou ne comprenait qu'imparfaitement ma pensée, ou, ce qui était pis encore, qu'il ne la reproduisait qu'avec des précautions extrêmes et des *adoucissements dangereux pour le sens* de ce qu'il avait compris et qui pouvait blesser la vanité chinoise. Il en résultait que je paraissais, aux yeux des officiers chinois, me complaire dans des généralités insignifiantes et éviter toute discussion sérieuse, ou du moins vouloir leur laisser l'initiative de cette discussion et *les voir venir* au lieu d'aller franchement à eux ! Cela devint évident par les signes d'impatience du Commissaire impérial qui finit par me faire demander : 1° Si la France voulait se charger du rôle de médiatrice entre la Chine et l'Angleterre ? 2° Sur quelles bases je pensais que la Chine pût traiter de la paix avec l'Angleterre, par l'entremise de la France. — Je n'hésitai pas à donner mon opinion *personnelle* à cet égard et je spécifiai comme bases *probables* d'une paix durable les conditions suivantes :

1° Cession de l'île de Hong-Kong, à perpétuité, à l'Angleterre.

2° Restitution par l'Angleterre des autres points occupes en ce moment par ses troupes.

3° Ouverture des principaux ports de la Chine aux navires de commerce de toutes les nations amies, avec fixation d'un tarif de douanes et abolition de l'intervention politique des « Hong-Merchants » (Hanistes).

4° Résidence d'Ambassadeurs ou Ministres plénipotentiaires de la Grande-Bretagne et des puissances amies, à Peking, — ainsi qu'établissement d'Agens consulaires dans les différents ports de Chine ouverts au commerce.

5° Payement par la Chine d'une certaine somme pour couvrir les frais de la guerre.

6° Indemnité au commerce anglais pour la saisie de l'opium.

7° Règlement de la question de l'importation de l'opium.

Sur la question de savoir si la France consentirait à intervenir comme médiatrice, je me contentai de faire observer : que la solution de cette question dépendait d'une foule de circonstances ; qu'il fallait, avant tout, que la médiation fût demandée d'une manière formelle et convenable par la Chine ; que l'Empereur devait être consulté à cet égard, si le Commissaire impérial n'avait pas les pouvoirs nécessaires ; qu'il était urgent de prendre un parti ; que j'étais prêt à contribuer, autant que cela était en mon pouvoir, à faire connaître la vérité à S. M. I. sur la situation actuelle ; que la France avait intérêt à ce que la question pendante entre les deux puissances belligérantes fût réglée d'une manière *honorable* pour la Chine et avantageuse non seulement à la Chine, mais à tous les peuples civilisés ; que je parlais sous l'empire de cette conviction, mais, que je devais, dans l'état actuel des choses, me borner à offrir de transmettre au Gouvernement du Roi l'expression du désir que le Gouvernement chinois pourrait juger à propos de manifester relativement à la médiation de la France. Dans le cours de la discussion qui s'engagea sur ces divers points et qui dura trois heures, je pus me convaincre de *l'extrême* répugnance que les grands Mandarins éprouvaient à *tenter* de faire arriver la vérité jusqu'à leur souverain et des difficultés sans nombre que les usages, les règles sévères de l'étiquette et les règles plus sévères encore qui président aux relations *officielles* des autorités chinoises avec les étrangers, doivent apporter, longtemps encore, à l'expédition des affaires les plus importantes, quand elles touchent à ces relations ! — Les grands dignitaires ne se montrèrent pas disposés, dans cette conférence, à reconnaître la *nécessité*, à une époque plus ou moins rapprochée, de traiter avec l'Angleterre sur les bases que j'avais indiquées et qu'ils *savaient* cependant (je n'en doute pas), être, à peu près, les mêmes, dans leur ensemble, que celles qui leur ont été notifiées par le Plénipotentiaire anglais à son arrivée en Chine. Je ne pouvais croire que ce fût leur dernier mot et j'ai acquis depuis la certitude qu'ils savaient mieux, en effet, à quoi s'en tenir sur la situation de leurs affaires et sur les moyens de résistance dont l'Empereur pouvait encore disposer, qu'ils ne voulaient le laisser voir dans cette occasion.

En résumant la longue et fatigante discussion dont je viens de faire connaître l'ensemble à V. E., je demandai qu'un des Mandarins présents à la conférence fût désigné par les hauts dignitaires, pour traiter avec moi, dans la suite, tant les questions de détail qui se rattachaient à cette conférence que les autres questions qui devaient se présenter. Le Mandarin Tinn Quâ reçut immédiatement l'ordre de se tenir en relations journalières avec moi, à cet effet. Je demandai ensuite à faire part à M. Challaye, en présence des hauts personnages qui se trouvaient réunis dans le salon de conférence, des principaux sujets qui avaient été abordés dans le cours de la discussion et des arrangements qui avaient été pris. M. Challaye fut invité, en conséquence, à prendre part à la conclusion de cette séance et ce fut devant lui que les grands Mandarins, après avoir exprimé leur reconnaissance de toute la peine que je m'étais donnée pour leur expliquer ce que je croyais le plus utile aux vrais intérêts de leur pays, dans ce moment de crise, s'engagèrent à me faire part, dans le plus court délai possible, du résultat de leurs délibérations sur cet important sujet.

A 4 heures, le Commissaire impérial, le Vice-Roi et le Lieutenant-Gouverneur prirent congé de nous. Il fallut accepter ensuite un dîner chinois qui avait été préparé pour nous et dont le Mandarin Tinn Quâ, notre hôte, fit lui-même les honneurs, et enfin, à 7 heures du soir, nous fûmes de retour au Consulat de France.

Le 21, Tinn Quâ et le linguiste Kou vinrent me trouver

de la part des grands Mandarins pour écrire sous ma dictée : 1° le résumé de l'opinion que j'avais formulée la veille sur les moyens d'arriver à conclure une paix honorable avec l'Angleterre ; 2° les demandes ou réclamations que j'avais à adresser au Gouvernement chinois. — Ces demandes se réduisaient à obtenir enfin la suppression des droits extraordinaires payés par nos navires, suppression qui leur avait déjà été demandée plusieurs fois et, en dernier lieu, par M. le capitaine Cécille, et à obtenir également la libération d'un jeune Chrétien chinois, élève des Missions étrangères, compromis dans l'affaire de M. TAILLANDIER[1], l'un de nos missionnaires. Je dictai la note demandée et réponse me fut promise pour le lendemain.

Le 22, Tinn Quâ, empêché par des affaires de famille, n'ayant pu se rendre lui-même au Consulat, fit prier M. Challaye de vouloir bien prendre la peine de passer chez lui. J'engageai M. Challaye à se rendre à cette invitation, mais, je lui recommandai de faire comprendre à Tinn Quâ que cette démarche était de pure obligeance et qu'il ne consentait (M. Challaye) à mettre toute étiquette de côté que par égards pour moi et pour ne pas entraver, sans nécessité absolue, la marche des négociations. Je recommandai en outre à M. Challaye de prendre des notes de sa conférence avec Tinn Quâ, sur le lieu même. Voici, d'après ces notes, quel a été le résultat de cette conférence.

Tinn Quâ avait remis la veille, aux grands Mandarins, le papier qu'il avait écrit sous ma dictée, et, à son retour, il avait écrit sur trois feuilles séparées les réponses et observations suivantes. — Les observations contenues dans la troisième feuille devaient, *disait-il*, être considérées comme l'expression de son opinion personnelle. — J'ai l'honneur de transmettre ces écrits à V. E. : ils sont numérotés, 1, 2, 3, Ce sont les originaux.

Dans le n° 1, les hauts dignitaires déclarent : « qu'il leur « est impossible de soumettre à l'Empereur, comme base de « toute négociation tendant à empêcher les Anglais de conti-

1. *Louis Alphonse* TAILLANDIER, né le 12 août 1815, à Denazé (Mayenne) ; parti le 28 avril 1839, pour le Tong-king occidental ; mort le 11 mai 1856, dans la province de Nghe an, Tong-king méridional ; en se rendant dans sa mission, il fut arrêté et emprisonné trois mois à Canton.

« nuer leur œuvre de destruction, les conditions indiquées par « moi comme devant être probablement exigées par les « Anglais, dans les conclusions d'un traité définitif entre les « nations. — S'ils se hasardaient à soumettre de semblables « propositions à S. M. I., ils seraient certains (les hauts Man- « darins) de tomber en disgrâce comme *Ki Shen* et même « courraient grand risque d'être mis à mort ! Ainsi, cette « démarche de leur part, sans amener aucun résultat utile « pour l'empire, causerait indubitablement leur perte ! — « Les hauts Mandarins se confient dans les dispositions bien- « veillantes, les lumières et l'expérience du chef français, « pour qu'il leur indique quelque *biais*, quelque voie détour- « née qui puisse les tirer d'embarras sans les exposer inutile- « ment. »

2e feuille. — « Les hauts Mandarins font observer que « l'existence des Hanistes est liée aux véritables intérêts des « Étrangers eux-mêmes. En effet, dans le cas où un Haniste « débiteur d'un étranger ne le paye pas, ce dernier s'adresse « aux autres Hanistes qui acquittent la dette et le débiteur « est envoyé en exil. S'il n'y avait pas de Hong Merchants « (Hanistes), les étrangers pourraient être trompés et volés « de mille manières, sans avoir de recours contre ceux qui les « auraient trompés et ils n'auraient de chance d'obtenir jus- « tice qu'en s'adressant continuellement aux autorités. — « En outre, les Hanistes sont nécessaires au Gouvernement « qui, si leur privilège était aboli, serait obligé de se charger « lui-même de la perception des droits, ce qui entraînerait « de grands inconvénients et des pertes considérables pour le « Trésor impérial. Il est donc dans l'intérêt de toutes les par- « ties de maintenir le système des Hanistes ! »

3e feuille. — Remarques de Tinn Quâ sur la situation actuelle. « Dans le cas où l'ennemi s'est emparé d'un point « quelconque pendant la guerre, il n'est pas convenable, « d'après les usages chinois, que celui qui a été dépouillé « vienne demander au spoliateur de lui restituer ce dont il « s'est emparé. Il faut que la puissance lésée trouve un moyen « quelconque de rentrer dans sa propriété soit par la ruse, « soit par la force.

« Dans les provinces ou les villes conquises par les Anglais, « la population ne se soumettra pas à eux et sera au contraire

« dans des dispositions continuellement hostiles à leur égard.

« Quand même les Anglais conserveraient leurs conquêtes « pendant dix années, ils auront à repousser des attaques « incessantes et ne seront jamais tranquilles. Les Chinois « repoussés et battus par les Anglais, reviendront toujours « à la charge.

« Les mœurs, les usages, les habitudes de la Chine diffèrent « entièrement des mœurs, des usages, des habitudes des pays « étrangers. En conséquence, quand même les Anglais s'em- « pareraient de toute la côte de l'est, ils ne pourront jamais « amener les Chinois à commercer avec eux, et, à supposer « qu'ils puissent réussir à conquérir la Chine toute entière, il « en serait encore de même. Les Chinois leur demeureraient « hostiles et ne consentiraient point à entretenir des relations « suivies avec eux ! — A quoi donc leur aura-t-il servi de « nous avoir fait la guerre ? » .

Ce qui précède et que j'ai marqué de guillemets ne doit pas être considéré comme une traduction exacte des écrits en question, mais, seulement, comme en reproduisant le sens général.

Le 23, j'eus une longue conférence avec Tinn Quâ. J'entrai dans la discussion la plus approfondie qu'il me parût possible de mener à bien, sur les principales questions politiques. — Je lui fis prendre un *memorandum* de cette discussion. — Je me plaignis ensuite de ce que mes demandes relatives à la réduction des droits et à la libération du jeune Chrétien étaient restées sans réponse. Tinn Quâ me donna l'assurance la plus positive que les grands Mandarins s'étaient occupés de ces affaires et que la France aurait satisfaction entière sur le premier point. Quant au second, un rapport ayant été adressé à l'Empereur et la sentence impériale étant attendue d'un jour à l'autre, il devenait excessivement difficile de trouver un prétexte pour mettre le prisonnier en liberté, mais on désirait sincèrement m'être agréable dans cette affaire et on espérait, d'ici à quelque temps, parvenir à la terminer selon mon désir. — Il fut convenu que Tinn Quâ insisterait auprès des autorités pour le règlement définitif et immédiat de la question des droits et qu'il engagerait, de ma part, les hauts dignitaires à prendre un parti sur la question, soulevée par eux, de l'intervention de la France.

Il ne se passa rien d'important entre le 23 et le 31 mars.

Le 31, Tinn Quâ vint me trouver (toujours accompagné de l'interprète Kou, son parent), et dans le cours de la longue conversation (cette conversation a duré plus de 3 heures) que nous eûmes sur les affaires de Chine, je m'aperçus d'un changement notable dans le langage et les manières de mes interlocuteurs à mon égard. Ils me parurent convaincus enfin de la sincérité des opinions que j'avais émises, des conseils que j'avais donnés. Tout indiquait en eux confiance dans les intentions de la France, espoir dans son intervention, désir de lui être agréable, conviction des avantages réels qui pourraient être pour la Chine le résultat d'une conduite franche et amicale envers la France. Aussi, avant la fin de notre entrevue, Tinn Quâ s'était-il ouvert avec moi, non seulement sur ce qu'il *pensait en réalité* de la crise actuelle et de son issue probable, mais encore sur les *véritables* sentiments des hauts dignitaires à cet égard ! — Voici, en peu de mots, le résumé de ce qu'il me dit :

« Les Chinois n'aiment pas les Anglais et seraient prêts à faire les plus grands sacrifices pour obtenir le concours de la France dans leur lutte contre ce peuple oppresseur. Néanmoins, tout ce qu'il y a d'intelligent en Chine comprend : d'un côté, l'impossibilité où se trouve le Céleste Empire de soutenir la guerre avec quelques chances de succès ; de l'autre, l'impossibilité, pour la France, d'intervenir autrement que comme médiatrice dans les circonstances actuelles. Il serait donc sage de traiter avec les Anglais, même aux conditions que j'ai indiquées, et les grands Mandarins désireraient que l'Empereur mieux éclairé sur la situation de l'Empire et sur ses propres intérêts, pût se résoudre à accepter franchement les sacrifices que les événements lui imposent ! Malheureusement l'Empereur est un vieillard faible, ignorant, entêté, mal entouré et qui ne peut même trouver dans l'affection de ses sujets l'appui indispensable à l'adoption d'une résolution désespérée ! — La Chine est donc dans une position doublement critique et par l'insuffisance de ses ressources et par le défaut d'habileté et d'énergie de son souverain, comme aussi par son manque de popularité ! — Dieu permettra peut-être que la France vienne à son secours ! »

Telles ont été, Monsieur le Ministre, les révélations de Tinn

Quâ et elles me semblent confirmer pleinement les vues que j'ai eu occasion de vous soumettre sur la situation réelle des affaires en Chine dans mes dépêches précédentes.

J'avais annoncé à Tinn Quâ mon départ probable de Canton pour le 3 avril et demandé réponse *définitive, sur tous les points*, dans le cours de la journée du 2. — Un message pressant de Tinn Quâ, dans la soirée du 2, me détermina à retarder mon départ jusqu'au 4. — Le 3, enfin, à 1 heure de l'après-midi, Tinn Quâ arriva avec le secrétaire du Vice-Roi, le linguiste Kou. Ils étaient chargés de me faire la communication suivante :

Les usages chinois s'opposant à ce que les grands dignitaires de l'Empire écrivent à un ministre étranger sans un ordre exprès de l'Empereur, Tinn Quâ avait reçu l'ordre de m'écrire, de la part des grands Mandarins, pour m'informer de cette circonstance et me prier d'assurer le Gouvernement français des bons sentimens de la Chine à l'égard de la France et de la vive satisfaction qu'avaient éprouvée les grands dignitaires à entrer en relations directes avec un agent du Gouvernement du Roi : il était chargé d'exprimer de leur part le désir et l'espoir que la France pût consentir à interposer sa médiation pour l'arrangement des différends subsistant aujourd'hui entre la Grande-Bretagne et l'Empire chinois. Tinn Quâ était autorisé, en outre, à me prévenir que, sur ma demande, le Gouvernement chinois avait résolu d'affranchir, à l'avenir, les navires de commerce français des droits additionnels dont ils ont été grevés jusqu'à ce jour et qui s'élèvent à 100 taels[1] environ par navire. Cette mesure est adoptée par le Gouvernement chinois dans le but de donner à la France une preuve de plus du désir qu'éprouve la Chine d'entretenir avec elle des relations amicales. Le Commissaire impérial, le Vice-Roi et le Lieutenant-Gouverneur m'envoyaient par Tinn Quâ, avec leurs cartes de visite et leurs souhaits pour mon heureux retour à Macao, une passe pour tous mes effets et une liste de quelques cadeaux qu'ils me priaient d'accepter comme un gage de leurs sentiments d'estime et d'amitié. Enfin, Tinn Quâ était chargé de me donner l'assurance la plus formelle que les autorités chinoises

1. 760 francs.

feraient tous leurs efforts pour amener, de manière ou d'autre, la libération du jeune prisonnier chrétien au sort duquel je m'intéressais. — Dans une dernière conversation que j'eus avec Tinn Quâ, après qu'il se fût acquitté du message des trois grands dignitaires, il me donna de nouvelles preuves de la sincérité des sentiments qu'il avait manifestés à notre entrevue du 31 mars. — Il se montra (et je le crois) franchement disposé à servir nos intérêts, et quoique ce ne soit pas un homme d'une bien grande intelligence, il me paraît avoir un jugement sain et capable d'apprécier très nettement les dangers de la situation dans laquelle son pays se trouve placé et les ressources que l'avenir pourrait offrir à la Chine si la France consentait à l'aider de son influence et de ses conseils. — Je n'hésite pas à penser qu'en lui témoignant de la confiance et en reconnaissant par quelques distinctions flatteuses ce que sa conduite a eu d'obligeant pour nous, on trouverait en lui, au besoin, un correspondant dévoué, fidèle et utile. — Le capitaine Cécille a eu également beaucoup à se louer du mandarin Tinn Quâ. Je puis mentionner, ici, en passant, qu'ainsi que je l'avais prévu, l'entrevue du capitaine Cécille avec les autorités chinoises a été connue à Canton et à Macao, peu de temps après son départ pour Manille. Dans le cours de mes relations avec les hauts dignitaires, il n'a été fait, du côté de ces éminents personnages, aucune allusion à cette entrevue, mais, j'ai eu soin de les remercier des attentions dont le commandant de l'*Erigone* avait été l'objet lors de sa visite à Canton.

La lettre annoncée par Tinn Quâ me fut remise dans la soirée du 3 avril. Cette lettre que j'ai l'honneur d'envoyer à V. E., en original, et que M. Libois, Procureur des Missions Étrangères en Chine, a eu la complaisance de faire traduire par un Élève des Missions sur l'entière discrétion duquel on pouvait compter, est ainsi conçue :

« Au Chef français, DE JANCIGNY,
« Votre humble frère PAN SÉ-TCHANG,
prosterné devant vous écrit :

« Je suis chargé, de la part du Général en Chef des armées du premier et du second Gouvernement des Provinces, de soumettre à Votre Seigneurie ce qui suit.

« Votre Seigneurie était venue à Canton pour délibérer avec nous sur les moyens de faire la paix avec les Anglais.

« Pour témoigner leur reconnaissance de cette faveur et conformément aux avis de votre Seigneurie, les grands Mandarins auraient voulu, tout d'abord, écrire aux Ministres de votre noble Empire ; mais, attendu que certaines lois de l'Empire chinois s'opposent à des communications directes de ce genre, ils n'ont osé passer outre et ont chargé votre humble frère de vous faire connaître leur désir, qui est que Votre Seigneurie veuille bien faire accepter aux Ministres de votre noble Empire les salutations empressées des grands Mandarins et les assurer de leur part que les relations amicales qui ont toujours existé entre les deux Gouvernements ne peuvent qu'être affermies par la conduite pleine de bienveillance de Votre Seigneurie à notre égard. Les conseils que Votre Seigneurie nous a donnés sur plusieurs points importants sont difficiles à suivre, et, pour ce motif, nous n'avons pas osé en faire part à l'Empereur, mais, si Votre Seigneurie pouvait trouver un moyen d'éluder ces difficultés, pour arriver au but (*rem perficere*), tous les Mandarins vous rendraient (votre humble Frère y compris) d'amples actions de grâces.

« Si vous voulez bien communiquer exactement toutes ces choses aux Ministres de votre noble Empire, en les saluant de la part de chacun de nous en particulier, vous nous procurerez la satisfaction la plus vive !

Votre très humble frère PAN SÉ-TCHANG expose de plus :

« Que, selon les intentions (*sicut jussisti*) de Votre Seigneurie, l'ordre a déjà été donné à tous les marchands Hanistes, pour qu'ils ne perçoivent pas plus, à l'avenir, des navires français que des autres ? »

« 23me jour de la 2e lune de la 22e année de Taou Kwang » (3 avril 1842).

Le but le plus important de mon voyage à Canton étant ainsi atteint, je quittai cette ville le 4 et fus de retour à Macao le 7 avril. J'en repartis le 13, avec M. MORRISON[1], Secrétaire Interprète de la Mission Britannique en Chine, pour me rendre à Hongkong où j'arriverai dans la matinée du 14...

1. *John Robert* MORRISON, né à Macao en 1814 ; † de fièvre paludéenne à Hongkong en 1843 ; fils aîné du célèbre Dr Robert MORRISON.

J'étais de retour à Macao le 18, avec M. Monge, et j'y ai été rejoint le 19 par Mr. Chonski que j'avais laissé à Canton pour y terminer plusieurs travaux commencés sur le commerce de cette ville...

J'avais également recommandé à Mr. Chonski d'écrire aux Hanistes pour s'informer si l'ordre (au sujet des droits à percevoir des navires français) mentionné dans la lettre (des autorités chinoises du 3 avril) leur était parvenu. — Voici la réponse collective des Hanistes à la lettre de Mr. Chonski. (Le document original accompagne cette dépêche. Il a été traduit par les soins empressés de M. Libois[1].)

« Au seigneur CHONSKI, Secrétaire, etc.

« Vous nous avez fait l'honneur de nous écrire, au sujet des droits de surplus, de 100 Taels, exigés jusqu'à présent des navires de Votre Royaume. Nous ne percevions ces droits que par ordre de notre Gouvernement et dans l'intérêt du Trésor impérial.

« A l'avenir, ainsi que cela a été réglé entre le chef de votre nation et nos grands Mandarins, nous ne percevrons rien de plus de vos navires de commerce, que ce qui est payé par les Anglais et les Américains.

« Agréez les salutations empressées de :

5	3	1	2	4
SIÉ	FAN	OU	LOU	LIANG
iéou	tchao	y	ki	tcheng
ien	coang	ho	coang	hi
10	8	6	7	9
Y	Fan	Fan	Ma	Ou
iun	ouin	ouin	tso	tien
tchang	hay	tao	leang	iuèn

« tous ensemble. »

« 14me jour de la 3e lune de la 22e année de Tao kwang » (24 avril 1842).

Les signatures apposées à ce document sont les noms *offi-*

1. *Napoléon François* LIBOIS, né le 14 décembre 1805 à Chambois (Orne), parti 20 février 1837 ; Procureur des Missions étrangères à Macao ; † Procureur à Rome, 6 avril 1872.

ciels des Hanistes et doivent être lus dans l'ordre indiqué par les chiffres que j'ai placés au-dessus de chaque nom. Le nº 1 est le célèbre Howquâ dont le nom a figuré si souvent dans les démêlés des Anglais et des autorités chinoises au sujet de l'opium. Les autres sont connus des Européens, sous les noms suivants, par ordre d'ancienneté :

2. MOWQUA, 3. PANKEQUA, 4. KINGQUA, 5. GOQUA, 6. MINGQUA, 7. SAOUQUA, 8. PONHOYQUA, 9. SAMQUA, 10. CHING SHING ou KWANQUA [1].

*
* *

Le 8 juillet 1842, la corvette la *Favorite* mouillait sur la rade à Macao après une traversée d'onze jours depuis Singapore; elle repartait le 17 juillet emmenant Jancigny, arrivait à Hongkong le 18 au soir, appareillait le 20 dans la matinée et se dirigeait vers Ting Haï dans la grande Chousan où les vents ne lui permirent d'arriver que le 6 août vers midi ; de là elle se rendit à Wou soung où, le 23, elle mouillait près de l'*Erigone* qui d'ailleurs n'avait pas tardé à remonter le Yang tseu jusqu'à Nan King.

La prise de Tchen Kiang (21 juillet 1842) au confluent du Kiang et du Grand Canal avait permis aux Anglais de remonter jusqu'à Nan King ; le 11 août, ils étaient près d'attaquer cette capitale de la vieille Chine, lorsque les Chinois hissèrent le pavillon blanc. Les négociations traînèrent en longueur; mais enfin, le 29 août, un traité était signé à bord du vaisseau de guerre anglais le *Cornwallis* par le major général Sir Henry POTTINGER et les Hauts Commissaires chinois Ki-Ying et ILIPOU [2].

1. Voir *Les Marchands hanistes de Canton*, par Henri Cordier. Ext. du *Toung pao*. Série II, Vol. III. Leide, 1902, in-8, p. 32.

2. Jancigny dans une lettre de Macao, le 7 mars 1843, nous apprend qu'Ilipou mourut à Canton le 4 mars à six heures du soir et qu'on faisait courir le bruit qu'il avait été empoisonné.

Ce traité, le plus considérable conclu par la Chine avec une puissance européenne depuis le traité de Nertchinsk, comprend treize articles dont nous ne rappellerons que les principaux : ouverture au commerce des cinq ports : Canton, Amoy, Fou Tchéou, Ning Po et Chang Haï, avec le droit d'y établir des consuls (art. 2) ;cession de l'île de Hong-Kong (art. 3); indemnité de six millions de dollars pour la valeur de l'opium saisi à Canton en mars 1839 et pour les mauvais traitements infligés aux sujets britanniques (art. 4); abolition des marchands hannistes et paiement de trois millions de dollars pour les dettes de ces derniers à l'égard des sujets britanniques (art. 5); une indemnité de guerre de douze millions de dollars (art. 6), etc. Ce traité fut approuvé par l'Empereur le 24e jour de la 9e lune de la 22e année de son règne (27 oct. 1842), et les ratifications furent échangées à Hong Kong, le 26 juin 1843[1].

Le commandant Cécille avait laissé l'*Erigone* à Wou Soung, était remonté sur une jonque à Nan King et avait été présent à la signature du traité ; il quitta Nan King le 4 septembre pour rejoindre son navire et eut la surprise le 6, en descendant le fleuve, de rencontrer la *Favorite* qui le remontait, surprise peu agréable à en juger par la dépêche que le commandant Cécille adressa le 30 sept. 1842 au Ministre de la Marine :

J'ai laissé la *Favorite* dans le Yang-tseu Kiang. J'ai été fort étonné de l'y rencontrer, et plus encore de voir M. de Jancigny à bord. J'avais refusé formellement de conduire cet agent

1. Henri Cordier dans l'*Histoire générale* de Lavisse et Rambaud, X, p. 980.

commercial, qui passe aux yeux des Anglais pour un *agent politique* envoyé en Chine dans des vues *peu bienveillantes* à leurs intérêts. J'avais refusé formellement, dis-je, de le conduire dans le nord, sachant le mauvais effet que cela produirait dans l'armée anglaise.

La *Favorite* mouilla le 17 septembre 1842 devant Nan King, quelques heures après le départ du vapeur *Auckland* qui portait le traité. Elle était de retour à Macao le 10 novembre en même temps que l'*Erigone* arrivée de Canton.

*
* *

Jancigny ne manque pas de relater un petit incident qui se passa prés de Macao[1] :

M. le Commandant Cécille, de l'*Erigone*, et M. le Commandant Page, de la *Favorite*, ayant été se promener avant-hier en compagnie de quelques Missionnaires Lazaristes dans une île située de l'autre côté de la rade intérieure, l'île *Lappa*, y ont été soudainement assaillis par un rassemblement de Chinois appartenant à la lie du peuple et qui dans cette partie du territoire chinois se sont toujours rendus redoutables par leurs habitudes de violence et de pillage. Ces Messieurs ont été tous plus ou moins maltraités. M. le Commandant Cécille a été assez grièvement blessé à la tête et a reçu deux fortes contusions, l'une à la main droite, l'autre à la cuisse ; on lui a volé sa casquette galonnée et ses lunettes, c'est à grand peine qu'il a pu, avec ceux qui l'accompagnaient dans cette malheureuse excursion, effectuer sa retraite à l'embarcation qui les a ramenés à Macao où les autorités chinoises, immédiatement informées de ce qui s'était passé, se sont empressées de venir témoigner au Capt. Cécille combien elles étaient indignées de cet outrage et l'assurer que les mesures les plus promptes et les plus efficaces allaient être prises pour s'emparer des coupables dont les principaux leur avaient été signalés.

1. Lettre au Ministre des Affaires étrangères, Macao, 30 déc. 1842.

Cette affaire fut d'ailleurs promptement réglée.

Peu de temps après, des difficultés surgissaient entre le Commandant Page et Jancigny au sujet d'une carte du Yang tseu rédigée à bord de la *Favorite* que réclamait ce dernier. Décidément Jancigny ne s'entendait pas avec la Marine : il écrivit à Paris une lettre de plaintes contre les Commandants Cécille et Page.

*
* *

Pendant son séjour à Canton, le Commandant Cécille avertit le 1er mars 1843 le Vice-Roi des deux Kouang, de l'arrivée d'un Consul de France :

...J'ai été informé que S. M. le Roi des Français envoie un Consul de 1re classe en Chine. Cet agent supérieur arrivera dans peu, je l'espère. Je me réjouis de cette circonstance qui me fait espérer que des relations plus intimes pourront bientôt s'établir entre l'Empire Céleste et le royaume de France...

Sig. CÉCILLE.

Le Vice-Roi répondit[1] :

...Après la mort du Commissaire Impérial ILIPOU, le Consul anglais a demandé que j'écrivisse à l'Empereur pour le prier d'envoyer à Canton Y, Vice-Roi des deux Kiang, pour prendre la gestion des affaires. Je me suis conformé à ce désir, et si l'Empereur approuve cette demande, il ordonnera à Y de se rendre immédiatement du Kiang Nan ici. Le tems de son arrivée ne doit pas être éloigné. Je prie donc l'honorable Commandant d'attendre ce Commissaire Impérial : alors nous nous verrions ensemble face à face, et nous traiterions de nos affaires selon les circonstances. De cette manière tout s'arrangerait convenablement...

Le Commandant Cécille ne peut attendre l'arrivée de Y mais l'arrivée de M. de RATTI-MENTON per-

1. 23e année du 15e jour de la 3e lune.

mettra aux Chinois de causer avec un représentant de la France, le *seul* autorisé à traiter des affaires[1].

J'aurais également désiré conférer avec le Commissaire Impérial, nommé par l'Empereur en remplacement de l'infortuné Ilipou, mais l'époque de son arrivée à Canton étant encore incertaine et des intérêts majeurs réclamant ma présence en Cochinchine, je serai obligé de partir très prochainement pour ce pays, et probablement avant l'arrivée du Commissaire impérial. Tout en regrettant cette circonstance, je m'y soumets néanmoins d'autant plus volontiers que je suis informé, comme j'ai déjà eu l'honneur de le dire à V. E. dans ma précédente lettre, que M. le Cte de RATTI-MENTON a été nommé par le Roi des Français au Consulat de Chine, et que ce haut fonctionnaire arrivera prochainement avec des instructions spéciales pour régler les intérêts politiques et commerciaux qu'il sera possible d'établir entre le Céleste Empire et le Royaume de France pour le plus grand avantage des deux nations.

Je crois que M. le Cte de Ratti-Menton sera à Canton le mois prochain, sans cependant pouvoir l'affirmer à cause de la grande distance qu'il a parcourue pour se rendre de France en Chine ; mais quelque soit l'époque de son arrivée, je prie instamment V. E. de reporter sur cet agent supérieur la bienveillance dont elle a bien voulu m'honorer depuis le jour où je la vis pour la première fois et dont je conserverai le précieux souvenir toute ma vie.

Si, après mon départ, V. E. avait quelque communication importante à faire au gouvernement du Roi des Français, je l'engagerais à attendre, pour agir, l'arrivée du Consul qui *seul* sera autorisé par S. M. à traiter des affaires publiques avec le Gouvernement de l'Empereur.

En quittant la Chine, peut-être pour n'y plus revenir jamais, que V. E. veuille, etc.

Sig. CÉCILLE.

*
* *

1. Lettre du Com[t] Cécille au V.-Roi en date de Canton le 15 avril 1843 *(Extrait)*.

Cependant Jancigny ne demeurait pas inactif et il entretenait une correspondance importante avec les Hautes Autorités chinoises. Il échangea des lettres avec KI KOUNG, Gouverneur Général des Deux Kouang :

J'ai le plaisir d'accuser à V. E. réception de sa lettre du 26 du mois dernier.

J'ai lu avec attention ce que V. E. a jugé à propos de me communiquer relativement aux difficultés et aux délais qu'entraîne la fixation du nouveau tarif... Je suppose que V. E. veut par là faire allusion aux négociations pendantes entre les Gouvernements chinois et anglais.

Je ne me propose pas d'examiner, quant à présent, jusqu'à quel point les arrangements avec l'Angleterre pourront, commercialement parlant, exercer dans l'avenir quelque influence de détail sur les négociations récemment ouvertes entre les deux nobles Empires, la Chine et la France.

Ce que je souhaite surtout, c'est que certains *principes généraux* soient aussitôt que possible arrêtés entre S. E. le Commissaire Impérial et moi-même (avec coopération du Consul de France) comme *base* des relations futures, à la fois politiques et commerciales, entre les deux Empires.

Dans ce but j'ai cru nécessaire de m'adresser à S. E. le Commissaire Impérial, et j'ose espérer que V. E. partagera entièrement ma conviction quant à la nécessité et à l'opportunité d'une prompte décision sur un point de cette importance.

On s'occupera des détails en temps convenable.

Voici pour le moment, ce que j'ai à soumettre à V. E. et je saisis cette occasion de lui renouveler mes compliments et mes salutations les plus empressées.

(*Signé*) A. DB. DE JANCIGNY.

Macao, le 5 juillet 1843.

KI, Second Précepteur du Prince Impérial, Président du Conseil de la Guerre et Gouverneur Général des deux *Quam*, adresse la réponse suivante au noble Agent français :

J'ai bien reçu, il y a quelques jours, votre lettre par laquelle vous m'exprimiez le désir de voir établir les principes généraux qui doivent servir de base aux relations commerciales de votre noble royaume (avec la Chine) et la nécessité que ces points importants fussent traités de concert avec le Haut Commissaire Impérial et moi. Nous nous sommes consultés et avons conjointement examiné le nouveau règlement (ou nouveau tarif) proposé par la nation britannique et dont la minute est enfin terminée.

Mais, attendu qu'il ne convient pas qu'aucune nation soit traitée avec la moindre partialité ou privée des effets de la bienveillance impériale, il est nécessaire que ce tarif soit le même pour tous.

Le Haut Commissaire Impérial ayant reçu l'ordre de venir à Canton pour y traiter des affaires des nations qui s'y trouvent (représentées), aucune ne restera étrangère à sa sollicitude et nous espérons pouvoir, en tout, nous conformer à vos sentiments en consultant la raison. Notre unique but étant que les natifs (Chinois) et les étrangers, les négociants et le peuple vivent en parfaite harmonie.

Indépendamment d'une dépêche que j'adresse au Haut Commissaire Impérial, sur tous les points de la lettre que vous m'avez écrite afin qu'il puisse délibérer et donner des ordres en conséquence, j'ai jugé utile de vous transmettre cette réponse, sans délai, pour votre gouverne. Je saisis cette occasion pour vous souhaiter toutes sortes de prospérités.

Voilà pour le moment ce que je crois devoir vous communiquer. 17 de la 6e lune de l'an 23 de Tao-Kouang (14 juillet 1843.)

Le Colonel A. dB. de Jancigny etc. etc. A Son Excellence Ki-Ying Haut Commissaire Impérial, Second Précepteur du Prince Impérial, Président du Conseil de la Guerre, Vice-Roi et Gouverneur général des deux Kouang, Membre de la famille impériale, etc., etc., etc.

Ayant été officiellement informé de l'arrivée de V. E. dans la capitale des deux Kouang, par S. E. le Gouverneur général desdites Provinces, je saisis, dans l'état encore précaire de ma santé, la première occasion qui se présente pour offrir à V. E. mes félicitations sincères sur son heureuse arrivée.

Mon très respectable ami, S. E. le Vice-Roi, aura sans aucun doute fait part à V. E. du vœu ardent que j'ai toujours manifesté de voir, conformément aux désirs de mon Auguste Souverain et de la nation française en général, les rapports d'amitié qui de temps immémorial ont existé entre les deux Gouvernements, prendre dans les circonstances présentes des racines plus profondes, et se développer au sein du Céleste Empire et des États de son Auguste Souverain.

Pour atteindre ce but, il est convenable de s'occuper sans délai de l'examen des relations qui devront s'établir entre les deux nobles Empires, et d'arrêter de concert, comme base de ces relations futures, quelques *principes fondamentaux* et *Conventions provisoires* dont la sanction serait soumise ensuite à nos souverains respectifs.

En conséquence (ne pouvant encore à cause de l'état de ma santé me rendre à Canton et jouir de l'avantage d'une conférence avec V. E.) je prends la liberté de solliciter pour M. Challaye, Consul de France, et M. de Chonski, mon secrétaire, la faveur d'une entrevue avec V. E.

Ces Messieurs, en présentant à V. E. mes souhaits et mes compliments empressés, se trouveront à la fois heureux et honorés de saisir une occasion aussi flatteuse de *communiquer* directement avec V. E. sur les différents *points importants* liés, dans l'avenir, à la prospérité mutuelle des deux Empires.

Si, comme je l'espère, V. E. pense, ainsi que moi, qu'il est convenable et opportun que nous nous entendions promptement sur les *principaux points* auxquels j'ai fait allusion dans cette lettre, je lui demanderai de vouloir bien envoyer ici, sans délai, un officier d'un rang convenable, ayant la connaissance des affaires et muni des instructions nécessaires. Nous serons ainsi en mesure d'entretenir une correspondance régulière et *utile* jusqu'à l'époque où je pourrai espérer de faire la connaissance personnelle de V. E.

Je prie V. E. d'agréer mes salutations et mes souhaits les plus empressés et les plus sincères.

(Sig.) A. DB. de JANCIGNY.

Macao, 5 juillet 1843.

KI, etc., au Colonel A. DE JANCIGNY, agent du Gouvernement du Roi des Français en Mission spéciale en Chine, etc., etc., etc.

Votre lettre que je viens de recevoir est une preuve manifeste de vos intentions bienveillantes et m'a causé une vive satisfaction. J'espère que la maladie dont le hasard a voulu que le noble Colonel souffrît les atteintes, aura certainement disparu dans peu de jours et qu'il jouira dès lors d'un bonheur sans mélange.

La France est sans contredit, l'un des Empires les plus grands et les plus florissants de l'Europe et ses relations (amicales) et son commerce avec la Chine datent de l'époque la plus reculée. Les négociants de cette nation qui sont venus à Canton y ont toujours tenu une conduite exemplaire. Telle a toujours été mon intime conviction.

Maintenant que nous avons consenti à l'établissement d'un tarif régulier et à supprimer les dépenses extraordinaires (auxquelles les négociants étaient soumis) afin que toutes les nations puissent participer également aux gains et aux avantages du commerce, il n'a jamais pu entrer dans notre pensée que les négociants français ne participassent pas à ces avantages.

Messieurs CHALLAYE et CHONSKI ayant remonté à Canton ces jours-ci, j'ai délégué un Commissaire d'un rang élevé pour les recevoir et s'aboucher avec eux. Ces messieurs lui remirent une pièce relative à la fixation des droits, etc., pièce qui a été mise sous mes yeux, mais, attendu que M. Challaye a annoncé que ce n'était qu'une première rédaction peu exacte et qu'il se trouvait un document plus clair et plus complet entre vos mains, je vous prie de vouloir bien le faire traduire en chinois et me l'envoyer au plus tôt à Canton, afin que je puisse, avec le Vice-Roi et le Lieutenant Gouverneur, l'examiner et en approuver les dispositions. J'enverrai ensuite, de nouveau, à Macao un officier d'un grade convenable, d'une habileté et d'une expérience (éprouvée, pour qu'il puisse délibérer en personne avec vous sur tous les points (nécessaires).

Dans le cas où vous seriez rétabli, et que vous vinssiez à cette Capitale, je m'empresserai de vous voir et je vous recevrai avec tous les égards qui vous sont dus.

Je profite de cette occasion pour vous souhaiter toutes prospérités. Scellée et close le 18e jour de la 6e lune de l'an 23e de Tao-Kouang (15 juillet 1843).

PROJET D'UNE CONVENTION PROVISOIRE ENTRE LA FRANCE ET LA CHINE.

Entre leurs Excellences KI-YING, Commissaire Impérial, etc., KI-KOUNG, Gouverneur Général des deux provinces Kouang, etc., et , Lieutenant Gouverneur, etc., d'une part.

Et le Colonel Adolphe Philibert DU BOIS DE JANCIGNY, Agent du Gouvernement de l'Auguste Roi des Français, en mission spéciale en Chine, Chevalier de la Légion d'honneur, etc., etc., et M. Charles Alexandre CHALLAYE, Elève-Consul, Gérant le Consulat de France, d'autre part.

Il a été convenu ce qui suit :

Attendu qu'il importe au maintien des relations de paix et d'amitié qui subsistent depuis longtemps entre les nobles Empires de Chine et de France et à l'extension comme à la sûreté de leurs relations commerciales, que les droits et obligations respectifs des citoyens des deux Empires soient clairement définis et déterminés, dans les circonstances actuelles, par un règlement spécial, la Convention provisoire suivante en *quatorze* articles, a été arrêtée entre les officiers (des deux Empires) ci-dessus désignés, sauf l'approbation de Leurs Majestés l'Empereur de Chine et l'Auguste Roi des Français.

ARTICLE PREMIER. — Il y aura paix et amitié entre Sa Majesté l'Empereur de Chine et Sa Majesté l'Auguste Roi des Français et entre leurs Successeurs, à perpétuité.

Les sujets de Sa Majesté l'Empereur de Chine auxquels Sa Majesté Impériale pourrait accorder, par la suite, l'autorisation de se rendre en France ou dans les Colonies françaises, seront l'objet d'une protection spéciale de la part du Gouvernement de Sa Majesté l'Auguste Roi des Français.

Il en sera de même à l'égard des citoyens français résidant

avec l'autorisation de leur Gouvernement, dans les États de S. M. l'Empereur de Chine.

Art. 2. — Tous les rapports officiels entre les Agents des deux nations seront basés sur la reconnaissance d'une égalité parfaite entre les deux Gouvernements représentés par les Agents en question.

L'intervention des marchands chinois connus jusqu'à ce jour sous la dénomination de *Hanistes* dans les transactions commerciales entre les Français et les Chinois, ayant cessé depuis plusieurs mois, et ne devant plus être renouvellée à l'avenir, les communications entre les deux Gouvernements auront lieu *directement* entre les Agents respectifs des deux Gouvernements et sans l'intermédiaire d'aucune autre personne qui ne serait pas d'un rang officiel égal à celui de l'agent accrédité du Gouvernement français ou de ses délégués.

Art. 3. — La Chine, dans les relations commerciales qu'elle pourra avoir par la suite avec les Ports de l'Empire français ou de ses Colonies, sera traitée sur le pied des Nations les plus favorisées pour tous les détails qui ne seront pas réglés par des dispositions particulières.

La France sera également traitée dans ses relations commerciales avec la Chine, dans les différents ports de Commerce, sur le pied des nations les plus favorisées, pour tous les détails qui ne seront pas réglés par des dispositions particulières.

Art. 4. — Toutes les marchandises importées en Chine par navires français et les marchandises françaises importées en Chine par navires étrangers et par voie de terre, sauf les articles dont il sera parlé ci-après, ne seront soumises qu'aux droits et dispositions fixés par le nouveau Tarif Impérial communiqué officiellement à l'agent du Gouvernement français en Chine et à ses Délégués.

Art. 5. — Toutes les marchandises exportées de Chine par des navires français ne seront soumises à l'avenir, qu'aux droit fixés par le nouveau Tarif Impérial.

Art. 6. — Les draps et autres tissus de laine français, les objets d'horlogerie, bijouterie, quincaillerie, fil d'or et d'argent, et les bronzes de fabrication française, articles de Paris, etc., importés par navires français, ne payeront à l'avenir qu'un droit de 5 % (cinq pour cent) *ad valorem*.

Art. 7. — Les fils et tissus de soie de toute espèce, excepté les soies écrues, exportés de Chine par un navire français payeront les mêmes droits que par le passé et seront soumis aux mêmes restrictions.

ART. 8. — Les droits de port, ancrage et tonnage seront perçus des navires français dans les proportions établies par le nouveau Tarif et conformément aux dispositions de l'article 3, paragraphe second.

ART. 9. — Les droits d'importation sur les cargaisons importées par des navires français et les droits spécifiés dans l'article précédent auxquels ces mêmes navires seront soumis, seront payés, sous le contrôle des Consuls et des autres Agents duement autorisés par eux, dans les ports de Chine ouverts au Commerce étranger.

ART. 10. — La présente Convention provisoire sera soumise à l'approbation de Leurs Majestés l'Empereur de Chine et l'Auguste Roi des Français, et en cas d'approbation de Leurs Majestés, recevra sa rédaction définitive sous le titre de *Traité de Commerce et de Navigation* entre les deux Empires duement désignés et autorisés à cet effet, par leurs souverains respectifs.

ART. 11. — Le traité ainsi rédigé et signé sera ratifié et les ratifications échangées dans le courant de l'année qui suivra la signature.

ART. 12. — Le traité, résultat de la présente Convention provisoire, sera valable pour dix années à compter du jour de l'échange des ratifications. Il pourra être renouvellé par une Convention spéciale.

Cependant, les dispositions dudit Traité continueront à être obligatoires après les dix années révolues, à moins d'une renonciation volontaire de l'une des hautes parties contractantes signifiée par écrit à l'autre partie par l'intermédiaire de son représentant. — Un an après cette notification, le Traité sera considéré comme annulé.

ART. 13. — L'exécution du Traité à intervenir sera confiée aux autorités civiles compétentes des deux Pays.

Toute infraction aux dispositions du *Traité définitif* venant du fait des autorités inférieures ou des sujets de l'Empire chinois, sera punie, comme délit de désobéissance aux ordres de l'Empereur, conformément aux Lois de l'Empire, sur la plainte portée par les Consuls de France ou leurs délégués.

Art. 14. — En attendant que les dispositions de la présente Convention provisoire aient pris le caractère de *Traité définitif*, les Français résidant sur le territoire de l'Empire, les navires français et les commerçants de la même Nation qui se trouveront dans les Ports ouverts au commerce y jouiront d'une protection spéciale tant pour les personnes que pour les propriétés et seront soumis aux mêmes règlements et obligations que les navires et les sujets anglais par suite du Traité conclu entre la Chine et la Grande-Bretagne.

Fait en quadruple expédition à Canton et signé par les officiers des deux Empires, ci-dessus désignés, qui y ont apposé leurs cachets respectifs.

le de l'année e de Tao-Kwang, 1m du règne de Louis-Philippe de l'ère chrétienne.

(L. S.) *(Signé)*

ARTICLE ADDITIONNEL ET SECRET

Les armes de guerre et de chasse (armes à feu et armes blanches) ainsi que tous les objets d'armement, y compris les munitions de guerre de fabrication française qui pourraient être apportés par navire français, pour le compte du Gouvernement chinois, seront libres de tout droit à l'entrée.

Le présent Article additionnel et secret sera ratifié séparément s'il est maintenu dans le Traité définitif, et les ratifications en seront échangées en même temps que celles du Traité patent.

Fait à Canton, en quadruple expédition, les jours, mois et ans que dessus.

(L. S.) *(Signé)*

Pour copie conforme au *Projet* original.

Macao, 31 juillet 1843.

(Sig.) : A. dB. de Jancigny.

Dans toutes ces négociations, Jancigny avait eu recours aux bons offices de l'interprète portugais

MARQUÈS qui fut depuis employé régulièrement par la France[1].

Macao, 31 juillet 1843[2].

...Les obstacles que j'avais déjà rencontrés et ceux que je prévoyais me faisaient une loi de chercher à donner à mes relations ultérieures avec les autorités chinoises un caractère de *précision* et de *promptitude* que l'absence d'un interprète, régulièrement employé dans la mission, ne m'avait pas permis encore de leur imprimer. Je fus conduit par cette considération importante et par les nombreuses preuves de confiance et d'estime dont le Gouverneur de Macao m'avait honoré, à demander à S. E. qu'elle voulût bien autoriser l'Interprète du Sénat (le Sr Martinho MARQUÈS) à m'aider dans ma correspondance, et ma demande fut accueillie avec l'obligeance la plus flatteuse. J'ai eu grandement à me louer de la conduite, de l'exactitude et du zèle du Sr Marquès et je désirerais vivement que V. E. jugeât convenable de donner à cet agent honorable du Gouvernement portugais et sinologue distingué, un témoignage de la satisfaction et de l'estime de votre Gouvernement.

*
* *

Il est probable que Jancigny s'était hâté dans ses négociations car, dès la fin de mai 1843, il avait appris la nomination de M. DE RATTI-MENTON[3] comme

1. Voir HENRI CORDIER, *La première Légation de France en Chine*, p. 8. — *Exp. de Chine de* 1857-8, pp. 118 *n.* et *pass.*

2. Let. de Jancigny à Aff. étrangères.

3. *Benoît* Ulysse *Laurent François-de-Paule*, comte de RATTI-MENTON, né à Porto-Rico, le 3 avril 1799 ; élève Vice-Consul, 17 avril 1822 ; attaché au Consulat général de Gênes (mai 1824), gérant du Consulat de Cagliari (1825), de Naples (1826), de Palerme (mai 1827) ; Vice-Consul à Arta (12 mai 1831), n'occupe pas ce poste ; en disponibilité sans traitement, 1er août 1831 ; Vice-consul à Tiflis, 15 mai 1833 ; Consul de 2e classe au même poste, 22 août 1833 ; nommé à Gibraltar, 23 août 1837, n'occupe pas ce poste ; Consul à Damas, 8 juillet 1839 ; à Canton, 21 septembre 1842 ; à Calcutta, 1er octobre 1846 ; Consul général et chargé d'affaires à Lima, 3 mars 1849 ; Consul général à Gênes, 30 juillet 1853 ; réintégré à Lima, 10 décembre 1853 ; réintégré à Gênes, 3 septembre 1854 ; Consul général à la Havane, 23 juin 1855 ; officier de la Légion d'honneur, 5 octobre 1861 ; retraité le 16 août 1862.

Consul à Canton et il écrivait le 31 au Ministre : « M. de Ratti-Menton trouvera une *Convention* commerciale provisoire déjà préparée, et il n'aura pour ainsi dire qu'à continuer les négociations entamées avec le gouvernement chinois. »

Le Comte de Ratti-Menton arriva à Macao le 11 juillet et les affaires se gâtèrent immédiatement; son premier soin fut d'interdire au jeune Challaye, son subordonné, de s'occuper des négociations conduites par Jancigny.

Macao, le 21 juillet 1843 [1].

Monsieur le Colonel,

J'ai l'honneur de vous annoncer que le Comte M. de Ratti-Menton, nommé par le Roi Consul de France en Chine, est arrivé en cette ville le 11 du courant, est entré en fonctions et que je lui ai fait hier la remise des Archives du Consulat et de tout le service.

Je crois devoir vous informer que M. le Comte de Ratti-Menton m'a signifié que son intention formelle était que je cessasse immédiatement de prendre une part directe ou indirecte aux négociations que j'ai suivies depuis votre arrivée en Chine, de concert avec vous et sous votre direction, et qu'à partir de ce jour je n'eusse plus aucunes relations avec les autorités chinoises.

Me trouvant momentanément et jusqu'à l'époque de mon départ pour l'Europe, placé sous les ordres de M. de Ratti-Menton, je me suis vu, à regret, forcé de m'engager à me conformer à cette injonction.

J'espère néanmoins, M. le Colonel, que vos démarches, auxquelles je m'étais associé avec le plus grand plaisir, auront une issue conforme à vos désirs et aux intérêts de notre pays.

Agréez, etc.

(Sig.) C. Alex. Challaye.

Ratti-Menton n'avait apporté aucune dépêche du Ministère des Affaires étrangères pour Jancigny dont

1. Copie de la lettre de Challaye à Jancigny.

il se tint à l'écart. Jancigny ne devait pas considérer par suite sa mission comme terminée par l'arrivée de Ratti-Menton et se regardait toujours comme un agent du Gouvernement du Roi en mission spéciale en Chine, mais il avait le tort de ne pas rester dans les limites de cette mission, qui était celle d'observer les événements et non de conduire lui-même des négociations avec les Chinois. On le lui fit bien sentir lorsqu'on apprit sa conduite à Paris. D'autre part le Consul eut le tort plus grave encore de mettre les journaux locaux en tiers dans une querelle qui ne regardait que des fonctionnaires français. Sans le prévenir, Ratti-Menton représentait Jancigny dans les journaux portugais et anglais comme usurpant le titre d'Agent du Gouvernement. Le journal de Macao, *A Aurora Macaense*, insérait, dans son numéro du samedi 22 juillet 1843, une lettre du Consul au Dr. S. Wells WILLIAMS[1], directeur du *Chinese Repository*, pour protester contre le titre donné à Jancigny. Le Consulat de France à Canton se trouvait en effet composé de :

Comte de RATTI-MENTON, Consul,
C. A. ÇHALLAYE, Élève-Consul,
Aimé RIVOIRE[2], Chancelier,

1. *Samuel Wells* WILLIAMS, né le 22 sept. 1812, à Utica, New-York ; † 16 février 1884, à Newhaven, Connecticut.

2. *Aimé* RIVOIRE, de Lyon ; chancelier substitué à Saint-Pétersbourg (1834) [9 mois] ; chancelier du Consulat de France à Tiflis [4 mois et 12 jours] : gérant du même poste [17 mois et 15 jours] ; chancelier du Consulat de France à Canton [14 décembre 1842 7 mois] ; gérant du consulat de France à Singapore [20 mois 16 jours] ; chancelier à Ancône (24 mai 1848) [7 mois 11 jours] ; à Moscou (14 décembre 1848) [1 mois 15 jours] ; commis à la Chancellerie de la Légation de France à Turin (26 juillet 1851) ; chancelier du consulat de Port-Maurice, États sardes (5 mars 1852) ; démissionnaire (9 oct. 1852) ; premier commis de la Chancellerie à Turin 6 déc. 1852) ; admis à la retraite (31 déc. 1858).

J. M. CALLERY, Interprète du Consulat[1].

Jancigny ne faisait pas partie en effet du Consulat, mais il n'en était pas moins chargé d'une mission du Gouvernement français, et il répondit à la lettre de Ratti-Menton dans le Supplément du numéro 28 de l'*Aurora Macaense*, du 24 juillet 1843; il reproduisait la lettre de M. BARROT, Consul général de France à Manille, en date du 29 novembre 1841, pour le recommander au Gouvernement de Macao comme « Chargé d'une Mission du Gouvernement français en Chine ». On juge des gorges chaudes que faisaient les étrangers témoins de ces discussions.

Le 29 juillet 1843, par une lettre de Macao, M. de Ratti-Menton mettait au courant de la situation M. DROUYN DE LHUYS, directeur de la Direction Commerciale et du Contentieux au Ministère des Affaires étrangères :

Monsieur le Directeur,

Je viens de terminer un voyage bien pénible, je vous assure, mais les peines de ce voyage ont été bientôt oubliées, en présence des tracas, disons mieux, des intrigues sans nombre que M. Dubois de Jancigny et M. Challaye sont venu jeter sur mes pas. J'étais parti de Paris, comme vous le savez, avec les meilleures dispositions pour le jeune Challaye et j'étais de plus disposé à ne me pas occuper de M. Dubois de Jancigny. Je suis arrivé à Macao le 11 de ce mois et dès le lendemain, j'écrivis à M. Challaye, qui se trouvait, depuis quelque temps, à Canton avec le secrétaire de la *mission* Jancigny, pour lui

1. *Joseph Gaëtan Pierre Marie* CALLERI ou CALLERY, né à Turin en 1810 ; agrégé du diocèse de Chambéry ; parti du Havre pour Macao à la fin de mars 1835, à destination de Corée où il n'est jamais allé ; quitta la Société des Missions étrangères ; interprète de la Mission Lagrené ; secrétaire interprète au Ministère des Affaires étrangères ; † à Paris, 8 juin 1862.

annoncer mon arrivée et l'inviter en même temps à venir me faire la remise des archives et de tout le service. Ma lettre lui parvint le lendemain, mais à mon grand étonnement la réponse se fit attendre huit jours. Je l'avais également averti qu'il n'eût plus à s'occuper d'aucune affaire avec l'autorité locale, car j'avais été déjà prévenu que, plusieurs mois avant, M. Dubois de Jancigny avait été engagé dans une question de faux mandarins, ce qui avait jeté sur notre caractère français un très mauvais vernis. Dès qu'il fut près de moi, M. Challaye me proposa le concours de M. Dubois de Jancigny ; comme je ne lui croyais pas le pouvoir d'engager la responsabilité du Gouvernement du Roi, je refusai péremptoirement et ajoutai que je ne voulais pas m'associer d'ailleurs aux actes d'une personne qui avait dénoncé et fait dénoncer par M. Challaye dans des lettres officielles adressées au Gouvernement du Roi deux officiers supérieurs de la Marine royale. En attendant, il me prévint que le Kouang-tcheou fou et une autre personne envoyée, disait-il, par le Vice-Roi de Canton pour *conférer* avec M. Dubois de Jancigny allaient arriver le lendemain. Or, vous verrez, M. le Directeur, par la lettre ci-jointe de M GUILLET[1], missionnaire, lequel est très lié avec le mandarin de Macao, que la visite m'était destinée. Le Kouang-tcheou fou arriva et comme *on* lui avait dit que je demeurais chez M. Dubois de Jancigny, il s'y rendit. Informé de ce qui se passait et ayant vu trois jours s'écouler. j'envoyai M. Rivoire chez le Kouang-tcheou fou pour des explications. Ce fonctionnaire *m'expliqua* par lettre qu'il avait ignoré mon arrivée, mais que maintenant qu'il en était informé il s'empresserait de venir chez moi ; il annonça que sa visite aurait lieu vers onze heures du matin. — Au moment où M. Rivoire sortait de chez l'autorité chinoise. M. Dubois de Jancigny y entrait. Je ne puis pas savoir ce qui s'y est dit ; mais vers l'heure indiquée par le Kouang-tcheou fou, un de ses linguistes arriva tout effaré, présentant la carte de visite de son supérieur et m'exprimant le regret de ce qu'il était obligé de partir immédiatement pour Canton, où il était appelé par le Vice-Roi ; je renvoyai le linguiste avec la carte de visite, en disant que le

1. *Claude* GUILLET, lazariste, arrivé en Chine en 1836 ; mort dans sa famille.

Kouang-tcheou fou eût à venir ou que je me plaindrais en temps opportun de ce singulier procédé. Peu d'instants après, en effet, il était chez moi : là la conversation s'engagea sur les motifs qui l'avaient porté à agir de la sorte. Sa réponse fut celle-ci : « M. Challaye nous a bien informé de votre arrivée, mais sur la demande que nous avons faite touchant votre grade, il nous a répondu que vous étiez un consul comme lui mais que la supériorité en était réservée à M. Dubois de Jancigny, lequel était grand Consul général de 2[d] ordre et grand ruban rouge du Roi de France. » D'un autre côté, le *Chinese Repository*, journal très répandu en Chine, portait au mois de janvier : *Agents étrangers : M. le Cl Db. de Jancigny, Commercial Agent. C. Alex. Challaye, Consul.*

Ainsi il était bien évident que le consulat de France avait été mis sous la tutèle *(sic)* de M. Dubois de Jancigny. Or c'est ce que je ne pouvais tolérer sans risquer de me faire passer pour un niais et sans concourir bénévolement avec ces deux messieurs à discréditer l'autorité dont le Gouvernement du Roi m'a revêtu. L'intrigue a été si singulièrement menée, je dirai même si habilement, qu'aujourd'hui je n'ose me présenter au Vice-Roi de Canton, M. Challaye m'ayant avoué qu'il aurait de la répugnance à paraître avec moi devant ces autorités, s'appuyant à cet égard sur l'invitation que je lui ai faite de n'avoir pas de relations avec elles dans le sens de ses actes antérieurs. J'ignore ce que M. Dubois de Jancigny et M. Challaye vont écrire à Paris. En rendant compte de quelques-uns des incidens de cette affaire à M. le Ministre des Affaires étrangères, j'ai voulu atténuer la gravité de la conduite de M. Challaye ; les égards que j'ai pour sa respectable famille et la crainte de nuire à un jeune homme qui débute, pour ainsi dire, m'ont obligé à des ménagements dont je ne le crois pas digne. Toutefois dans le cas où ces deux messieurs auraient cru devoir lancer contre moi une dénonciation dans le genre de celles contenues contre Mrs. Cécille et Page dans leurs lettres directes et entre autres dans celle de M. Challaye du 7 juin dernier, je vous prierai de vouloir bien communiquer celle-ci à M. Guizot, et à lui donner par conséquent un caractère officiel. J'oubliais de vous dire, M. le Directeur, que M. Challaye depuis la signature des inventaires, m'a refusé toute assistance pour le travail du consulat, quoique m'ayant averti que son intention était de ne partir que dans la mousson d'octobre. Vous verrez que toutes les écritures ont été faites par M. Rivoire.

Sig. Cte DE RATTI-MENTON.

Le même jour, le comte de Ratti-Menton, adressait à M. GUIZOT, Ministre des Affaires étrangères, une lettre sur la situation en Chine :

Macao, 29 juillet 1843.

..... Il importe, je crois, que la France se mette dès à présent en mesure de faire face aux événemens futurs. Les établissements récents des Iles Marquises, de la Société, et de l'Ile de Madagascar sont proclamés, avec raison, des actes d'une haute et prévoyante politique ; mais ces établissements, à la distance où ils se trouvent de la Métropole, réclament un large complément ; ce complément consisterait, par exemple, dans l'occupation d'un port ou d'une île de la Mer Rouge, dans la prise d'une ou de deux îles dans le golfe de Siam et du Tunquin, et dans l'obtention du gouvernement chinois, comme contre-poids de la cession de Hong-Kong, d'une des îles nombreuses qui bordent l'immense littoral du Céleste Empire. A ce jalonage se rattacherait nécessairement l'organisation de nombreux bateaux à vapeur ; ceux ci-deviendraient en temps opportun, le noyau d'une flotte française, prête à agir, suivant les exigences du moment, et serviraient même, le cas échéant, à transporter, par la Mer Rouge, les troupes françaises auxquelles le gouvernement Égyptien accorderait, de gré ou de force, le transit à travers son territoire.

Établi dès à présent et sous le prétexte des besoins de nos nouveaux établissements, ce service ne pourrait, que je sache, porter aucun ombrage sérieux à l'Angleterre : j'ajouterai d'ailleurs que plusieurs personnes importantes du gouvernement que j'ai vues à Bombay se plaignent de la dépense énorme qu'entraîne l'organisation de la poste des Indes, ce qui me fait supposer qu'il ne serait pas impossible de prendre des arrangements avec l'Angleterre pour le transport de sa correspondance dans ces parages, ainsi qu'elle en a déjà pour le trajet de la Méditerranée.....

P. S. C'est aussi à Bombay que j'ai eu l'occasion de voir un négociant autrichien, de qui j'ai su que le commerce de Trieste projetait d'établir une ligne de bateaux à vapeur, communiquant entre Suez et les possessions britanniques de l'Inde.

Le Commandant Cécille, écrivait au Consul à Canton :

Cavitte, à bord de l'*Erigone*, 28 juillet 1843.

M. le Consul, je vous fais mon compliment bien sincère sur votre heureuse arrivée à Macao et surtout au Gouvernement du Roi, de s'être enfin décidé à envoyer à cette résidence un homme de considération et d'expérience, capable de conduire dignement les affaires de la France.

Je désirais beaucoup vous voir avant mon départ de Macao, et je l'ai espéré pendant quelque tems, mais en vain. Le bruit s'était même répandu que vous ne veniez plus en Chine, et j'en ai éprouvé une contrariété d'autant plus grande que je sentais plus que personne l'urgence, pour le Gouvernement, d'avoir à Canton un représentant véritable, spécialement accrédité et que dans mes dernières lettres j'avais positivement annoncé votre arrivée à cette haute autorité. Qu'allait-elle penser de moi en voyant que je l'avais trompée ; j'en étais bien vivement affecté, je vous l'assure, M. le Consul, et vous pouvez croire d'après cela que, plus que personne, je me réjouis de votre arrivée. Ma satisfaction serait complète si j'étais encore assez heureux pour vous rencontrer, mais je l'espère peu ; un ordre du Ministre me retient à Manille : « Soyez-y en juillet, me dit le Ministre et que la *Cléopâtre* vous y trouve... »

Néanmoins cet ordre, tout impératif qu'il est, ne serait pas assez fort pour m'empêcher de partir, parce que, mieux que qui que ce soit, je sais combien le Ministre de la Marine est disposé à accueillir toute disposition prise par les Commandants dans l'intérêt du service du Roi ; mais un empêchement plus grand que tous me retient ici : je compte en ce moment 143 malades.....

Je joins à cette lettre quelques copies de ma correspondance avec le Vice-Roi des deux Kouang : ma dernière lettre à S. E. vous fera connaître dans quels termes je lui ai parlé du Consul de France et de la confiance qu'il devait lui inspirer ; je désire que cette introduction anticipée puisse vous être utile.

Si sous quelque rapport que ce soit le Commandant de l'*Erigone* peut vous être bon à quelque chose, disposez de moi, M. le Consul, et soyez assuré que je joindrai mes efforts aux vôtres pour le succès de votre mission et pour tout ce qui peut intéresser le service du Roi.

Sig. : CÉCILLE.

*
* *

Il faut avouer que la situation de M. de Ratti-Menton était rendue intolérable par les agissements de Challaye et de Jancigny, qui l'avaient représenté aux autorités chinoises comme un petit agent très subalterne ; Challaye, qui était son subordonné, refusa même de porter au Vice-Roi la lettre de son Consul qui avait pour objet d'ouvrir les relations avec ce haut fonctionnaire chinois. Sur ces entrefaites, la corvette *Alcmène*[1] mouillait, le 23 août, sur la rade de Macao ; deux heures après, le commandant FORNIER-DUPLAN recevait la visite de M. de Ratti-Menton, qui venait réclamer sa protection pour faire cesser les étranges manœuvres de Challaye et de Jancigny, « le faire reconnaître des autorités locales et faire ainsi cesser un état de choses si funeste aux intérêts de la France en ce pays ». A la suite de cette visite, le Consul écrivit, le 24 août, une lettre officielle au Commandant, qui lui répondit le même jour :

1. La corvette *Alcmène* appareilla de la rade de l'île d'Aix le 3 janvier 1843. Elle était commandée par le capitaine de corvette FORNIER-DUPLAN. *Bénigne-Eugène*, né à Orléans en 1788 ; il mourut en 1872. Le 22 février 1842, le capitaine de vaisseau GUINDET lui avait remis le commandement de l'*Alcmène* qui se trouvait alors dans le port de Rochefort. Voir *Campagne de l'*Alcmène* en Extrême-Orient* (1843, 44, 45 et 46), d'après le Journal du Commandant Fornier-Duplan (*Bull. Soc. Géog. Rochefort*, 1907, N°s 4 ; 1908, N°s 1 et 2).

Monsieur,

J'ai l'honneur de vous prévenir, en réponse à votre lettre de ce jour, que les officiers de la marine s'étant toujours fait une obligation d'augmenter, autant qu'il dépendait d'eux, la considération à laquelle doivent prétendre les Consuls de France au lieu de leur résidence, je me ferai un devoir de vous conduire, avec l'*Alcmène*, jusqu'à Canton et de remplir ainsi les intentions que vous exprimait le commandant Cécille dans sa lettre du 28 juillet dernier.

J'ai l'honneur, etc.

Le mardi 29, le Consul, avec les missionnaires lazaristes Guillet et Tcheou, qui devaient servir d'interprètes, était conduit à Whampoa par l'*Alcmène*. Le commandant Fornier-Duplan raconte ainsi leur arrivée à Canton :

Là, nous eûmes la surprise de constater l'absence des couleurs françaises, tandis qu'on voyait flotter les pavillons de tous les autres consuls. Le Chancelier n'était pas au consulat, il dînait en ville, et il fallut l'envoyer chercher. En entrant, il sauta au cou de M. de R...-M..., et nous dit que nous venions lui sauver la vie. Il nous raconta que lorsqu'il avait signifié à M. C., de la part du Consul, qu'il fallait qu'il délogeât du Consulat, M. C. lui avait dit, tout furieux : — « Alors, Monsieur, c'est une guerre à mort entre vous et moi ! » Mais, afin de rendre son asile plus inviolable, il avait écrit, en gros caractères, au-dessus de la porte de sa chambre : « Chancellerie du Consulat de France. » Du reste, il avait soin de bien fermer toutes les portes avant de se coucher, et il plaçait son épée nue sur sa table de nuit, prêt à mourir à son poste.

J'arrêtai ses transports en lui témoignant mon pénible étonnement de ce que, à l'arrivée d'un navire français battant flamme, notre pavillon fût le seul qu'on ne vît pas... Le pauvre homme ne sut que répondre[1].

Le Chancelier remit au Consul les deux lettres

1. *Bull. Soc. Géog. Rochefort*, 1907, p. 303.

suivantes reçues pour lui la veille, en réponse à la demande d'audience qu'il avait adressée de Macao :

I

En lisant la lettre que vous m'avez fait l'honneur de m'écrire, j'ai été parfaitement au courant de tout. J'ai remis au Vice-Roi la lettre qui m'a été apportée par M. Rivoire, à qui j'ai remis la réponse du Vice-Roi, pour qu'il vous la fasse tenir.

A cause de ses occupations, le noble Consul de 1re classe ne peut pas venir à Canton tout de suite ; mais, comme le Commissaire Impérial est sur son départ, il serait à désirer que M. le Consul vînt sans délai pour traiter avec lui ; car, s'il tardait un peu trop, il est à craindre qu'il ne puisse voir le Commissaire Impérial.

Je souhaite au Consul mille bonheurs et le salue respectueusement.

S. TCHANG HOA.

La seconde lettre était écrite par le Vice-Roi :

II

Moi, TSY, deuxième précepteur du fils de l'Empereur, premier préfet de la milice, Vice-Roi des deux Kouang, j'ai l'honneur d'accuser réception de la lettre par laquelle j'ai été officiellement informé de l'arrivée à Macao de l'honorable Consul de 1re classe. Nous avons ainsi l'espérance de nous voir bientôt mutuellement, mais à cause des fatigues d'un long voyage, il veut se reposer quelques jours avant de venir à Canton.

Le Commissaire Impérial et moi, conformément à la bonté et à la bienveillance de notre grand Empereur, désirons traiter avec les mêmes attentions et les mêmes égards tous les Étrangers, de quelque nation qu'ils soient ; car il est extrêmement à désirer de voir régner la paix à l'intérieur afin que chacun soit heureux dans sa position.

J'ai déjà plusieurs fois manifesté ces mêmes sentiments dans mes lettres à M. le Commandant Cécille, qui sans doute l'aurait fait connaître à l'honorable Consul de 1re classe.

Nous désirons connaître d'une manière certaine et par des

lettres authentiques, quel est celui qui est chargé de gérer les affaires de l'illustre Royaume de France, afin que nous puissions traiter en toute confiance avec lui.

Il a toujours régné entre la France et la Chine une paix et une amitié qui n'ont pas d'exemple parmi les autres royaumes, et c'est pour cela qu'il est beaucoup plus facile de tout régler avec vous, Français. N'ayez aucune sollicitude à cet égard. Cependant je désire que le M. Consul vienne de suite à Canton, afin d'y traiter facilement les affaires face à face avec le Commissaire Impérial, ce qui serait plus difficile après son départ.

M. Rivoire attendant à Canton la réponse de votre lettre, je lui remets la présente et je vous souhaite mille bonheurs.

Sig. KY-KOUNG[1].

Le 30 août, le Consul adressait au Vice-Roi, pour lui et le Commandant Fornier-Duplan, une demande d'audience pour lui remettre une lettre du Ministre de France. Après des pourparlers par divers fonctionnaires chinois, l'audience fut fixée au mardi 6 septembre[2].

Peu de jours après, M. DE RATTI-MENTON recevait du Vice-Roi sa réponse au Ministre des Affaires étrangères et une lettre pour lui-même. M. de Ratti-Menton écrivait à M. Guizot :

Canton, 20 septembre 1843.

Monsieur le Ministre,

J'ai reçu de S. A. le Haut Commissaire Impérial et du Vice-Roi des deux Kouang une dépêche collective, en réponse à celle que V. E. avait adressée au Vice-Roi pour m'accréditer auprès de lui, en qualité de Consul du Roi. J'ai l'honneur d'envoyer ci-joint la traduction de ce document à V. E., en attendant qu'une occasion sûre me permette de lui adresser la pièce originale.

V. E. considérera sans doute cette démarche des Hautes

1. Publié dans le *Bull. Soc. Géog. Rochefort*, 1907, p. 304.
2 Voir *Bull. Soc. Géog. Rochefort*, 1907, pp. 307-9.

Autorités chinoises comme une innovation importante. La présence sur les lieux du Haut Commissaire Impérial, lequel est investi des pouvoirs les plus étendus, a facilité considérablement l'obtention de la demande que j'avais faite au Vice-Roi d'une réponse à V. E. Sans la présence de Ky Ing sur les lieux, il aurait probablement fallu écrire à Pe-King, pour l'autorisation de correspondre avec un ministre étranger.

Je suis, etc.

Sig. Cte DE RATTI-MENTON.

I

KI-YING, Haut Commissaire Impérial, etc.

KI-KOUNG, Vice-Roi de la Province des Deux Kouang, etc.

A Son Excellence Monsieur GUIZOT,
Grand Ministre de France chargé du Département des Affaires étrangères.

Le 13e jour de la 7e lune intercalaire de la 23e année du règne de Tao-Kwang, Nous avons reçu en audience M. le Comte de Ratti-Menton envoyé à Canton par V. E. en qualité de Consul de 1re classe, et il nous a remis directement la lettre où l'illustre Ministre nous manifeste des sentiments d'affection si honorables. Nous en avons le cœur plein de joie et l'en remercions.

Nous savons, depuis longtemps, que l'Empire de France est un des premiers États de l'Europe ; il y a trois siècles qu'il fait le commerce avec notre Empire. Entre ces deux Empires a constamment régné la paix et l'amitié, jamais de dissensions, point de sujets de litige, pas de discorde. Les négociants français ont constamment observé, dans leurs affaires un esprit d'ordre exempt de toute confusion, leur conduite s'est toujours réglée sur les lois de la justice.

Moi le Commissaire Impérial ai reçu, en dernier lieu, de mon Auguste Empereur la bienveillante autorisation d'accorder aux Étrangers de trafiquer dans les cinq ports de Canton, Fou-Tcheou, Amoy, Ning-Po et Chang-Haï ; en conséquence, et d'accord avec mes collègues, j'ai fixé et déterminé les règlements relatifs au commerce ainsi que le tarif. La modicité des droits établis prouve incontestablement que Nous avons été, à cet égard, aussi larges et aussi généreux que possible envers les étrangers qui viennent des contrées lointaines. Les négocians français faisant le commerce aussi bien que les Anglais, nous leur accordons les mêmes privilèges que ces derniers et les autres nations ont obtenus par suite de l'approbation de Notre excellent Empereur.

Mr de Ratti-Menton, qui vient d'arriver à Canton, en qualité de Consul de première classe, muni de lettres officielles de l'illustre Ministre et qui d'ailleurs a déjà occupé plusieurs postes dans d'autres pays de l'Europe où il s'est fait remarquer par sa prudence, son aménité, et son esprit conciliant, parviendra facilement à diriger les négocians français auxquels il fera scrupuleusement observer toutes les dispositions relatives au trafic et étendra ainsi nos rapports de commerce et d'amitié.

Telle est la réponse que nous avons l'honneur d'adresser à l'illustre Ministre de France, le priant, pour éviter toute confusion, d'employer les mêmes expressions dont nous nous sommes servis pour exprimer ses titres et ses pouvoirs.

Canton, le 19e jour de la 7e lune intercalaire de la 23e année du règne de Tao-Kwang[1].

Pour copie conforme,

Le Chancelier du Consulat,

A. Rivoire.

II

Ki-Ying, Haut Commissaire Impérial, Membre de la Famille Impériale, Vice-Roi des Provinces des Deux Kouang, etc.

Ki-Koung, Président du Ministère de la Guerre, Vice-Roi des deux Provinces de Kouang-Toung et de Kouang-Si, etc.

1. Cette lettre a été insérée dans le *Bull. de la Soc. de Géog. de Rochefort*, 1907, pp. 309-310.

envoyent collectivement cette réponse officielle. Le 13e jour de la 7e lune intercalaire de la 23e année de Tao Kouang (6 septembre 1843), Nous le susdit Commissaire et son collègue eûmes le plaisir d'une entrevue avec l'honorable Consul de 1re classe, qui nous présenta directement une lettre que nous avons ouverte, lue et parfaitement comprise.

La France est un État illustre et puissant de l'Océan occidental, qui a entretenu paisiblement et amicalement des rapports avec la Chine pendant plus de trois siècles sans la plus légère contestation et sans effusion de sang. Venu à Canton par ordre de l'Empereur, mon Maître, pour y déterminer un tarif et des réglemens de commerce applicables aux négociants de toutes les nations, et ces règlements ayant été arrêtés et convenus, et le tarif fait et complété, de manière à abolir toute contribution illégale et toute exaction, Moi, le Haut Commissaire Impérial, ai soumis respectueusement ces deux actes à l'approbation de S. M., dont la réponse reçue par l'intermédiaire du Ministre des Finances contient la gracieuse autorisation de mettre à exécution les dits tarifs et réglemens.

Dorénavant les négociants de toutes les nations jouiront surabondamment des bontés de l'Empereur de la Chine qui se complait à manifester sa bienveillance pour les étrangers et à leur ouvrir sa source inépuisable de profits. Or la France qui s'est maintenue si longtemps dans des relations d'amitié avec les Chinois et dont les négociants ont jusqu'à présent tenu une conduite paisible, conforme à la stricte équité, exempte de tout désordre, la France a des droits particuliers à être considérée avec une égale bienveillance, aucun autre pays ne sera certes plus particulièrement favorisé.

Moi, le susdit Haut Commissaire Impérial, et son Collègue avons en conséquence, sur la demande de l'honorable Consul de 1re classe, fait faire des copies du nouveau tarif et des nouveaux réglemens relatifs aux relations commerciales et y avons formellement apposé les sceaux de notre ministère. Nous les envoyons ci-joint officiellement à l'honorable Consul de 1re classe, l'invitant à les faire traduire dans la langue de l'Océan occidental et publier dans son pays afin que les négociants français puissent les connaître et s'y conformer. Par suite de l'ouverture, dans l'intérêt des transactions commerciales, des cinq ports de Canton, Fou-Tcheou, Amoy,

Ning-Po et Chang-Haï, les droits impériaux spécifiés dans le tarif, ainsi que les droits de navigation suivant le tonnage, seront les seuls exigibles, toutes les autres perceptions et contributions étant désormais abolies ; les autres dispositions des réglemens sont le résultat des bons sentiments de notre Grand Empereur à l'égard des négociants étrangers, S. M. désirant les dégager de leurs entraves et leur ouvrir une source plus large de bénéfices. Sa bienveillance en cette occasion est allée pour ainsi dire au delà des bornes ordinaires.

Les dispositions relatives à la contrebande, à la frustration frauduleuse du revenu, à la fixation du cours des monnaies, à la confiscation des marchandises, etc., concernant les lois des autres pays, les Agens des autres pays y ont donné leur consentement et l'honorable Consul de 1re classe doit pareillement obliger les négociants à leur obéir implicitement, afin d'éviter tout sujet de trouble et de discussion. Lorsque des navires marchands arriveront dans un des ports, ils ne pourront se placer et trafiquer que dans certains endroits limités qu'il ne leur sera pas loisible de dépasser. Ils ne pourront pas non plus revendre sur d'autres points de la Chine que les cinq ports précités. Ces derniers réglements sont maintenant en cours de fixation et lorsque le bon plaisir de l'Empereur sera connu, on en informera officiellement.

L'honorable Consul de 1re classe étant venu en mission à Canton et ayant apporté avec lui une lettre du Grand Ministre de son pays, qui annonce que l'honorable Consul a déployé des talents, de l'intelligence, de l'affabilité et de l'urbanité dans divers pays, Nous, le Haut Commissaire Impérial et son collègue, nous le traiterons avec la plus grande courtoisie et toute la politesse requise et le placerons sur un pied d'égalité parfaite avec les Consuls Anglais. Dorénavant, si quelqu'un se présentait dans cette ville en se qualifiant de Consul et désirait entrer en conférence avec nous, ainsi qu'il est advenu précédemment pour MM. de Jancigny et Challaye, Nous ledit Commissaire et son Collègue regarderons comme une inconvenance de leur accorder une entrevue. Nous exposons d'une manière claire cette résolution, dans l'espoir d'éviter toute difficulté à venir. Quant à la distinction à faire entre des Agents réels ou prétendus, ce qui pourrait peut-être porter atteinte à notre mutuelle et amicale bonne intelligence, ayant répondu officiellement à l'honorable Consul, nous le prions de prendre des mesures en conséquence.

Importante Communication Officielle faite à M. de Ratti-Menton, Consul de France, 23e année de Tao Kouang, 7e lune Intercalaire, 17e jour (10 sept. 1843)[1].

Pour copie conforme.

Le Chancelier du Consulat,
Sig. A. RIVOIRE.

Dans la lettre suivante M. de Ratti-Menton rend compte au Ministre des Affaires étrangères de ce qui venait de se passer à Canton :

Canton, le 8 septembre 1843.

Monsieur le Ministre,

J'ai eu l'honneur d'informer V. E., par ma dépêche No 8, que, sur le refus de M. Challaye de se rendre à Canton porter au Vice-Roi une lettre de moi, annonçant ma prochaine arrivée dans cette ville, j'avais envoyé pour le même objet M. Rivoire, chancelier du Consulat.

Une lettre de ce dernier, écrite de Canton avant que l'on y eût appris l'arrivée, sur la rade de Macao, de la corvette du Roi l'*Alcmène*, me faisait pressentir que des difficultés auxquelles m'avaient exposé jusqu'alors les prétentions de M. Dubois de Jancigny étaient loin d'être levées. La communication de ce renseignement décida le Commandant Fornier-Duplan à ne pas retarder davantage son projet primitif de remonter, avec sa corvette, à Whampoa : le mauvais temps m'ayant encore retenu vingt-quatre heures à Macao, je ne pus quitter cette ville que le 28 du mois dernier, au matin, à bord d'une petite goëlette, que je nolisai pour le voyage.

Je rejoignis l'*Alcmène* à Whampoa, dans la matinée du 29 ; m'étant rendu à bord, je proposai au Commandant de prendre passage sur ma goëlette, celle-ci devant me conduire jusqu'au mouillage des factoreries. Non seulement le Commandant

1. Publiée avec des variantes dans le *Bull. Soc. Géog. Rochefort*, 1907, pp. 311-312. — Cette correspondance traduite en anglais, dans le *Galignani*, a été reproduite dans *The Chinese Repository*, May 1844, pp. 270-3.

accepta cette proposition, mais voulant, en présence des obstacles qu'on m'avait jusqu'alors suscités, donner plus d'efficacité aux démarches qu'il allait faire dans l'intérêt du service, il fit placer deux pierriers de plus sur la goëlette, embarqua une quinzaine d'hommes de son équipage, et en donna le commandement à M. le lieutenant de vaisseau LEBREC.

Partis à midi de Whampoa, nous arrivâmes à la maison consulaire de France à Canton, vers quatre heures après-midi ; nous y trouvâmes les choses singulièrement changées depuis la lettre précitée de M. Rivoire. L'arrivée de la corvette à Macao, ma visite officielle à bord, le salut réglementaire dont j'avais été l'objet, mes continuelles relations avec le Commandant Fornier-Duplan et l'absence de tous rapports entre cet officier supérieur et M. Dubois de Jancigny formaient un ensemble de circonstances qui n'avaient pas échappé à l'investigation active du Mandarin de Macao, et dont cet employé avait minutieusement informé ses supérieurs de Canton. En effet, la réponse du Vice-Roi qui, avant les circonstances que je viens de noter, ne devait me parvenir que dans trois semaines au plus tôt, se trouvait au Consulat de France dès le 27.

V. E. verra, par la copie ci-jointe de la traduction de la lettre de ce haut fonctionnaire, que la question touchant ma reconnaissance comme Consul de France n'était plus subordonnée qu'à une seule formalité, celle sur laquelle se basait mon argumentation contre M. Dubois de Jancigny, et qui consistait dans la présentation de la lettre dont V. E. avait bien voulu me charger pour le Vice-Roi des Deux Kouang.

Le 31 au matin, j'adressai au Vice-Roi, par l'entremise du Kouang-tcheoufou (Préfet de Canton), une lettre demandant, pour moi et pour le Commandant Mr Fornier-Duplan, une audience où je manifestai le désir d'être présenté à S. A. le Commissaire Impérial.

En m'informant que ma lettre serait immédiatement remise au Vice-Roi, le Kouang-tcheou fou me fit annoncer pour le lendemain sa visite et celle d'un autre mandarin. Cette visite, qui pouvait avoir sans doute un but de politesse, nous parut spécialement destinée à entrer dans quelques éclaircissemens sur ce qui s'était passé précédemment. Nous ne nous étions pas trompés. Après les complimens d'usage, le Kouang-tcheou fou et l'autre mandarin me demandèrent successivement : 1° Quel était le motif qui me faisait demander une entrevue au Vice-Roi ; 2° Pourquoi, ayant pris une mesure à l'égard de M. Challaye, je n'avais pas sévi contre Mr Dubois de Jancigny ; et 3° Pourquoi le Commandant Cécille, à son premier départ, avait recommandé de faire à Mr Dubois de Jancigny les communications qui pourraient intéresser la France.

A la première question, je répondis que S. E. M. le Ministre des Affaires étrangères de France ayant daigné me confier une lettre pour S. E. le Vice-Roi des deux Kouang, je ne remettrais cette lettre que directement et sans intermédiaire, et qu'à cet effet une audience m'était indispensable.

Quant à ce qui concernait M. Challaye, j'expliquai comme quoi, ce dernier étant placé sous mes ordres, j'avais pu agir vis-à-vis de lui comme je l'avais fait, tandis que M. Dubois de Jancigny n'ayant, à ma connaissance, aucun caractère public, il n'y avait pas motif de l'en priver, même provisoirement ; que s'il était vrai que M. le Commandant Cécille eût fait à l'autorité supérieure la communication dont il s'agit, elle s'expliquait naturellement par le peu de confiance qu'inspirait à cet officier, au moment de son éloignement, la jeunesse et l'inexpérience de M. Challaye, et par la nécessité d'avoir quelqu'un qui fît parvenir au Gouvernement français les communications du Gouvernement chinois. J'aurais pu ajouter, dans cette conversation, que j'avais écrit précédemment au Vice-Roi pour lui rappeler que M. le Commandant Cécille, dans une lettre du 15 avril 1843, dont copie ci-jointe, avait prévenu ce haut dignitaire que j'étais nommé Consul du Roi en Chine, et que, s'il y avait des communications à faire, on attendît mon arrivée, moi seul étant appelé à servir d'intermédiaire pour leur transmission ; mais M. le Commandant Fornier-Duplan, pour qui la question était bien claire et qui ne voulait pas la laisser compliquer par les arguments du Kouang-tcheou fou, la trancha en disant à plusieurs reprises que la règle du Gouvernement français était, lorsqu'il envoyait des Agens à l'étranger pour y résider avec un caractère public, de les munir de lettres, soit de créance émanant du Roi, ou du Ministre des Affaires étrangères, soit de diplômes avec demande d'exequatur, que M. de Ratti-Menton se trouvant muni d'un de ces documens, il n'y avait pas lieu à objection, et qu'il persistait à demander l'audience.

La question posée en ces termes, il fut arrêté entre nous et le Kouang-tcheou fou, que celui-ci me ferait connaître le plus tôt possible les intentions du Vice-Roi.

Le 3 vers midi, un linguiste vint me prévenir verbalement de la part du Kouang-tcheou fou que le Haut Commissaire Impérial et S. E. le Vice-Roi recevraient le Commandant et moi le 6, à 9 heures du matin, dans la maison de campagne du hanniste Po Tin-koua. Je renvoyai le linguiste chez le Kouang-tcheou fou, pour le remercier de son aimable intention, mais pour lui dire, en même temps, que son avis verbal ne me suffisait pas, et que je désirais qu'il me fût donné par écrit ; il revint une heure après m'apportant un billet de ce fonctionnaire qui me donnait toutes les indications nécessaires.

Malgré tous ces préliminaires, l'impression que de sourdes manœuvres étaient parvenues à produire sur l'esprit des mandarins était telle que la présence d'un bâtiment du Roi suffisait à peine à ébranler les convictions des autorités chinoises.

Quand nous supposions tout bien entendu, un nouvel incident vint nous prouver que tout n'était pas encore fini. Le 4 au soir, le linguiste, chargé jusqu'alors de l'échange de la correspondance avec l'autorité locale, vint nous informer, M. Fornier-Duplan et moi, de la part du Kouang-tcheou fou, que le Vice-Roi, à cause de son grand âge et de ses infirmités, ne pourrait peut-être pas nous recevoir, comme il l'avait promis, mais qu'il nous enverrait au Consulat un Mandarin de haut grade accompagné d'un délégué du Commissaire Impérial, et que je pourrais faire à ces deux autorités les communications destinées au Vice-Roi. Je chargeai le linguiste de retourner immédiatement chez le Kouang tcheou fou et de lui notifier que nous recevrions avec plaisir les deux agens dont il était question, mais que nous ne leur ferions aucune communication et surtout que je ne leur remettrais point la lettre dont j'étais porteur pour le Vice-Roi ; qu'au point en était l'affaire, tout le monde sachant à Canton qu'une audience m'avait été officiellement promise, ainsi qu'au Commandant, je regarderais ce procédé comme blessant pour moi, et qu'on aurait à en répondre au Gouvernement français.

Le linguiste vint le lendemain de très bonne heure m'avertir que tout était arrangé, que les deux délégués des deux Hautes Autorités viendraient nous visiter dans l'après-midi, et que le lendemain aurait lieu l'audience de réception.

Nous eûmes effectivement la visite des deux personnages annoncés et, suivant notre attente, ils voulurent entrer à leur tour dans l'examen des faits relatifs à M. Dubois de Jancigny; mais sur l'observation du Commandant Fornier-Duplan, que la lettre dont j'étais porteur donnerait à S. E. le Vice-Roi un éclaircissement complet à ce sujet, les mandarins n'insistèrent plus.

C'est ainsi, M. le Ministre, que, par une persistance constamment renfermée dans les bornes des convenances sociales et des égards dus à d'aussi éminentes autorités, nous sommes parvenus à vaincre les difficultés qui, malheureusement, ne venaient point de ces autorités, mais de ceux-là même qui auraient dû éviter la honte de les soulever et faire tout leur possible pour les aplanir si elles s'étaient présentées spontanément.

Le 6 au matin, les deux embarcations principales de l'*Alcmène* montées par leurs équipages en grande tenue, et portant le Commandant et moi, M. Rivoire, huit officiers de la corvette, ainsi que plusieurs personnes qui avaient demandé à faire partie du cortège, se détachèrent du rivage, se dirigeant vers la charmante propriété de Po Tin-koua.

En remontant la rivière, dont les différents forts riverains avaient arboré le drapeau chinois (le Vice-Roi et le Commissaire Impérial devant suivre le même parcours), nous eûmes à passer au milieu de nombreuses barques chinoises, dont la population voyait avec surprise, pour la première fois, une aussi grande réunion d'uniformes français.

Après une heure de trajet, nous arrivâmes à notre destination. Le luxe et l'élégance locale répondirent parfaitement à l'idée qu'on nous avait donnée de la maison de campagne de Po Tin-koua, cette maison passant, au dire des Chinois, pour une des plus belles de la Chine. Les gens de service s'empressèrent, dès notre arrivée, de se mettre à notre disposition et nous apporter les rafraîchissements d'usage. Informés par eux que l'audience aurait lieu dans une des grandes salles du rez-de-chaussée, nous demandâmes à occuper les appartemens de l'étage supérieur.

Vers onze heures, le mandarin Yang Quang-tong, juge à Canton, et Ham-Len, délégué de S. A. le Commissaire Impérial, vinrent s'entretenir avec nous : peu d'instants après ils furent suivis du Kouang-tcheou fou, et du Sous-Préfet de Casa-Branca ; la conversation roula sur des généralités. Toutefois nous crûmes à propos de régler amicalement, dans cette occasion, une sorte de cérémonial ; nous témoignâmes en conséquence le désir qu'aussitôt que les deux hauts dignitaires seraient prêts à nous recevoir, un mandarin vînt nous en donner avis ; cette demande fut accueillie de la meilleure grâce possible, et comme si elle avait été dans les habitudes chinoises ; on nous fit seulement observer qu'en raison de sa mauvaise santé, S. E. le Vice-Roi pourrait tarder un peu à arriver.

Il était midi lorsque j'entendis le bruit des gongs dont les coups onze fois répétés annoncèrent l'approche des deux grands dignitaires. Après avoir pris leur temps pour s'installer, ils envoyèrent un mandarin à bouton de cristal bleu nous informer qu'ils nous recevraient avec plaisir. Nous nous mîmes en marche dans un ordre régulier et, précédés du même mandarin, nous descendîmes dans la grande salle du rez-de-chaussée. Là se trouvaient S. A. le Haut Commissaire Impérial, décoré de sa ceinture jaune, signe distinctif de sa parenté avec la famille impériale, S. E. le Vice-Roi, le Kouang-tcheou fou et plusieurs mandarins à boutons bleus et blancs. En nous voyant entrer, S. A. Impériale, ainsi que le Vice-Roi voulurent bien se lever, et venir à nous ; je présentai, en ce moment, le beau sachet en étoffe de soie brochée qu'on m'avait remis au Ministère et dans lequel se trouvaient renfermées la lettre de V. E. au Vice-Roi, ainsi que la traduction que j'avais faite de cette lettre. Après l'avoir retirée du sachet, le Vice-Roi remit la lettre à S. A. le Haut Commissaire Impérial, qui prit lecture de la traduction et la restitua ensuite à son destinataire.

Placé à la gauche de S. A. le Haut Commissaire Impérial et séparé de lui seulement par une petite table, j'avais près de moi M. le Commandant Fornier-Duplan. De nombreuses questions nous furent adressées, au Commandant et à moi, sur le Roi et la famille royale, sur les relations actuelles de la France avec les autres Puissances de l'Europe. On essaya aussi, en me le faisant répéter plusieurs fois, à prononcer le nom de V. E. qui ne peut se rendre exactement en langue chinoise, à cause de la prononciation du G. et du Z. qui ne se trouvent pas dans cette langue.

J'expliquai au Haut Commissaire Impérial que, si V. E. avait prévu sa présence à Canton pour l'époque de mon arrivée, elle n'aurait pas manqué de lui écrire ainsi qu'elle l'avait fait pour le Vice-Roi. Je crus entrevoir qu'une lettre lui aurait d'autant plus fait plaisir qu'il apprit de moi, avec satisfaction, que V. E. s'est fait un grand nom dans les lettres.

La conversation ayant été ramenée sur la France, je présentai à S. E. le Haut Commissaire la lettre dont copie ci-jointe Le contenu en avait été concerté entre le Commandant et moi. Nous avions pensé et j'espère, M. le Ministre, que cette réserve sera approuvée par V. E., qu'au moment de commencer les relations avec la Chine, il importait de faire preuve de modération, et de ne pas élever des prétentions qui, si elles n'étaient pas exagérées, avaient l'inconvénient immanquable de nous faire essuyer le déboire d'un refus. En obtenant une position analogue à celle de l'Anlgeterre, nous obtenons tout ce qu'il nous était permis d'espérer pour le moment, et sans que cette position ait le désavantage d'avoir été acquise en heurtant l'amour-propre des Chinois. Aussitôt que le Haut Commissaire Impérial eut pris connaissance de ma lettre, il me dit que, puisque le Gouvernement chinois en avait agi avec l'Angleterre, malgré les anciens et récents démêlés des Chinois et des Anglais, d'une manière aussi généreuse, le Gouvernement Impérial ne croyait pas devoir se montrer moins amical à l'égard de la France ; car, ajouta-t-il, indépendamment de ce que l'Empereur a voulu que tous les Européens fussent traités sur le même pied, la France a par devers elle la longue amitié qu'elle avait entretenue avec la Chine. Je réitérai alors verbalement la demande contenue dans ma lettre, qu'un document authentique me fût délivré, au sujet des nouveaux réglemens, et j'ajoutai que je serais bien aise d'avoir, de S. E. le Vice-Roi, un accusé de réception de la lettre de V. E. — Ces deux demandes furent accueillies.

Les deux questions qui nous avaient conduits à Canton, celle de ma réception et celle relative à la participation du commerce français aux avantages concédés aux Anglais, se trouvaient ainsi réglées ; les autorités se découvrirent, et nous engagèrent amicalement à en faire autant (le cérémonial, en Chine, étant de demeurer tête couverte, lorsqu'on traite d'affaires). Dans ce moment, on servit sur différentes petites tables une foule de mets sucrés, dont S. A. le Haut Commissaire Impérial prit successivement quelques-uns, pour nous les offrir de ses propres mains.

Avant de nous séparer, M. le Commandant Fornier-Duplan renouvela au Commissaire Impérial une demande qui avait été faite, par M. le Commandant Cécille, à S. E. le Vice-Roi des Deux Kouang, touchant la mise en liberté d'un Chrétien chinois, qui fut arrêté il y a deux ou trois ans et auquel on a appliqué sur la figure des marques avec un fer rouge, pour avoir été au service d'un missionnaire qu'on avait surpris dans l'intérieur de la Chine. Le Haut Commissaire Impérial a promis d'en écrire au Ministre de la Justice à Pé-king, et de lui recommander fortement cette affaire

La séance dont je viens de rendre compte à V. E. ayant duré plus d'une heure, nous demandâmes à S. A. la permission de nous retirer, et, à ma grande surprise et malgré mes instances, S. A. le Haut Commissaire Impérial voulut nous accompagner avec son nombreux cortège jusqu'au péristyle du palais. Nous nous hâtâmes de regagner nos embarcations et retournâmes à Canton, vers quatre heures de l'après-midi.

La cérémonie dont je viens de rendre compte à V. E., et à laquelle les Autorités ont paru vouloir donner un éclat aussi marqué qu'était nouvelle la circonstance qui la faisait naître, prouve qu'une grande modification s'est opérée, à la suite des derniers événements, dans les idées des hommes publics de ce pays, et fait espérer que les rapports avec l'Europe ne s'arrêteront pas à ces seules améliorations. Jusqu'à la paix de Nan-King, les Consuls ne jouissaient ici d'aucun caractère politique, ils étaient seulement considérés comme les médiateurs de leurs nationaux, et encore faut-il remarquer, que cette médiation n'arrivait qu'aux hannistes (hong merchants). Depuis les derniers réglemens, un Consul anglais a été installé à Canton, mais son installation s'est faite sans apparat, et par un seul avis officiel du Plénipotentiaire britannique. Muni d'une lettre officielle de V. E., j'ai pensé, d'accord avec M. le Commandant Fornier-Duplan, qu'il convenait, tant pour la lettre elle-même que pour son objet, que dans la prévision de l'envoi ultérieur d'un agent du Roi à Pe-king, de prédisposer les sommités chinoises à un cérémonial précédemment inusité. Par la même occasion, et tant que l'usage des exequatur n'aura pas été réglé par un traité, il a été compris par les autorités que les Consuls du Roi, envoyés en Chine, se présenteraient, à leur arrivée, avec une lettre du Ministre Secrétaire d'État des Affaires étrangères pour l'autorité de leur résidence.

Ce rapport serait incomplet, M. le Ministre, si j'omettais d'y relater les honorables souvenirs que le Vice-Roi de Canton a conservés du Commandant Cécille, dont le nom revenait fréquemment dans la conversation, et pour lequel ce haut fonctionnaire manifeste la plus profonde estime. C'est cette même maison de Po Tin quoua qui avait servi, à l'époque de la guerre, aux conférences du Commandant de l'*Erigone* avec les hauts dignitaires de l'Empire.

Je suis, etc.

(Sig.) : Cte de RATTI-MENTON.

ALTESSE[1],

Dès que le Gouvernement de S. M. l'Empereur des Français a été informé de l'heureux rétablissement de la paix, sa première pensée a été de nommer à Canton un Consul en titre. Il a cru que cette mesure pourrait contribuer à donner plus d'extension aux relations déjà si anciennes entre les empires de Chine et de France et tout porte à espérer que cette pensée se réalisera. Toutefois, dans l'état actuel des choses et malgré la bonne harmonie qui s'est perpétuée entre les deux Empires, pendant plus de deux siècles, S. M. l'Empereur des français, mon Auguste Maître, ne désire pour ses sujets que la participation aux mêmes privilèges dont jouissent les autres nations dans le Céleste Empire. J'ai l'honneur de prier en conséquence V. A. d'avoir la bonté de me remettre un document muni du grand sceau, semblable en tous points à celui qu'ont obtenu les Anglais et les Américains pour ce qui concerne leurs rapports à venir avec ces contrées. Ce document sera envoyé par moi au Gouvernement de S. M. l'Empereur des Français, qui

1. Copie d'une lettre de M. de Ratti Menton à S. A. le Haut Commissaire Impérial.

y verra un juste retour de la sympathie que la France a toujours ressentie pour la Chine.

J'ai l'honneur, etc.

(Sig.) Cte de RATTI-MENTON.

*
* *

Le Ministre des Affaires étrangères répondait en ces termes le 24 octobre 1843 à la correspondance que lui avait adressée JANCIGNY :

Monsieur,

J'ai reçu les dépêches que vous m'avez fait l'honneur de m'écrire jusqu'au 31 juillet dernier et dans lesquelles vous m'entretenez de vos négociations avec les autorités supérieures de Canton, ainsi que du regrettable incident qui a marqué l'arrivée de M. le comte de Ratti-Menton en Chine.

J'ai vivement déploré la nature de la correspondance qui a eu lieu entre cet agent et vous, et surtout la publicité qu'elle a reçue dans un journal de Macao, quoique j'aime d'ailleurs à reconnaître que ce n'est pas vous qui avez pris l'initiative d'un éclat non moins compromettant pour la dignité de la France et pour la position de ses agens, que pour le besoin du service en général. M. de Ratti-Menton, par une conduite aussi inconsidérée dans un poste qui réclame tant de prudence et de tenue, a justement encouru le blâme du gouvernement du Roi et s'est mis dans l'impossibilité de remplir sa mission avec convenance et profit pour les intérêts dont le soin lui était confié. Le Roi met fin à cette mission en le rappelant en France et en nommant à sa place M. LEFEBVRE DE BÉCOUR, chargé par intérim des fonctions de Consul général à Manille.

Tout en appréciant, Monsieur, les intentions fort louables, je n'en doute pas, qui vous ont dirigé dans la négociation d'un traité de commerce avec la Chine, je regrette cependant d'avoir à dire qu'elle dépassait le but et les limites de votre mission, tels qu'ils sont définis dans les instructions que je vous ai remises à votre départ. Vous avez été envoyé en Chine non comme agent politique, ou négociateur accrédité, mais comme chargé d'observer l'état des choses particulièrement au point de vue de la guerre alors existante entre cet Empire et l'Angleterre, de recueillir des faits et des informations tant sur les conséquences réelles ou probables de cette lutte remarquable par sa nouveauté même, que sur ce qui serait de nature à intéresser le commerce français et ses moyens de développement en Chine. Mais vous n'aviez ni qualité, ni pouvoirs pour conclure de traités, et vous ne vous êtes sûrement pas dissimulé que votre position n'eût pu qu'être fort embarrassante, si, au moment de la signature, les Plénipotentiaires chinois vous eussent demandé communication de vos pleins pouvoirs. Au surplus, Monsieur, vous avez probablement reçu, à l'heure qu'il est, ma dépêche du 16 décembre dernier. Je vous invitais à considérer votre Mission en Chine comme terminée et à vous rendre dans les colonies néerlandaises de l'Inde, conformément à la seconde partie de vos instructions, après m'avoir transmis un rapport d'ensemble sur la situation que vous venez d'observer. Je vous renouvelle très formellement cette invitation, et si la présente dépêche vous trouvait encore en Chine, vous devriez partir sans retard pour Java.

*
* *

Cependant le Commandant Cécille qui avait transféré son pavillon sur la *Cléopâtre* était revenu à Macao contre ses prévisions et il échangeait la correspondance suivante avec le Vice-Roi des deux Kouang :

COPIE D'UNE LETTRE DU COM[t] CÉCILLE AU MINISTRE

Macao, à bord de la *Cléopâtre*, 5 février 1844.

Le capitaine de vaisseau commandant la frégate *La Cléopâtre* et une division navale dans les mers de Chine.

A l'Illustre KI-KOUNG, Précepteur du fils aîné de l'Empereur, Inspecteur général des troupes, Vice-Roi des deux Kouang.

Excellence, le 15e jour de la 3e lune de la 23e année de Tao Kouang, j'eus l'honneur d'écrire à l'illustre et vénérable Vice-Roi des deux Kouang, pour lui exprimer le regret que j'éprouvai de ne pouvoir le saluer avant mon départ et lui annoncer l'arrivée prochaine du Consul de France. Je ne m'attendais pas à revoir les côtes du Céleste Empire, car je savais alors qu'à mon arrivée à Luçon, je trouverais un commandant nommé pour me remplacer, et qu'il me serait permis de retourner dans ma patrie après une bien longue absence. Le Roi des Français en a décidé autrement. S. M., satisfaite de mes services et informée des bons rapports qui ont existé entre les autorités de la Chine et le Commandant français et particulièrement de la bienveillance dont V. E. a bien voulu m'honorer en diverses circonstances, a ordonné que je continuerais mon commandement dans ces mers et a eu l'extrême bonté d'en augmenter l'importance en mettant cinq bâtiments de guerre à ma disposition. Je suis heureux de cette circonstance qui me fixe encore quelque temps auprès d'un peuple que j'ai appris à estimer et à aimer, et je m'empresse d'en donner avis à V. E. afin qu'elle n'attribue pas à d'autres motifs qu'à celui d'une bienveillance réelle du Roi des Français envers les habitants du Céleste Empire, une augmentation de forces dans ces parages. V. E. n'ignore pas que les dispositions de la France ont été de tout temps et sincèrement favorables pour l'Empire Céleste. Son intention formelle est d'entretenir cette bonne harmonie, et V. E. comprendra de quel intérêt il serait pour la Chine, entraînée par la force des circonstances dans la sphère de la civilisation occidentale, d'établir des rapports réguliers avec la France, placée à la tête de cette civilisation. Il n'échappera pas à V. E. que l'amitié d'une grande nation comme la France qui peut à elle seule mettre un million de soldats sous les armes a un caractère particulier de désintéressement et de grandeur et qu'elle n'est pas basée sur le même principe que celle des autres peuples qui ne voyent dans la Chine qu'un vaste marché ouvert à leurs produits où leurs marchands peuvent gagner beaucoup d'argent.

Aujourd'hui, la Chine ne peut plus espérer rester dans l'isolement où elle a vécu jusqu'à ce jour. Les derniers malheurs qui ont pesé sur elle ont dû prouver à l'Empereur combien ce système est fatal et combien eût été avantageuse alors pour S. M. une alliance avec un grand Roi qui aurait pu la tirer d'embarras. — Cet exemple ne doit pas être perdu.

Une nation sans alliance est comme un homme sans amis. Il ne sait plus à qui s'adresser quand le malheur l'accable.

L'éloignement où est la Chine des puissances de l'Europe n'est plus une garantie de sécurité. La navigation perfectionnée à un haut degré a raccourci les distances et la facilité de transporter par mer des forces nombreuses sur les points les plus éloignés du globe, doit faire réfléchir tout homme sage et fixer sa plus sérieuse attention. Je ne voudrais en aucune manière blesser la susceptibilité de V. E., une pareille intention est aussi loin de ma pensée que le soleil l'est de la terre, mais je dois lui dire avec toute la franchise d'un homme qui, par état, sait juger des choses de la guerre, que l'Empire chinois, dont la civilisation remonte à une époque des plus reculées, qui possède un gouvernement admirable de sagesse, qui compte dans son sein des hommes éminemment savans et illustres, est resté en arrière des peuples de l'Europe sous le rapport des arts de la guerre. Que V. E. se rappelle ce que j'ai dit dans une séance mémorable. J'annonçais aux grandes autorités de l'Empire qui m'avaient fait l'honneur de m'inviter à une entrevue, que, dans mon opinion, la Chine n'était pas en état de soutenir la lutte malheureuse engagée contre les Anglais, parce que j'avais apprécié la force des moyens d'attaque et la faiblesse de ceux de la défense, parce que je savais que la victoire n'appartient pas aux armées plus nombreuses, mais bien à celles dont la tactique est la plus savante et qui possèdent les armes les plus puissantes. J'engageais les hauts dignitaires à faire connaître la vérité à leur Sublime Empereur et à le porter à faire la paix le plus tôt possible afin de n'avoir pas à souscrire à des exigences qui seraient d'autant plus grandes que l'on retarderait davantage. L'événement a montré si je me suis trompé.

L'expérience du passé indique assez ce qu'il y a à faire pour l'avenir ; que V. E. y réfléchisse et elle me comprendra.

Le premier besoin d'un peuple, c'est l'indépendance, c'est d'être maître chez lui. Pour cela, il faut être fort ; il ne s'agit pas d'avoir une multitude d'hommes, il faut une bonne armée et une bonne marine. La Chine pourra-t-elle les créer ? Je réponds affirmativement non, si elle ne se décide pas à envoyer des hommes intelligents étudier l'organisation de l'une et de l'autre chez les peuples les plus avancés dans l'art de la guerre. Elle dépensera des sommes énormes à construire des forteresses et des vaisseaux qui seront réduits en poussière en moins de temps qu'il ne m'en faut pour écrire cette lettre.

Un des points capitaux les plus essentiels pour l'Empereur, est de bien connaître les nations étrangères, leur puissance militaire, leur prépondérance et leurs intérêts réciproques. Or ce n'est pas par les marchands que l'appât du gain attire dans vos ports, que vous pourrez juger de tout cela. Vous ne voyez en général que des hommes avides, ou des aventuriers, qui ne peuvent vous donner qu'une pauvre opinion des nations auxquelles ils appartiennent. Le seul moyen que vous ayez de vous éclairer serait d'envoyer en Europe des personnes instruites, capables d'observer avec discernement et de bien juger les hommes et les choses. Ils rapporteraient au souverain de la Chine des notions justes qui lui feraient connaître des vérités utiles.

Si un grand Mandarin se présentait en France, j'ai la persuasion, basée sur la connaissance des dispositions du Roi à l'égard de l'Empereur, qu'il serait accueilli avec tous les égards, la considération et les honneurs dus à une personne investie de la confiance d'un grand souverain. Il aurait un accès facile auprès du Roi, et on lui donnerait tous les moyens de recueillir les renseignements qu'il pourrait désirer sur l'organisation militaire de la France, sa Marine, son administration, son industrie. Il verrait l'armée, les arsenaux, les grandes manufactures d'armes, de canons, en un mot, tout ce qu'il serait intéressant pour lui de connaître.

Si la difficulté du voyage paraissait un obstacle, j'offre à V. E. de mettre à sa disposition un des bâtiments dont j'ai le commandement. Il serait à ses ordres pour conduire en France et ramener en Chine la personne qui serait désignée. Si les lois de l'Empire, si des usages établis depuis des siècles s'opposaient à ce que l'Empereur donnât un titre officiel à son envoyé, il pourrait se présenter avec le simple titre de voyageur, et si c'était une personne de distinction, elle n'en serait pas moins bien accueillie et le but de l'Empereur serait également rempli.

Que V. E. y réfléchisse, qu'elle examine mûrement les avis

que je lui donne ; ils sont d'un homme ami des Chinois et qui ne dit que la vérité.

Je termine cette longue lettre dans la crainte de fatiguer V. E. J'ajouterai néanmoins que si, pendant mon séjour en Chine, je puis être, en quoi que ce soit, utile à l'illustre et vénérable Ki-Koung, soit personnellement, soit avec la division navale dont je dispose, il doit être assuré que je le ferai avec grand plaisir. Je n'ai pas oublié la bienveillance de V. E. pour le Commandant français et je serais heureux de pouvoir lui prouver la haute estime et la profonde vénération que je professe pour Elle.

Que V. E. veuille bien agréer mes vœux les plus sincères, pour son bonheur personnel et celui de son illustre famille.

Réponse du Vice-Roi

Traduction

Ki, Tsoung-tou des deux Kouang, second Précepteur du fils aîné de l'Empereur, et Inspecteur des Troupes, répond à l'Illustre Commandant Cécille.

L'automne passé j'ai reçu la lettre que vous m'avez écrite, dans laquelle j'ai vu tout l'intérêt que vous me portez. Le Commandant étant parti pour Manille, je n'ai pu lui répondre, ce qui m'a beaucoup contrarié. L'an passé, j'ai vu Mr. le Consul Lati Moung-toung (Ratti-Menton). Je lui ai demandé des nouvelles du Commandant et je fus très satisfait d'apprendre qu'il se portait bien.

La lettre que je viens de recevoir de vous, m'apprend que vous avez été élevé à un grade supérieur, que vous avez plusieurs bâtiments sous vos ordres et que vous resterez longtemps en Chine. Elle dit de plus avec quel soin l'on doit cultiver l'union et la paix. Y a-t-il des choses qui puissent nous réjouir davantage ? Vous ajoutez que l'essence d'un gouvernement consiste dans la liberté et le pouvoir et non dans la multitude des soldats ; dans les moyens de défense et d'attaque, dans les armes, dans la tactique militaire, dans l'art de construire des navires et de fondre des canons. En vérité ces paroles sont aussi précieuses que l'or et les perles. Qui voudrait tenir ces discours, s'il n'avait une vraie et cordiale amitié ? On peut bien, pendant cent ans, ne pas avoir besoin de soldats, mais un seul jour ne doit point passer qu'on ne les exerce. Quant à moi, depuis deux ans j'ai donné ordre aux Mandarins soit lettrés, soit militaires, d'avoir soin de s'exercer ; j'ai ordonné de construire des bâtiments à la manière européenne, d'élever des forteresses, de fondre des canons et de les disposer sur leurs affûts ; de plus, d'exercer les soldats et de recruter les troupes d'hommes honnêtes et vaillants ; mon désir, en faisant ces préparatifs, est d'être en mesure si quelque calamité soudaine venait à fondre sur nous ; et, quoique ce ne soit pas aussi bien que pourrait désirer le Commandant, cependant c'est un commencement d'amélioration. Les Chinois ont été jusqu'ici un peuple juste et paisible. Ses lois, son gouvernement n'ont eu d'autre but que d'entretenir la sincérité et la bonne foi dans les rapports sociaux, que de porter les nations à se défendre dans les limites de son propre territoire et d'unir le cœur du peuple. Dans le royaume est-il un malfaiteur ? On n'a d'autre soin que de le prendre et de l'exterminer. La Chine n'a jamais combattu avec les étrangers pour étendre les limites de son empire. Les consuls et les négociants de votre illustre royaume qui depuis longtemps résident à Macao, savent cela parfaitement bien. Que désormais les négociants des diverses nations agissent de bonne foi et dans les formes requises, et la Chine les traitera tous avec bonté et ne cherchera pas élever des disputes ; mais s'ils continuent d'être d'une insatiable avarice, si leur bonne foi est mobile, alors certainement je convoquerai mes mandarins et mes soldats, et pour la défensive et l'offensive. Alors si l'illustre Commandant veut bien se souvenir de son amitié envers nous, je lui prierai de me prêter main forte[1] ; ainsi, à l'aide des robustes soldats étrangers, nous renverserons et exterminerons cette race perverse. Voilà mon sincère désir.

Quant à ce que vous me dites de proposer à l'Empereur d'envoyer un Ambassadeur en France pour y étudier l'art de la guerre ou bien d'y envoyer quelqu'un qui ne soit point revêtu d'un caractère officiel pour examiner les mœurs euro-

1. Mot à mot : de m'aider de la force d'un bras.

péennes et visiter les arsenaux, cette proposition me semble excellente ; mais les mandarins chinois ne sont point accoutumés aux flots de la mer, et s'ils entreprenaient une navigation à travers un espace de 7.000 l., il est à craindre qu'ils n'arrivassent pas (qu'ils ne mourussent avant d'arriver). Les négociants chinois ont en général un esprit borné et lors même qu'ils iraient dans votre noble patrie, ils n'en retireraient pas grande utilité. La France, sous la dynastie des *Ming*, avait déjà des relations d'amitié avec les Chinois. A cette époque, les Anglais et les autres nations n'étaient point encore venus à Canton faire le commerce et déjà les Français étaient mentionnés avec honneur dans nos annales. De temps immémorial on ne sache pas que la Chine ait envoyé un ambassadeur en France et quoique, sous la dynastie des Ming, Tchingsi-ho (?) [Tcheng Ho] ait voyagé souvent dans les contrées occidentales il n'a cependant jamais pu parvenir jusqu'en France.

Si les Chinois n'envoyent pas un ambassadeur, y a-t-il d'autre raison que la vaste immensité des flots qui nous sépare ? Car nous autres Chinois en voyant cela nous reculons, nous ne sommes pas comme les hommes de votre illustre royaume qui ne craignent pas d'entreprendre des voyages de long cours. En un mot votre nation est fameuse entre toutes les nations européennes. La première, elle est venue en Chine, et son amitié avec les Chinois n'a jamais été interrompue. Les mandarins et le peuple ont eu toujours envers la nation Française une affection toute spéciale. On ne doit pas comparer ce peuple avec les autres pays qui ne viennent que pour faire le commerce. Nos relations d'amitié sont fondées sur la bonne foi et les vrais sentiments du cœur ; elles ne consistent pas seulement en vaines phrases, elles ne dépendent pas non plus de l'envoi, ou non, d'un ambassadeur.

Pour moi, accablé de fatigues et d'infirmités, je ne puis plus supporter le fardeau de ma charge. C'est pourquoi dans la 12e lune j'ai demandé ma démission à l'Empereur. J'ai déjà livré les sceaux au premier Préfet de Canton pour qu'il me remplace en attendant. Dorénavant je ne m'occuperai plus d'affaires publiques. J'ai fait un effort pour répondre au Commandant qui m'a témoigné tant de bienveillance. Je porterai toujours son souvenir comme le guerrier porte son épée au côté. Que mon Esprit arrive jusqu'en la présence du Commandant.

J'ai l'honneur de vous saluer. Je souhaite en même temps toutes sortes de félicités à vos bâtiments :

23e année de Tao Kouang, 28e jour du 12e mois.

*
* *

On avait en effet désigné pour remplacer à Canton le Comte de Ratti-Menton, M. Charles LEFEBVRE de BÉCOUR[1], consul de France de 1re classe à Manille, gérant le Consulat général (18 mars 1843). Le commandant Fornier-Duplan, de l'*Alcmène*, écrit dans son Journal : « A Manille, dans les premiers jours de mars 1844, M. Le Fèvre de Bécourt m'apprit que M. de R.-M. était rappelé en France et que lui-même recevait l'ordre de se rendre en Chine pour le remplacer provisoirement. Cet ordre, assez étrange, défendait à M. de Bécour de faire autre chose que les actes indispensables dans sa nouvelle charge. Ainsi, ce consul de 1re classe, envoyé à Manille pour y gérer le consulat général d'Indo-Chine, allait à Macao remplacer provisoirement un autre consul de 1re classe, sous la condition qu'il ne ferait rien... Un semblable ordre eût rendu malades bien des gens qui eussent envoyé là leur élève consul. M. Le Fèvre avait entendu dire qu'il était question de placer le consulat général d'Indo-Chine à Canton; il crut le tenir et

1. *Charles* LEFEBVRE de BÉCOUR, né à Abbeville, le 25 sept. 1811 ; surnuméraire aux Archives des Affaires étrangères, 21 fév. 1834 ; à la division politique, 23 sept. 1834 ; attaché au cabinet de Molé, 1836 ; rédacteur à la division politique, 1842 ; consul de 1re classe à Manille ; gérant le consulat général, 18 mars 1843 ; consul général, 18 déc. 1846 ; rappelé le 14 avril 1848 ; à Calcutta, 3 mars 1849 ; sous-directeur à la division politique 16 janv. 1852 ; ministre plénipotentiaire près la République argentine, 2 fév. 1856 ; admis à la retraite, 7 nov. 1866 ; Commandeur de la Légion d'honneur, 11 août 1862. Collaborateur de la *Revue des Deux Mondes*, du *Journal des Débats*, L. de B. a publié divers travaux d'histoire contemporaine.

partit avec moi[1]. » M. de Bécour quitta Manille le 10 mars 1844 sur la corvette l'*Alcmène* et arriva le 16 à Macao où il était aussitôt descendu à terre; il descendit chez M. de Ratti-Menton qui l'attendait, déclinant l'hospitalité que lui offrait Jancigny. « En acceptant l'offre de M. Dubois de Jancigny, écrit-il le 27 mars, je me serais interdit toutes relations avec les officiers supérieurs de la Marine royale et le seul négociant français qui se trouve à Macao. » M. de Ratti-Menton partit le 20 mai suivant pour Calcutta, où il fut nommé Consul le 1er octobre 1846.

Le 15 avril 1844, M. de Bécour écrivait au Ministère :

> Sans accorder trop peu aux destinées de notre glorieuse Patrie, la France a tout à créer ici, intérêts, commerce, agens et éléments d'action, base d'opérations politiques et militaires, tout excepté la grandeur de son nom et la haine qu'on porte à ses rivaux.

Depuis le début de la guerre de l'Angleterre avec la Chine et surtout depuis la signature du traité de Nan King par les Anglais (29 août 1842), un mouvement en faveur d'une reprise active des relations de la France avec la Chine avait eu pour résultat la remise de programmes d'une mission en Chine à M. Thiers, ministre des Affaires étrangères, Président du Conseil des Ministres. On se décida, pour obtenir des avantages semblables à ceux des Anglais, à envoyer en Chine une ambassade spéciale. Le titre d'envoyé extraordinaire et ministre plénipotentiaire fut donné à M. Théodose de Lagrené qui signa un traité le 24 octobre 1844 à l'embouchure de la rivière

1. *Bull. Soc. Géog Rochefort*, 1908, p. 19.

de Canton, à Whampoa, à bord de la corvette française l'*Archimède*[1].

La mission française était arrivée à Macao le 13 août 1844, et le Consul, M. de Bécour, ne manque pas d'en aviser son Département par la lettre suivante :

Macao, 18 août 1844.

Monsieur le Ministre,

J'ai l'honneur de vous annoncer que la Légation du Roi en Chine est arrivée le mardi 13 sur la rade de Macao.

Monsieur et Madame de LAGRENÉ, et toutes les personnes attachées à la mission, sont descendus à terre le 15 à midi et demi, accompagnés de M. l'amiral CÉCILLE[2], des Commandants de la *Syrène* et de la *Victorieuse*, et de plusieurs officiers, au milieu d'un grand concours de peuple. Quand l'embarcation qui portait M. de Lagrené a passé à une certaine distance du fort principal, le Ministre a été salué de dix-sept coups de canon, et il a trouvé près du débarcadère un détachement de troupes sous les armes. Je m'y étais rendu en uniforme, et ai reçu M. de Lagrené à son premier pas sur la terre de Chine. J'étais allé la veille lui présenter mes hommages à bord de la *Syrène*.

M. de LAGRENÉ[3] écrivait lui-même de Macao, le 17 août 1844, à M. Guizot, Ministre des Affaires étrangères :

Malgré l'époque avancée de la saison et les craintes qu'on paraissait éprouver à Manille en nous voyant partir au mois

1. H. Cordier, *Hist. gén. de Lavisse et Rambaud*, X, pp. 981-2.

2. Venait d'être promu au rang de contre amiral.

3. *Théodose Marie Melchior Joseph* de LAGRENÉ, né en Picardie le 14 mars 1800, † le 27 avril 1862 ; entré en 1822 aux Affaires étrangères sous le ministère de Mathieu de Montmorency ; successivement Secrétaire d'Ambassade en Russie (où il se maria) ; ministre plénipotentiaire en Grèce ; chargé de sa grande mission en Chine ; à son retour créé Pair de France, juil. 1846 ; siégea au Luxembourg jusqu'en 1848 ; élu en 1849 représentant de la Somme à l'Assemblée législative. Rentré dans la vie privée après le Coup d'État du 2 déc., il devint l'un des membres du Conseil d'administration du chemin de fer du Nord.

d'août, la *Sirène* est heureusement arrivée dans la rade de Macao, où elle a jeté l'ancre dans l'après midi du 13 de ce mois. M. le Commandant Cécille (il n'a appris que le 15 sa promotion au rang de contre-amiral), à qui j'avais écrit de Singapore pour l'informer de ma prochaine arrivée, avait quitté Hong-Kong pour venir à ma rencontre et se trouvait sur la rade avec la *Cléopâtre*. J'ai reçu du Commandant des forces navales l'accueil le plus aimable et le plus empressé, et, dès le premier moment, mes rapports se sont établis avec lui sur un pied de confiance qui me paraît d'un heureux augure pour l'avenir.

J'ai rencontré chez M. de Bécour le même empressement, la même sollicitude, et j'avais droit d'y compter d'avance, même à titre officieux ; car je connaissais de longtemps M. de Bécour et je savais que, sous le double rapport du caractère et de l'habileté, il ne me laisserait rien à désirer[1].

M. Lefebvre de Bécour fut le dernier gérant du Consulat de Canton; après la signature du traité de Nan King, la France se décida à supprimer ses consulats de Manille et de Canton, et à créer une légation permanente en Chine (Macao) et une agence consulaire à Chang Haï dont le premier titulaire fut le chancelier de l'ambassade de M. de Lagrené, M. de Montigny (20 janvier 1847).

Le Consulat de Canton ne fut rétabli qu'en 1858 ; en février 1858, le baron de Trenqualye, chancelier de la Légation de France en Chine, avec le titre de Consul honoraire de 2e classe depuis le 5 janvier 1855, fut nommé consul provisoire à Canton, puis gérant du Consulat général de Canton (2 février 1859); depuis lors ce poste a eu une succession régulière de titulaires.

*
* *

Cependant Jancigny ne se pressait pas de rentrer

1. Charles Lavollée, *France et Chine*. Paris, 1900, p. 22.

en France, quoique dès Décembre 1842 on lui eût expédié, de Paris, l'ordre de se rendre à Batavia; au début de l'année 1844 il avait reçu l'ordre de considérer sa mission en Chine comme terminée. « Il pensait, écrivait-il de Macao, le 24 février 1844, que sa présence pourrait être utile lors de l'arrivée de M. de Lagrené. » Il vit arriver à Macao le successeur de Ratti-Menton, Lefebvre de Bécour, le 16 mars sur la corvette l'*Alcmène*. Enfin il quitte Macao le 26 mai sur le navire *la Méloé* qui devait se rendre à Singapore, mais les vents contraires l'obligent à passer par les Détroits de l'Est et la mer de Java; il profite de cette circonstance pour se faire débarquer à Samarang, d'où il se rend à Batavia où il arrive le 11 octobre; le Gouverneur Général des Indes néerlandaises, Merkus, venait de mourir le 2 d'une maladie de langueur, et l'intérim était rempli par le Vice-Président du Conseil des Indes, Réjust.

Jancigny prolonge son séjour à Batavia et le 14 mars 1845, il annonce au Département qu'il rentrera en Décembre, sauf instructions contraires. Le 25 mars, il voit arriver les délégués du Commerce français de la Mission Lagrené sur la corvette l'*Alcmène* venant de Manille; puis la frégate *Cléopâtre* et la corvette la *Victorieuse* parurent le 2 avril venant de Singapore avec M. de Lagrené et sa suite; l'ambassadeur de France est descendu à terre le 3 et Jancigny l'a vu. M. de Lagrené trouve à Batavia des lettres de Callery qui lui annoncent que l'empereur de Chine approuve le traité de Whampoa, mais il ne fait aucune mention de la visite de Jancigny dans la dépêche qu'il adresse le 3 avril au Département qui paraît se lasser des retards qu'apporte son Chargé de mission à rentrer en France.

Le 30 juin 1845, le Ministre lui écrit :

J'apprends, Monsieur, que vous attendez à Batavia une lettre de rappel qui mette fin à votre mission. Je n'avais pas cru devoir vous adresser cette lettre, pensant que, quand l'itinéraire tracé par vos instructions aurait été rempli, vous reviendriez à Paris, sans attendre de nouveaux ordres. Puisqu'il n'en a pas été ainsi, je vous invite à rentrer en France le plus promptement possible.

Jancigny fait la sourde oreille; nouvelle lettre du Ministre le 6 avril 1846 :

Dans la lettre que je vous ai adressée, Monsieur, le 30 juin dernier, je vous donnais l'ordre formel de rentrer en France le plus promptement possible. J'ai reçu, quelques semaines après, votre lettre du 14 mars, où vous annonciez l'intention de vous embarquer pour l'Europe dans le courant de décembre, à moins d'instructions contraires ; je suppose donc que vous êtes actuellement en voie de retour. Si toutefois vous aviez encore différé votre départ, je dois vous prévenir que, dans tous les cas, l'allocation qui vous est accordée sur les fonds de mon département sera supprimée à partir du 1er juillet prochain et que votre mission sera considérée comme terminée.

Jancigny rentra donc un peu contre son gré en 1846 en France. Un homme aussi autoritaire et aussi ambitieux dut être humilié, après trois années d'attente, d'être nommé au poste modeste d'Agent Vice-Consul à Bagdad (4 nov. 1849); plus tard il fut attaché au Ministère d'État de 1851 au 31 décembre 1855; puis mis en disponibilité. Il profita de ses loisirs pour reprendre sa collaboration à la *Revue des Deux Mondes*[1]; il donna deux volumes à la collection de

1. Situation de l'Extrême-Orient, 15 oct. 1848. — La Société et les Gouvernements de l'Hindoustan au XVIe et au XIXe siècle : I. L'Empereur Akbar et les races de l'Inde, 1er déc. 1843. — II. Les Institutions et

l'*Univers pittoresque* de Didot; *Inde et Japon, Indo-Chine, Empire Birman, Siam, Annam ou Cochinchine, etc.; — Ceylan;* il a écrit dans l'*Encyclopédie du XIXe siècle* et la *Biographie générale*.

Il fut nommé en 1859 chef de service à Chandernagor où il est mort le 20 mars 1860.

Le Règne d'Abkar, 1er juil. 1854. — III. L'Inde anglaise en 1854 et la nouvelle Charte de la Compagnie, 1er août 1854. — *Les Indes hollandaises*. — I. Java, Bornéo, Célèbes, 1er nov. 1848. — II. Histoire et Organisation du gouvernement colonial de Java, 1er déc. 1848. — III. La Société javanaise. Ressources naturelles et Situation financière de Java, 1er fév. 1849.

NOTES SUR EUSÈBE DE SALLE[1]

Dans la seconde édition de sa *Bibliographie Romantique*, CHARLES ASSELINEAU, alors qu'il consacrait une page à VIGNY et à MÉRIMÉE, deux pages à JULES JANIN et à Théophile GAUTIER, en donnait dix-neuf à PHILOTHÉE O' NEDDY et quinze à EUSÈBE DE SALLES, pages 171-184. Sans doute Asselineau était moins assuré de la durée de la réputation de ces derniers et avait voulu garantir leur mémoire de l'oubli de la postérité.

Eusèbe de Salle a vécu à l'époque romantique sans être vraiment un romantique ; il tire le sujet de ses ouvrages littéraires de la vie réelle et contemporaine et peu de son imagination ou des vieilles chroniques du moyen-âge; il a autant de prétentions, et elles sont grandes, à une science médicale, ethnographique, anthropologique et orientale qui, il faut le reconnaître, n'est pas dénuée de valeur. Toutefois ni en littérature ni en science, il n'est arrivé à ce point élevé qui retient l'attention des générations futures ; il mérite néanmoins de ne pas être jeté dans la fosse commune où gisent confondus et ignorés tant de littérateurs jadis plus ou moins connus.

Notre auteur est né le 17 frimaire an V (17 décembre 1796) à Montpellier.

1. Extrait du *Bulletin du Bibliophile*, 1917.

On n'est pas d'accord sur l'orthographe de son nom que lui-même modifie. M. René MARTINEAU[1] qui lui a consacré un excellent article et prépare sur lui un volume nous dit que : « Son père Jacques DESALLES était entrepreneur de travaux publics et demeurait rue du Saint-Sacrement (aujourd'hui rue de Candolle), longue rue étroite du vieux Montpellier et proche de la cathédrale Saint-Pierre, où fut baptisé l'auteur d'*Ali-le-Renard* » et remarque que DESALLES est l'orthographe de la mairie et des archives de Montpellier. Dans sa thèse il est appelé DESALLE; dans ses premiers ouvrages imprimés, en particulier *Ali-le-Renard,* il se nomme Eusèbe de SALLE; puis on voit apparaître Eusèbe de SALLES; dans les nombreuses lettres qu'il a laissées, sa signature se termine par un trait qui peut faire paraphe aussi bien qu'un *s*. Puis apparaît le COMTE DE SALLES dans le tome II de ses *Œuvres choisies* et dans le *Dictionnaire* de VAPEREAU ; je doute qu'il eut des droits à ce titre de Comte : Un écrivain qui signe MARTIN EREAUNÉ parlant, dans l'*Intermédiaire des Chercheurs et Curieux,* 30 avril 1913, col. 525, du général Comte de SALLES, mort à Mornas, le 1er novembre 1858, nous dit qu'il « était cousin d'Eusèbe de Salles, orientaliste, lequel fit également la campagne d'Algérie et a laissé de nombreux ouvrages de science et de littérature ». Ce témoignage me paraît insuffisant. D'après M. René Martineau, Eusèbe de Salle « se prétendait parent de Saint FRANÇOIS DE SALES, dont il avait toujours chez lui, bien encadrée et bien en vue, une lettre autho-

1. *Débris romantiques (Mercure de France,* 16 décembre 1913*).* M. Martineau a donné depuis une nouvelle étude sur *Eusèbe de Salles* dans le volume annoncé.

graphe. On savait dans la famille, qu'il avait modifié à sa manière l'orthographe de son nom et qu'il avait acheté une distinction honorifique à la Cour de Rome, lui donnant plus ou moins le droit au titre de comte[1] ».

*
* *

Eusèbe de Salle paraît avoir eu de bonne heure le goût des études anthropologiques et ethnographiques et c'est un *Essai sur l'Unité de l'espèce humaine* qu'il présente comme thèse de doctorat à la Faculté de Médecine de Montpellier le 27 juillet 1816[2] devant le doyen, J.-L.-Victor Broussonnet et un jury qui comprenait le célèbre A. Pyramus de Candolle. Trente-trois ans plus tard, il donnera un grand ouvrage d'ensemble sur l'*Histoire générale des Races Humaines* (1849)[3].

Il avait publié antérieurement dans le *Moniteur Universel*, Mars 1846, un Mémoire intitulé *Linéaments de Philosophie etnographique* lu à l'Académie des Sciences morales et politiques, les 15 et 29 novembre 1845. Il en a été fait un tirage à part :

1. René Martineau, *l. c.*, p. 748.

2. Essai sur l'unité de l'espèce humaine ; présenté et publiquement soutenu à la Faculté de Médecine de Montpellier, le 27 juillet 1816 ; Par Eusèbe Desalle, de Montpellier. Pour obtenir le grade de Docteur en Médecine... A Montpellier, Chez Jean Martel aîné, Seul Imprimeur de la Faculté de Médecine, près l'Hôtel de la Préfecture, n° 62. — 1816, in-4, pp. 30 + 1 f. n. ch.

3. Histoire générale des Races humaines ou Philosophie ethnographique par Eusèbe Fr. de Salles. Paris, Benjamin Duprat... Pagnerre... 1849, in-8, pp. VIII-385.

Au recto du faux titre : *Histoire générale des Races humaines*. Au bas, verso du faux-titre : Marseille Imprimerie Française et Orientale de Carnaud dir. par Barras aîné, rue St. Ferréol, 23. — Au verso de la dernière page : Errata. — Au recto du 1er feuillet, après le titre, décidace : A Monsieur Alfred de Falloux, Ministre de l'Instruction Publique, Représentant du Peuple Français Témoignage respectueux d'Estime et de Sympathie.

Paris, Imprimerie Panckoucke, 1846, in-8, pp. 67. Dans l'exemplaire offert par l'auteur en hommage « à son illustre ami M. Garcin de Tassy », il a ajouté une

Note sur la définition du mot Espèce humaine[1].

Si l'unité de l'espèce humaine ne tient pas à sa provenance d'une famille unique par un père unique, l'unité des traditions est un fait sans portée ; l'unité des langues est chose insignifiante ; la gradation chronologique et géographique reportant langues et traditions à un point central perd toute sa valeur ; bien plus, devient contradictoire avec l'*a priori* de l'ubiquité primitive des races humaines.

Humboldt dans son dernier ouvrage cherche à concilier ces deux choses inconciliables et replonge la définition du mot *espèce humaine* dans le provisoire et les incertitudes des classifications zoologiques occupées de l'état actuel des choses sans penser à la question d'atavisme, question grave et toujours sous entendue. L'admission de l'unité de l'espèce humaine est une concession aux idées égalitaires et au fait patent du croisement des races avec produits féconds. La réserve à l'ubiquité relative primitive de ces races avec toutes leurs variétés actuelles est la continuation de la guerre du 18e siècle aux traditions bibliques. La science et la logique sont fausses plutôt que de concéder un résultat concordant avec le récit mosaïque. Ce reste de l'intolérance qui fit aller Duclos et même Béranger à la messe pourra bien gagner quelques partisans à la *Genèse*.

Les partisans de la multiplicité primitive des espèces humaines comme Desmoulins, Geoffroy, Bory St Vincent sont plus logiques et plus francs : ils se rattachent tout simplement aux matérialistes qui transforment les singes en créant spontanément l'homme.

Ils admettent tout simplement l'inégalité éternelle de ces espèces et l'inégalité de leurs droits à perpétuité.

Si les espèces primitivement multiples ont été créées en con-

1. Trois p. in 4 autog. Collection H. C.

formité des milieux ou climats respectifs et conformes à ce qu'elles sont aujourd'hui, l'inégalité des aptitudes est un fait certain, l'inégalité des droits est une justice logique. L'égalité des droits ne peut reposer que sur l'égalité des aptitudes ; l'égalité des aptitudes repose sur l'éducabilité égale et par le moral et par les climats. La coaptation primitive et immuable à tel climat serait incompatible avec la ressemblance unitaire et avec l'égalité des droits et des aptitudes. L'inaptitude à éducation physique absolue pour l'individu n'est que transitoire pour la race. Sans cela elle impliquerait pour la race incapacité pour l'éducation morale.

L'égalité des aptitudes repose sur l'éducabilité égale et par le moral et par les climats. Une tribu de l'humanité est responsable de son éducation morale comme du climat qu'elle choisit L'abrutissement physique et moral est une sorte d'ivresse dont la génération qui émigra a légué la responsabilité aux enfans qui se laissent decheoir. Ainsi pour nous servir de la formule de Montesquieu dont nous allons beaucoup élargir la portée : les Russes qui transporteront leur capitale à Constantinople prépareront la déchéance morale d'un nouveau Bas-Empire. Les Chamites qui abandonnèrent l'Arménie pour l'Afrique préparèrent la dégradation physique et morale des nègres. L'histoire est consolante en ce qu'elle prouve que la dégradation morale peut être empêchée par la continuité des efforts intellectuels ; l'altération physique diminue par les mêmes efforts appliqués à l'industrie luttant contre le climat.

On le voit, la morale expérimentale ne peut se passer de la morale inductive. Affirmer l'unité de l'espèce et l'égalité des races humaines d'après les seules preuves historiques de leur civilisation passée, c'est admettre l'infériorité des races qui n'ont pas d'annales et qui paraissent avoir été toujours à l'état barbare ou sauvage.

C'est pour celles-ci que les preuves inductives sont importantes : il faut signifier ces preuves aux partisans publics ou secrets des espèces multiples toujours enclins à conclure de la simple expérimentation historique que dis-je ? du *statu quo* présent !

Quand même on réduirait la question à ces termes, il faut se souvenir qu'il n'y a réellement pas de peuple sans annales et sans monumens. La nation actuellement toujours la plus dégradée possède une langue monument curieux débris vaste et dont l'étude attentive fait toujours remonter au monde primitif et à une souche illustre tout aussi bien que les monuments des peuples les plus raffinés.

Note ajoutée par l'auteur des *Linéamens* à l'exemplaire de Mr Garcin de Tassy.

Paris, 3 janvier 1846.

Il semble être venu à Paris immédiatement après la soutenance de sa thèse de doctorat, car dès 1817, il suit les cours de l'École des Langues Orientales à Paris et il entreprend en 1819 avec Amédée PICHOT la première traduction française des Œuvres Complètes du grand poète anglais Lord BYRON[1].

*
* *

Eusèbe de Salle nous dit dans ses états de service que de 1817 à 1830, il fut élève à l'École des Langues Orientales à Paris. Cette École était dirigée depuis sa fondation par LANGLÈS, remplacé à sa mort en 1824 par l'illustre SYLVESTRE DE SACY. Eusèbe de Salle fréquenta les cours d'arabe, de turc, de persan et d'hindoustani. Sylvestre de Sacy occupait avec éclat depuis 1796 la chaire d'arabe littéral ; la chaire d'arabe vulgaire avait été confiée pendant les années 1819-1821, à un copte égyptien, Ellious BOCTHOR, ancien interprète de l'armée française en Égypte à la mort duquel elle passa à CAUSSIN DE PERCEVAL qui l'occupa jusqu'à sa mort en 1871, c'est-à-dire pendant un demi-siècle. La chaire de turc avait pour titulaire Amedée JAUBERT (1800-1847), tandis que

1. Œuvres complètes de Lord Byron traduites de l'anglais Par MM. A.-P. et E.-D. S. ; Troisième édition entièrement revue et corrigée. Tome premier. Paris, Ladvocat, M.DCCC. XXI, in-12.

dans la chaire de persan se succédèrent, Langlès (1796-1824), et de Chézy (1824-1832) ; de 1828 à 1878, Garcin de Tassy enseigna l'hindoustani. Au Collège de France qu'il fréquentait également, il retrouvait Sylvestre de Sacy qui y enseignait le persan ; la chaire d'arabe fut occupée successivement par J. J. Caussin de Perceval (1784-1833) et par A. P. Caussin de Perceval (1833-1871) tandis que l'ancien interprète Kieffer professait le turc (1822-1833). Il poursuivait en même temps ses études de médecine non seulement à Paris mais à Londres où il fit en 1822 une étude spéciale de la variole et de la vaccine qui lui permit de donner en 1829 un travail sur cette maladie au *Dictionnaire des Sciences médicales*[1] et de présenter à l'Académie des Sciences à la séance du 22 février 1830, la lettre suivante dans laquelle il intervenait dans un débat entre MM. Robert et Bertrand :

A Monsieur le Secrétaire Perpétuel et Messieurs les Membres de l'Académie des Sciences de l'Institut.

Messieurs

A propos des expériences de Mr Robert qui tendent à prouver l'identité de la variole et de la vaccine, Mr Bertrand réclame la priorité de l'idée qui a conduit l'estimable médecin de Marseille. Mon intention n'est nullement d'infirmer la justice de la réclamation de Mr le Dr Bertrand. L'article du *Globe* qu'il a mis sous vos yeux est décisif, au moins entre lui et Mr Robert. Mais lui-même pourrait être exposé à une réclamation analogue de la part de quelques autres médecins.

1. De la variole chez les Médecins arabes ; Par le Docteur Eusèbe de Salle, élève de l'École des Langues orientales. Paris, Imprimerie de C. L.F. Panckoucke, 1829, in-8, pp. 19.
Extrait du 127e cahier (janvier 1829), tome XXXII, du Journal complémentaire du *Dictionnaire des Sciences médicales.*

Il y a plusieurs années que Mr THOMSON[1] médecin Écossais a appuyé l'opinion à laquelle se range aujourd'hui Mr Robert, de tant d'expériences et de raisonnements si concluans que la plupart des Médecins de l'Écosse et beaucoup de médecins anglais l'ont acceptée comme axiome. C'est dans la conversation de quelques uns de ces derniers et dans le livre de Thomson sur la variole que j'ai pris connaissance de ce fait. Je l'ai communiqué à divers de mes confrères lorsque je suis revenu de Londres en 1822.

Je dois laisser aux étrangers vivans le soin de revendiquer leur propriété. Ma réclamation est en faveur d'un étranger mort depuis bien longtemps et à la mémoire duquel j'ai pris un vif intérêt après avoir longuement étudié un de ses ouvrages. Cet auteur est l'arabe RHAZÈS.

Les idées singulières qui furent émises touchant la varioloïde pendant les épidémies de 1826, 27, me donnèrent envie de comparer ce que l'observation paraissait fournir alors, avec ce qu'en avaient dit les premiers historiens de la variole. J'étudiai les médecins arabes mais surtout Rhazès qui en a donné le premier et le meilleur tableau, tableau que ses successeurs, Avicenne lui-même, se sont bornés à reproduire presque mot à mot.

Je ne fus pas médiocrement surpris de trouver dans Rhazès une foule de preuves à l'appui de l'opinion de Mr Thomson. Les passages qui les renferment ont été littéralement traduits et recommandés à l'attention du lecteur, lorsque j'ai publié un *Conspectus* du traité de Rhazès, opuscule dont j'ai eu l'honneur de faire hommage à l'Académie au commencement de 1829 et que je prends la liberté de remettre sous ses yeux.

Vous pourrez voir, Messieurs, que Rhazès ne dit nulle part que la variole n'attaque qu'une fois en la vie. Mais il incline à croire qu'elle ne revient pas deux fois avec la même violence.

Voici comment dans le premier chapitre, il s'exprime en énumérant les causes qui exposent à la variole les sujets adultes :

ولمن جدر فى صباه جدريا ضعيفا

1. John THOMSON, né à Paisley, 15 mars 1765 ; † à Morland Cottage, Edinburgh, 11 oct. 1846 ; a écrit : *Account of the Varioloid Epidemic in Scotland*, 1819, in-8 ; Lond., 1820, in-8. — *Sketches of the Varieties of small-Pox*, in-12.

Channing[1] traduit ainsi ce passage :

Et iis (juvenibus) *qui in pueritiâ eorum variolis correpti fuerant* (*levioribus*). Rhazès n'est pas aussi étranger qu'il semble à une question où il s'agit de vaccine. L'idée de faire rentrer la vaccine dans la variole, n'a pu venir que lorsque la varicelle et la varioloïde ont été reconnues pour identiques à la petite vérole, par conséquent aussi lorsque il a été admis que cet exanthème pouvait attaquer plus d'une fois dans la vie.

Or en deux scolies importantes, Rhazès les a soulignées plusieurs fois dans son traité. Elles sont virtuellement renfermées dans le passage que j'ai transcrit.

S'il y avait quelqu'ambiguité dans leur expression, l'expérience des médecins écossais l'avait déjà dissipée. Je vois avec plaisir que celle des médecins français y vienne ajouter un commentaire plus décisif.

J'ai l'honneur d'être, Messieurs

Avec un profond respect
Votre très humble et très obéissant Serviteur

Eusèbe de Salles, D. M.

Ancien Élève
de l'École royale des Langues orientales[2].

Cette lettre fut renvoyée à l'examen de Tessier[3], et de Magendie[4].

1. Rhazes de Variolis et Morbillis, arabice et latine : cvm aliis nonnvllis eivsdem argvmenti. Cvra et impensis Iohannis Channing, natv et civitate Londinensis..... Londini, Excvdebat Gvilielmvs Bowyer, MDCCLXVI, in-8, pp xiv + 1. f n. ch. + pp. 276, voir p. 27.

Traduit en anglais sous le titre de :

— A Treatise on the small pox and measles, by Abû Becr Mohammed Ibn Zacarîya ar-Razi (commonly called Rhazes) transl. from the original arabic by William Alexander Greenhill. Lond., 1848, in-8, p. 30.

Le passage ci-dessus est ainsi traduit : or who in their childhood have had the chicken-pox (literally à light or mild small-pox. 1).

2. L. a. s., 3 p. in-4. — *Archives de l'Academie des Sciences.*

3. *Henri Alexandre* Tessier, né à Angerville, S.-et-O., 16 oct. 1741 ; † à Paris, 11 déc. 1837 ; élu le 10 déc. 1975, membre de la Classe des Sciences physiques et mathématiques de l'Institut ; nommé par ordonnance royale du 21 mars 1816, membre de l'Académie des Sciences (Section d'Économie rurale).

4. *François* Magendie, né à Bordeaux, 15 oct. 1783 ; † à Sannois

Eusèbe de Salle avait déjà donné en 1828 une Traduction et Commentaire du Traité de Rhazès sur la variole qui est sans doute le seul ouvrage ayant conservé quelque intérêt scientifique du célèbre médecin arabe MOHAMMED ABOU BEKR IBN ZACARIA, né à Rey, ancienne Ragès, en Perse, d'où lui vint le surnom de RAZI ou de RHAZÈS et qui mourut à un âge avancé en 923 après J.-C. Je note la même année 1828 un opuscule d'Eusèbe de Salle adressé à un ami de Collège, Auguste LACOMBE, avocat .

*
* *

Au moment de l'expédition d'Alger, il obtint en mars 1830 d'être nommé interprète de l'armée d'Afrique : le 6 juillet 1830, il était désigné comme deuxième interprète près la Commission provisoire à Alger ; nommé le 20 août 1830, Médecin du dispensaire de santé à Alger, il rentrait en France la même année ; le 1er juillet 1832, il était nommé Interprète de première classe attaché à l'administration civile d'Alger ; en décembre, il revient en France en congé de trois mois ; il obtient une prolongation de six semaines du 22 mars au 6 mai 1833, comptant comme campagnes : ALGÉRIE : 1830 et 1832. A peine nommé interprète, Eusèbe de Salle s'empresse d'offrir ses services à l'Académie des Sciences par la lettre suivante :

S.-et-O.), le 7 oct. 1855 ; élu le 19 nov. 1821 à l'Académie des Sciences (Section de Médecine et de Chirurgie).

1. Lettre d'un Médecin à un Avocat, ou considérations de morale et d'économie politique sur l'état actuel de la profession de Médecin en France ; par le Dr Eusèbe de Salle. — A Paris, chez Gabon, libraire, rue de l'École de Médecine, n° 10 ; à Montpellier, chez le même libraire ; et à Bruxelles, au dépôt général de librairie médicale française, 1828, in-8, pp. 64.

A Monsieur le Secrétaire perpétuel, Monsieur le Président et Messieurs les Membres de l'Académie des Sciences de l'Institut.

Commissaires

Messieurs

CUVIER
MAGENDIE
PORTAL [1]
ET BRONGNIART [2]
} 12 avril 1830

Messieurs

Nommé secrétaire-interprète à l'armée expéditionnaire d'Afrique, je serai à portée d'étudier le pays sous le rapport des sciences dont je me suis occupé, Mais je sais qu'une série de questions rédigées par vous abrégerait mes travaux en les guidant dans le plus grand intérêt de la médecine et de l'histoire naturelle. Je vous serai donc infiniment obligé, Messieurs, de nommer une Commission pour cet objet.

Permettez moi aussi, Messieurs, de me mettre sur les rangs comme candidat à une des places que vous aurez sans doute à donner, si l'Institut envoie une Commission exploratrice dans les pays barbaresques comme elle en a envoyé dans le temps en Égypte et en Morée. Loin d'être un empêchement, les fonctions que je vais remplir en Afrique, seront il me semble un moyen favorable à la science. Parlant la langue du pays, déjà en relation avec beaucoup de ses habitans, et au fait de la plupart des circonstances du ciel et du sol je pourrai être

1. Baron *Antoine* PORTAL, né à Gaillac (Tarn), le 5 janvier 1742 ; † à Paris, le 23 juillet 1832 ; élu le 9 déc. 1795 à la Classe des Sciences physiques et mathématiques de l'Institut ; nommé par ordonnance royale du 21 mars 1816, membre de l'Académie des Sciences (Section de Médecine et de Chirurgie) ; en 1824, premier médecin de Charles X.

2. *Alexandre* BRONGNIART, né à Paris, le 5 février 1770 ; † à Paris, le 7 octobre 1847 ; élu 20 nov. 1815, membre de la Classe des Sciences physiques et mathématiques de l'Institut ; nommé par ordonnance royale du 21 mars 1816, membre de l'Académie des Sciences (Section de Minéralogie). — Professeur de Minéralogie au Muséum d'Histoire naturelle (1822-1847). — Directeur de la Manufacture de Sèvres (1801).

d'un grand secours à mes collègues et de quelque utilité à la science.

J'ai l'honneur d'être Messieurs avec un profond respect, votre très humble et tres obéissant serviteur.

Dr Eusèbe de Salles
Ancien élève de l'École des langues orientales
et actuellement
secrétaire interprète arabe à l'armée d'Afrique
au rendez-vous general à Toulon [1].

Aucune suite ne paraît avoir été donnée à cette lettre.

Plus tard, 1842, nous verrons Eusèbe de Salle faire une communication sur la *Polygamie musulmane* à l'Académie des Sciences morales et politiques [2].

*
* *

Il avait rapporté de Londres un volume de notes qu'il fit paraître à Paris en 1823 [3], sous le pseudonyme de M. E. D. S. Arcieu : « Arcieu, dit-il, p. 2, est comme le Martin de Pigault-Lebrun ; il n'est ni grand ni petit, ni gras ni maigre, ni spirituel ni bête ; il n'est guère connu que de ses amis, et encore n'en a-t-il qu'un très petit nombre ; il n'a marqué

1. L. a. s., 1 page in-4. — Sur la 4e page, l'adresse : A Messieurs les secrétaires perpétuels de l'Académie des Sciences de l'Institut. — Bibliothèque de l'Institut.

2. Mémoire sur la polygamie musulmane lu à l'Institut (Académie des Sciences morales et politiques) dans sa séance du 10 septembre 1842, par Eusèbe de Salle, D. M. M., Ancien premier interprète de l'Armée d'Afrique, professeur de l'École royale des langues orientales, auteur des *Pérégrinations en Orient*. — Extrait du *Journal des Economistes*. — Paris, chez Guillaumin, 1842, in-8, pp. 19.

3. Diorama de Londres, ou Tableau des Mœurs britanniques en mil huit cent vingt-deux ; par M. E. D. S. Arcieu, traducteur de Lord Byron. — A Paris, Chez Fr. Louis, libraire, rue Hautefeuille, no 10; et Delaunay, libraire, Palais-Royal, — 1823, in-8, pp. 478.

dans aucune des périodes de la révolution, c'est à-dire depuis 89 jusques et y compris 1822 ; il n'a été ni de la Constituante, ni du Conseil des Cinq Cents, ni du Corps législatif, ni de la Chambre des Députés. La raison en est bien simple ; il n'est pas encore assez âgé pour être éligible ; et, ce qui est plus malheureux, il ne paye pas assez de contributions pour être électeur. Cette circonstance est cause que la plupart des livres qu'il a faits, (car Arcieu s'est déjà avisé d'écrire) ont été oubliés presque aussitôt après avoir paru. Il n'était pas assez riche pour faire les frais de huit éditions successives. »

Le corps des interprètes de l'Armée d'Afrique semble avoir été singulièrement composé si nous en croyons Eusèbe de Salle lui-même dans son roman d'*Ali-le-Renard*, I, pp. 435-7.

C'était un corps curieusement composé que celui des interprètes de l'armée d'Afrique : toutes les nations étaient mêlées dans cette espèce de légion étrangère ; toutes les langues, toutes les capacités, toutes les moralités, dans cette nouvelle tour de Babel. Le tiers au moins ne savait aucun des idiomes qui se parlent à Alger ; la faveur ou l'importunité leur avait donné ces sinécures en attendant d'autres destinations, ou pour voiler leur destination réelle. Là se trouvaient les correspondants de la *Gorgone*, de *la Bellone* et de *la Caillette*, cabotins littéraires, amis et apostats de toutes les opinions violentes ; l'affidé du prince Jules ; le Polonais qui n'avait pas appris le français, mais qui s'était rouillé sur sa langue slave ; le fournisseur ruiné qui parlait français avec un accent gascon et italien avec l'accent parisien ; le chevalier du brassard, le robuste garde-du-corps, faisant quatre cuirs sur six paroles ; le vidame et le commandeur, anachronismes nourris au plum-pudding et au vin de Champagne, entre la Vendée et l'émigration ; gentilshommes toujours entre deux vins, spadassins poltrons et dandys à tête grise. Dans les deux autres tiers, le mélange n'était pas moins bizarre : un prêtre syrien avait pour accolytes un juif de Tunis et un italien trois fois rénégat ; des médecins sans malades et des avocats sans cause, leur habit encore gris de la poudre de GOLIUS et de MENINSKI, étaient camarades de vieux mamelucks qui eussent manié plus volontiers le seïf que le kalam. On y comptait des Turcs qui avaient fait, à Marseille, le commerce des pastilles du sérail, et des princes fanariotes, descendant des empereurs de Byzance ; des frères du primat de Syrie, des marquis romains et des negocians en plein vent, qui avaient vendu, sur les boulevards Montmartre, des tuyaux de pipe, des chalets peodorans et de l'essence de rose. Ce qu'il y a de plus extraordinaire, c'est que ce frère d'un primat, ce marquis romain et cet échoppier étaient la même personne, Nicolas Jouary, natif d'Alep-la-Blanchâtre.

Eusèbe de Salle ne semble pas avoir eu lui-même un grand succès en Algérie malgré le portrait flatteur qu'il a tracé de sa personne sous le nom de VERDANSON dans *Ali-le-Renard :* il était considéré d'après mes renseignements comme « prétentieux et ergoteur, et n'ayant ni les connaissances, ni l'assiduité ni le zèle que réclame un poste de quelque importance. » Peut-être trouvons-nous le secret de son humeur dans cette phrase de son roman dans laquelle il dit parlant de l'interprète Verdanson : « Son amour propre était trop susceptible, peut-être, mais il était blessé chaque jour de la différence réelle que l'on faisait entre les officiers à épaulettes, et d'autres qui étaient leurs égaux ou leurs supérieurs en grade, mais qui avaient le malheur de ne porter que des broderies. »

*
* *

D'Alger, Eusèbe de Salle rapporta son roman d'*Ali-le-Renard*[1] qui retrace des scènes de notre

1. — Ali le Renard, ou la Conquête d'Alger (1830), Roman historique,

conquête ; il a surtout donné, et à ce titre il est précieux, le tableau des événements auxquels il a assisté et des descriptions du pays ; il fait appel à des souvenirs personnels ; ses acteurs sont parfois à peine dissimulés par des pseudonymes transparents, l'amiral DUPÉROU pour DUPERRÉ : dans le Comte de KÉRAMBAL, on reconnaît immédiatement le commandant-en-chef Comte de BOURMONT. L'action qui lie les diverses scènes du roman roule autour de deux jeunes femmes déguisées en hommes. Nous sommes loin des drames touffus ou fantastiques qui se développent dans certains ouvrages de l'époque romantique : tels les *Deux Cadavres* de Frédéric SOULIÉ ou *les Nuits du Père Lachaise* de Léon GOZLAN. Dans ses *Pérégrinations en Orient*[1], Eusèbe de Salle nous indique lui-même l'origine d'un des personnages de son roman ; il est en route pour la Syrie : « Le reste de la journée fut employé à ajuster une grande tente en prolongement de la dunette. Sous un beau ciel et surtout en été, cette place était préférable à la chambre. Nous la partageâmes avec une famille syrienne dont le chef était le neveu du patriarche d'Alep, BOTROS JAROUÈ, et le fils du malheureux JAROUÈ, marquis de SOSTEGNO, qui périt victime de son zèle imprudent deux jours avant la prise d'Alger. Il était interprète de l'armée française et je l'ai mis en scène dans *Aly-le-Renard*. »

D'après Charles ASSELINEAU[2], *Ali-le-Renard* fut

par Eusèbe de Salle, ancien élève de l'École royale des langues orientales ; Officier supérieur interprète au Quartier-général de l'Armée d'Afrique ; Auteur du Diorama de Londres ; traducteur de Lord Byron, etc..... Paris. Librairie de Charles Gosselin, rue Saint-Germain des Prés, n° 9. MDCCC XXXII, 2 vol. in-8, pp. VIII-463, 458.

En tête de chaque volume, frontispice de T. Johannot, gravé par Porret.

1. Page 111.

2. CH. ASSELINEAU, *Bibliographie romantique*, pp. 182-3.

d'abord publié par fragments dans le journal *le Voleur*, et avec un grand succès. Le livre eut deux éditions en un an. Un contemporain, ajoute-t-il, nous écrit qu'à l'une des soirées de Nodier, à l'Arsenal, où se trouvèrent M. Eusèbe de Salle et M. Victor Hugo, il vit « autant d'index dirigés vers l'auteur d'*Ali-le-Renard* que vers l'auteur de *Notre-Dame-de-Paris*. » Remarquons en passant que les invités de Charles Nodier étaient bien mal élevés s'ils montraient ainsi du doigt les visiteurs du salon de l'Arsenal.

En 1833, parut le second roman d'Eusèbe de Salle :

« *Sakontala à Paris*[1], dit Charles Asselineau, est un roman de l'école philosophique, comme *Adolphe* et comme *Valérie*. Il est du genre de ceux qu'on a appelés plus tard romans sociaux, ou d'analyse sociale. Au fond, la donnée est la même que dans le célèbre roman de Benjamin Constant : la satiété dans l'amour. Mais l'œuvre est toute différente.........
En dramatisant son récit, en le traitant en détail, en le personnalisant, M. Eusèbe de Salles avoue donc qu'il a espéré faire mieux que Benjamin Constant, et malgré l'audace que suppose un tel aveu, j'avouerai moi-même que je crois qu'il a réussi [2] ».

Ce roman paraît à M. René Martineau digne de l'admiration qu'Asselineau ne lui a pas ménagée ;

1. Sakontala à Paris, Roman de mœurs contemporaines : par Eusèbe de Salle, auteur d'Ali *le Renard*. Paris. Librairie de Charles Gosselin, rue Saint-Germain des Prés, n° 9, 1833, in-8, pp. xvi-383 + 1 p. n. ch. ; front. de Tellier, gravé par Brevière, reproduit sur la couverture extérieure.

Sur le faux-titre : *Œuvres de M. Eusèbe de Salle. — Sakontala a Paris.*

Au verso de ce faux-titre comme sous presse : *L'Anévrisme ou le Devoir*, roman, 2 vol. in-8. Imprimerie de Lachevardière, rue du Colombier, n° 30.

2. Ch. Asselineau, p. 173.

dans tous les cas son succès fut plus que médiocre, puisque aucune revue, sauf la *Revue de Paris*, n'en parla. En réalité c'est comme on dirait aujourd'hui une tranche de vie dont la source est l'histoire de son mariage avec une jeune femme originaire de Bénarès dont il fit la connaissance à Londres.

*
* *

États de service d'Eusèbe de Salles

1796 (17 X[bre]) — Né à Montpellier (Hérault).

1816 — Docteur en médecine de la faculté de Montpellier.

1817-1830 — Élève de l'École des Langues orientales à Paris.

1830-1833 — Interprète principal, puis interprète en chef de l'Armée, premières campagnes.

1835 — Nommé professeur titulaire de la chaire d'arabe à Marseille.

1837-1839 — Chargé d'une mission scientifique en Orient avec le simple traitement de sa place, son remplaçant à ses frais. Ce voyage d'Orient pendant trois ans coûta 40 mille fr.

1835-1855 — Professeur communal de littérature de géographie et de langue arabe.

Titres accessoires, littéraires, civiques

Eusèbe de Salles est auteur d'*Aly le Renard*, ou la conquête d'Alger 1830. Roman historique en 2 vol in 8° ;

des *Pérégrinations en Orient* ou récit du voyage officiel, 2 vol. in-8° ;

de la *Philosophie Ethnographique* ou histoire gén[le] des races humaines, 1 vol. ;

des *nouvelles idées sur les Pyramides ;*

Sur la décadence des nations (1848-49) *;*

Analyse critique du discours de J. J. Rousseau sur l'Origine de l'inégalité des conditions parmi les hommes *;*

Quelques leçons de littérature sur le goût, sur l'*accent du midi*, &c.

Ces cinq derniers ouvrages sont des fragmens de l'Enseignement Communal de Marseille. C'est pendant une leçon d'histoire qu'eut lieu la fameuse attaque des clubs le 13 janvier 1849.

Mémoire sur la peste. Le voyageur en rencontra six épidémies à Alexandrie, le Qaire, Damiette, Beyrout, Jaffa, Jerusalem. Ce mémoire est le fonds du grand rapport de l'Académie de Médecine devenu ensuite base de la législation quarantenaire.

Eusèbe de Salles a fait gratuitement service médical pendant les épidémies cholériques de Paris et de Marseille. Il a été honoré de diplomes et de médailles d'honneur.

Eusèbe de Salles est chevalier commandeur de plusieurs ordres étrangers ; il est chevalier de la Légion d'honneur depuis 1843.

Le présent État certifié.

Marseille, 17 may 1855.

Eusèbe de Salles.

En 1835, il est nommé à Marseille à la chaire d'arabe[1]. Grâce à l'amabilité de M. Fournier, archiviste-bibliothécaire de la Chambre de Commerce de Marseille qui a pris la peine de rédiger pour moi la note suivante, je puis donner pour la première fois l'historique de cette chaire :

« Un décret du 31 mai 1807 établit à Marseille un cours d'arabe vulgaire et nomma Gabriel Taouil, réfugié d'Égypte, professeur titulaire de cette chaire aux appointements de 4.000 francs.

Les actes officiels qualifiaient de communaux ces cours dont le département faisait pourtant les frais et dont le professeur était nommé par l'État. Bien qu'établie près le Collège Royal, cette chaire n'était pas dépendante de l'Établissement.

M. Taouil jouissait d'un traitement avantageux et relativement important pour l'époque en considéra-

1. En 1837, il habitait 21 rue du Musée ; en 1866, chemin des Chartreux, d'après M. René Martineau, l. c., p. 749.

tion de ce qu'il avait fui sa Patrie par suite de dévouement à la cause de l'Armée française. Il fit régulièrement son cours depuis 1807 jusqu'au 18 octobre 1834. A partir de cette date, son état de santé ne lui permettant plus d'exercer ses fonctions, il se fit suppléer par M. Georges SAKAKINI.

Les cours d'arabe qui pendant un certain nombre d'années avaient été assez peu suivis, avaient pris cependant une certaine extension et une trentaine de personnes les fréquentaient à cette époque. Les affaires d'Orient et la prise d'Alger avaient permis d'intéresser aux choses d'Orient un public nombreux. Des familles du Levant envoyaient même leurs enfants faire leurs études à Marseille.

M. Taouil mourut le 24 février 1835, aussitôt les élèves du cours de langue arabe réclament l'intervention de la Chambre de Commerce aux frais du Gouvernement pour la conservation de cette chaire en demandant que M. Georges Sakakini en soit définitivement nommé le titulaire. La Chambre de Commerce écrivit au Ministre du Commerce pour appuyer cette pétition, et, sur un rapport du 22 mars 1835, du Proviseur du Collège royal, le Préfet fit de même le 30 du même mois.

Ces demandes ne furent pas suivies d'effet car elles arrivèrent à Paris alors que le Ministre de l'Instruction Publique avait déjà nommé le Docteur Eusèbe de Salle, Professeur d'arabe vulgaire à Marseille.

A peine connue dans cette dernière ville, cette nomination souleva la protestation des élèves du Cours d'arabe, ceux-ci assuraient que M. de Salle connaissait très bien l'arabe littéraire et les langues barbaresques mais était incapable d'enseigner l'arabe vulgaire. La Chambre de Commerce à qui une protestation dans ce sens avait été adressée décida de ne pas donner suite à ces doléances, la décision ministérielle étant irrévocable.

Le cours professé par M. de Salle ne paraît pas avoir eu beaucoup de succès car le nombre des élèves diminua rapidement. Une lettre écrite par M. de Salle, le 28 septembre 1837 pour dénoncer à la Chambre de Commerce « les basses manœuvres » qui se trament contre lui en indique les raisons générales. Le Professeur reconnaît qu'il ne sait pas l'arabe vulgaire, mais ajoute qu'il possède parfaitement la grammaire arabe ce qui, d'après lui, suffit pour enseigner la langue. Il fait ressortir tous les services qu'il rend au Public Marseillais comme traducteur d'arabe et comme médecin. Il joint à sa lettre une longue dissertation imprimée — où il expose ses idées sur la littérature, le roman moderne, les sciences, l'art, l'accent méridional, etc... — un alphabet arabe, un certificat de l'administration des Postes, et un autre d'un groupe de négociants marseillais attestant sa science et les services qu'il rend ».

Au surplus voici la lettre intéressante d'Eusèbe de Salle que je dois également à l'obligeance de M. Fournier :

A Messieurs les Membres de la Chambre de Commerce.

Messieurs,

Le Ministre de l'Instruction Publique dans une audience que j'obtins de lui le 11 Août dernier me dénonça de basses manœuvres dont ma chaire était le point de mire. Confiant dans l'ordre légal qui règne en France, je voulais rester impassible, je n'ai pu empêcher mes amis et ceux de l'Abbé Bargès d'être plus inquiets, peut-être plus prudents que moi.

Les pièces principales de l'intrigue étaient m'a-t-on dit une pétition déposée à votre Chambre et deux copies adressées au Ministre et à la députation. Les accusations contenues dans ces pièces sont trop absurdes et trop lâches pour que nos amis aient pris la peine d'y répondre en détail, d'ailleurs la rédaction louche et le mauvais langage n'y laissant apercevoir avec évidence qu'une avidité sans aucun titre, pas même celui de citoyen français.

Un simple exposé des circonstances au milieu desquelles j'ai fonctionné depuis ma nomination et de celles qui ont dirigé l'autorité qui m'a donné M. l'Abbé Bargès pour suppléant pendant ma mission au Levant, voilà ce que nos amis ont cru devoir exposer et attester à la Chambre. La vérité, affirmée par des hommes loyaux et instruits, suffira pour des hommes qui ne se sont jamais laissés surprendre par des intrigants.

En affirmant la compétence spéciale du titulaire et du remplaçant, nos amis, qui sont pour la plupart juges fort compétents eux-mêmes, ont surtout voulu prêter main-forte à l'autorité souveraine, sanctionner la chose jugée par les juges les plus éclairés. Ils n'ont pas prétendu, comme d'autres négociants moins réservés, s'ériger en Sorbonne de grammairiens et d'arabisants. Ils ont encore moins voulu induire l'aptitude à l'enseignement de l'habitude de pratiquer une langue. Ils savent trop bien qu'en France tous ceux qui parlent bien français ne sont pas pour cela capables d'enseigner le français. Que serait-ce s'ils le parlaient incorrectement ! S'ils ne l'avaient appris que dépaysés et au sein d'une famille ignorante !

Enseigner, Messieurs, est un art difficile ; son instrument est la méthode. Or, c'est surtout par la rapidité, par la certitude de la méthode, que l'Europe est aujourd'hui supérieure à la vieille Asie. C'est pénétrés de ces vérités que nos amis ont voulu empêcher de se reproduire le scandale d'un enseignement qui outrageait la méthode autant que l'honneur européen. Un cours payé par l'argent français dans une ville française, et officiellement destiné aux jeunes français, ce cours était monopolisé par quelques étrangers. Le moyen était simple et infaillible pour mettre les français à la porte : on leur parlait arabe dès la première leçon.

Ce procédé, j'en suis fâché pour sa mémoire, G. TAOUIL l'a pratiqué toute sa vie, faute de savoir la langue française. Pendant les derniers mois, il a eu un remplaçant qui a continué le procédé, faute de savoir la grammaire française. Loin donc de se plaindre aujourd'hui qu'il n'y ait pas un seul français arabisant dans les comptoirs de Marseille, cet individu ferait mieux de ne pas réveiller un méfait dont il fut complice et témoin ; et nos amis pourront lui apprendre que j'ai fait en deux ans plus d'élèves que Gabriel TAOUIL n'en a fait en trente. Mais, je n'ai pu lancer dans les comptoirs de Marseille des enfants de 15 et 16 ans. C'est pourtant de cet honorable précédent que l'individu argue comme d'un service rendu et d'un engagement pris envers lui par le Gouvernement. Le Gouvernement, Messieurs, défère toujours aux vœux d'un titulaire. Pendant que celui-ci est empêché ou absent, un remplaçant qui n'aurait pas sa confiance toute entière, qui ne serait pas lié par la reconnaissance serait un ennemi domestique dont il aurait à redouter les manœuvres. Un commencement de possession pousse incessamment à souhaiter la possession entière. Mon remplaçant devait être choisi par moi, payé de mes fonds. J'aurais pu présenter l'individu en question aussi bien que M. l'Abbé BARGÈS ; mais il ne m'avait fait connaître ni son aptitude spéciale, ni le degré précis de son éducation Européenne. Aujourd'hui, je connais parfaitement sa moralité, il m'en a donné la mesure en attaquant ténébreusement un homme qu'il croyait parti. Quand M. le Baron Sylvestre de SACY conseilla au Ministre d'accorder à cet individu l'intérim de G. TAOUIL, il ne le connaissait que sur la recommandation du titulaire. Lorsqu'il s'est agi de me donner un intérimaire, M. de SACY connaissait mieux l'individu. Il connaissait fort bien aussi les titres littéraires et spéciaux de M. l'Abbé BARGÈS et c'est en toute connaissance de cause qu'il a préféré ce dernier.

A chacune des assertions de nos amis nous pouvons joindre les pièces officielles qui la prouvent. La fréquence plus grande des leçons est un fait connu de tous les Marseillais habitués des cours communaux. Le cours de littérature et de langue arabe de la rue d'Aubagne a été donné en sus du cours obligé du collège royal.

Enfin, l'on a fait grand bruit des services rendus à la ville et au commerce de Marseille. Cela traduit en fait, veut dire que trois ou quatre maisons se servent d'un Égyptien pour leur correspondance arabe. Mais un commis employé et payé pour cette traduction n'est pas plus un fonctionnaire rendant des services à une ville, que trois étrangers ne sont le commerce marseillais.

Je ne prétends pas être plus désintéressé en faisant le cours du collège royal, mais le cours communal auquel je ne suis nullement tenu est donné gratis à la ville. La traduction des adresses orientales pour l'administration des postes, l'interprétation de pièces arabes que divers négociants m'ont fait l'honneur de me confier, voilà aussi des fonctions gratuites.

Je ne me suis pas contenté de donner mon temps et ma science, j'ai fait, dans l'intérêt de l'enseignement qui m'est confié, d'autres sacrifices auxquels j'étais encore moins tenu. Je vous envoie ci-joint plusieurs imprimés dont j'ai fait les frais à 500 et à mille exemplaires et que j'ai distribués gratis à tous les auditeurs de mes cours. J'ai pris ces dépenses sur des appointements fort mesquins qu'un logement entièrement à ma charge réduisait déjà de plus de moitié.

Enfin, Messieurs, le Maire et le Préfet pourront vous apprendre que toutes les fois que le choléra s'est déclaré à Marseille, je me suis souvenu de mon titre de médecin ; deux fois les administrateurs des bureaux de secours m'ont remercié de mes soins médicaux, par des lettres flatteuses que je puis communiquer, mais dont je ne voudrais à aucun prix me dessaisir.

Tout cela, Messieurs, pourrait à plus juste raison compter pour des services rendus au commerce et à la ville de Marseille ; vous ne le saviez peut-être pas : les hommes loyaux n'ébruitent pas ces choses-là, il a fallu avoir à repousser des attaques calomnieuses pour que je me permisse de le révéler.

Donc, Messieurs, avant de vous occuper de ma demande relative au prochain voyage d'Orient, je vous prie de vous occuper de la pétition que vous adressent mes amis. La pétition à laquelle celle-là sert de réponse est une injure dont je dois obtenir satisfaction. Le Ministre a connu l'attaque, il est de votre justice de lui faire connaître votre avis sur la défanse.

Recevez, Messieurs, l'assurance de ma considération la plus

distinguée et du profond respect avec lequel j'ai l'honneur d'être :

Votre très humble et très obéissant serviteur,

Eusèbe De Salle,

Professeur et Lecteur royal
à l'École Spéciale des langues orientales,
Succursale à Marseille.

21, Rue du Musée.

28 Sept. 1837[1].

« La Chambre de Commerce se contenta d'informer verbalement M. de Salle qu'elle n'avait reçu jusqu'alors aucune pétition dirigée contre lui.

Le 13 avril 1837 M. de Salle sollicita du Ministre un congé de deux ans pour exécuter en Asie et en Égypte, un voyage qui, disait-il, serait des plus profitables pour son enseignement. Le Ministre accorda ce congé et décida que son traitement serait payé à M. de Salle durant ce temps-là, à charge par ce dernier de rémunérer son suppléant qui n'était autre que l'orientaliste abbé Bargès[2].

Par une pétition du 8 janvier 1838 un groupe de notables négociants marseillais attira l'attention de la Chambre de Commerce sur le cours d'arabe vulgaire en faisant valoir « que le départ du professeur titulaire laisse vacante une chaire dont la nullité se fait sentir depuis que M. Georges Sakakini en a été injustement éloigné ». Les pétitionnaires réclament en même temps la nomination d'un pro-

1. Archives de la Chambre de Commerce de Marseille A, 6.

2. L'abbé *Jean Joseph Léandre* Bargès, né à Auriol (Bouches-du-Rhône) le 27 février 1810 ; en 1837, il fut nommé professeur suppléant à la chaire d'arabe de Marseille ; appelé à Paris pour enseigner les langues orientales à la Faculté de Théologie ; † en 1896. — Voir plus loin la lettre d'Eusèbe de Salle à Fabreguettes, Qaire, 25 mars 1838.

fesseur définitif et désignent nommément M. Georges Sakakini « comme la seule personne capable de professer convenablement et de remplir le but que le Gouvernement lui-même s'est proposé en maintenant cette chaire ».

Après une longue étude de la question, la Chambre de Commerce considérant que cette pétition était signée par des négociants entretenant presque tous des relations continuelles d'affaires avec le Levant, alors que la pétition en faveur de M. de Salle, transmise par sa lettre du 28 septembre 1837, ne comprend que fort peu de commerçants intéressés aux affaires d'Orient, décida d'écrire au Ministre du Commerce pour lui faire sentir combien il importait de pourvoir à la vacance de la Chaire d'arabe et surtout de la faire remplir par un professeur connaissant parfaitement l'arabe vulgaire. Pour des raisons de convenance, la Chambre s'abstint de désigner M. Sakakini au choix du Ministre, bien que le dit professeur fût reconnu par elle le seul en état de remplir la dite chaire.

En fait, M. Eusèbe de Salle demeura titulaire de la chaire jusqu'en 1844. Jusqu'en 1848, elle ne paraît pas avoir été occupée ; cette année-là, M. Sakakini en est titulaire, et remplacé en 1872, par M. Abdou-Moussa, remplacé lui-même par son fils J. Abdou-Moussa au cours de ces dernières années, mais ce n'est plus maintenant qu'un cours aux élèves du Lycée. »

*
* *

Pendant les années qui s'étendent de son séjour en Algérie jusqu'à son départ pour son grand voyage en Orient, Eusèbe de Salle témoigne beaucoup d'activité ; en 1835 comme nous l'avons vu, il est nommé à Marseille à la chaire d'arabe (1835) ; il collabore à l'*Encyclopédie des Sciences médicales* publiée de 1834 à 1845 par A. L. J. BAYLE en 34 volumes avec l'aide d'ALIBERT, BARBIER, BAUDELOQUE, etc. ; il n'abandonne pas ses recherches sur la médecine chez les Arabes[1].

En 1837 Eusèbe de Salle entreprenait un long voyage en Orient[2]; le 2 décembre 1837 il arrivait de Marseille à Alexandrie et en janvier 1838 au Caire ; il s'embarque pour la Syrie et au mois d'août il retrouve à Beyrouth « un aimable et bon camarade de l'armée d'Afrique, M. DEVAL, consul de France[3] ». Il visite les ruines de Baalbeck, Antioche, Alep, Latakié, Jaffa. A Jérusalem, il se précipite à bas de de son cheval pour baiser la terre; son enthousiasme est débordant : « Et maintenant, écrit-il le 25 octobre, je peux mourir ! j'ai vu ce saint tombeau conquis et reperdu au prix de tant de sang et de larmes ; j'ai médité longtemps agenouillé près de sa pierre, les yeux éblouis par son auréole de lampes, le cœur attendri par la prière, contrit au souvenir d'une vie qui n'avait encore eu qu'un instant bien employé ! »

1. Eusèbe de Salle, Ancien premier interprète de l'armée d'Afrique. — Conjecture sur la médecine légale parmi les Arabes du temps des Khalifes (*Nouveau Journ. Asiatique*, XV, 1835, pp. 202-6).

Extrait des Recherches sur les travaux originaux des Médecins arabes.

2. — Pérégrinations en Orient ou Voyage pittoresque, historique et politique en Égypte, Nubie, Syrie, Turquie, Grèce pendant les années 1837-38-39 par Eusèbe de Salle Ancien premier interprète de l'Armée d'Afrique, Professeur de l'école royale et spéciale des langues orientales vivantes, membre de la Société asiatique, etc., etc. Paris, Pagnerre, rue de Seine, 14 bis — L. Curmer, rue Richelieu, 49, 1840, 2 vol. in-8, pp. IV-464, 459.

3. *Alexandre* DEVAL, Attaché à Constantinople, 1812 ; élève vice-consul, 1816 ; vice consul à Constantinople, 16 sept. 1819 ; à Bône, 20 avril 1825 ; gérant du Consulat de Malte, 1829 ; de Tunis, sept. 1832 ; Consul à Alep, 15 mai 1833 ; à Beyrouth, 1838 ; † dans cette ville, 21 août 1839.

Dans son récit, dans une longue digression, il nous donne un Résumé de l'Histoire de Jérusalem et nous raconte la bataille du Mont-Thabor; de Jérusalem, il se rend à Gaza, traverse le désert, et il passe les mois de novembre et de décembre à Suez ». J'ai trouvé ici, dit-il le 3 décembre, des lettres de l'Inde où j'étais appelé par des affaires de famille; je devais me rendre à Calcutta, puis remonter le Gange jusqu'à Delhi d'où j'aurais atteint, à travers des terres encore inexplorées par la science, la vallée de Nourboudha et les monuments de l'architecture indoue; de Bombay, un vaisseau m'aurait porté à Bassorah, d'où j'aurais étudié les vallées du Tigre et de l'Euphrate[1] ».

Ce beau projet ne fut pas mis à exécution et nous voyons le 3 décembre 1838 notre voyageur franchir le désert de Suez au Caire. De là il remonte dans la Moyenne et la Haute Égypte et en Nubie, et après son retour de Wady Halfa, il reprend la route d'Europe par Rosette, Syra, le Pirée, Constantinople, Malte, Syracuse, Catane et Naples. Il termine le récit de ses Pérégrinations par un *Essai sur l'Architecture sarrasine*.

Il adressa une lettre[2] à Garcin de Tassy dont j'extrais quelques passages :

Marseille, 4 juin 1840.

.....Vous savez que les monuments égyptiens ressemblent par plusieurs points à ceux de l'Inde antique..... La Nubie est occupée par des hommes dont le profil ressemble, à s'y méprendre, à celui des races royales de la dix-huitième dynastie ;

1. Page 450.

2. —Extrait d'une lettre de M. le Dr Eusèbe de Salle, Membre de la Société asiatique, etc. à M. Garcin de Tassy, Membre de l'Institut, etc. (*Journ. asiat.*, 3e Sér., X, 1840, pp. 468 474). — Tirage à part, pièce in-8, pp. 7.

et ces hommes parlent une langue que personne n'a encore débrouillée : vous jugez que ce mystère a plus d'attraits pour moi.....

Pendant le séjour que j'ai fait en Nubie, j'ai recueilli un fort mince vocabulaire de mots utiles et de phrases usuelles : j'ai profité de la conversation des plus intelligents de mes mariniers pour faire un essai de traduction interlinéaire. La peine, l'impossibilité d'arriver de prime-abord à quelque chose de précis, a laissé tous ces essais dans un état informe. Quinze jours passés entre Siène et Wadyhalfa ne peuvent suffire pour faire une œuvre complète..... Mais des yeux plus exercés que les miens y trouveront sans doute davantage, et voici d'abord le texte arabe avec la contre-épreuve dans les deux idiomes *barberins*. J'avais dans ma barque un exemplaire du *Robinson*, traduit par un Chaldéen de Diarbekr et publié par les missionnaires de Malte. Ce travail, quoique fort grossier, est encore ce que j'ai trouvé de plus avancé en fait de véritable arabe vulgaire ; les livres soi disant vulgaires sont à cent lieues de l'arabe parlé.....

Eusèbe de Salle termine ainsi sa lettre :

Quelque informes et incomplets que soient ces matériaux, ils sont plus amples que ce qu'a donné M. COSTAZ dans le travail de la Commission d'Égypte. Le berber que M. MARCEL a donné dans son nouveau vocabulaire est la langue cabile de l'Atlas, et ne ressemble en rien au barberin. M. de LAPORTE fils a envoyé une collection de dialogues cabyles qui peuvent encore mieux établir cette différence.....

P. S. A. Palerme, j'ai trouvé quantité de matériaux arabes et quelques arabisants. A Rome, j'ai vu plusieurs Orientalistes, et notamment Mgr MOLSA, le cardinal MEZZOFANTI [1] et l'abbé LANCI [2]. Ce dernier va publier une nouvelle édition de ses inscriptions arabes. Il m'a remis plusieurs de ses ouvrages, et

1. Le Cardinal *Giuseppe* MEZZOFANTI, né à Bologne, le 17 septembre 1774 ; † à Rome, 15 mars 1849.

2. Auteur de : Trattato delle Simboliche rappresentanze arabiche e della varia generazione de' Musulmani caratteri sopra differenti materie operati di Michelangelo Lanci. Parigi, Dondey-Dupré, 1845, 2 vol. in-4 et atlas.

entre autres une Histoire des rois himyarites que ni M. PERRON, ni M. FRESNEL ne paraissent connaître.....

Un nouveau cours d'arabe vulgaire a été ouvert (à Marseille) à l'usage spécial des militaires ; une centaine d'officiers et sous-officiers l'a suivi avec attention depuis son ouverture.....

* * *

Eusèbe de Salle eut pendant plusieurs années comme correspondant son compatriote Auguste FABREGUETTES qui occupa successivement divers postes consulaires : Consul à la Canée (12 mai 1831), à Bahia où il n'alla sans doute pas (23 août 1837); à Malte (30 décembre 1837); il mourut dans cette île le 28 janvier 1842.

I

Mon cher compatriote,

J'ignore si vous avez reçu un billet que je laissai pour vous au bureau du *Courrier*, avec une petite annonce que je vous priais de faire insérer. Comme elle parlait seulement de mon traité des maladies des enfans comme devant paraître et que ce livre a déjà paru depuis une semaine, je vous serai infiniment obligé de substituer la nouvelle annonce jointe à ces lignes à celle que j'avais déjà pris la liberté de vous envoyer. Elle vous dispensera et de l'insertion de la première et d'un article de fonds.

Comptant sur votre obligeance, j'ai l'honneur de vous assurer des sentimens distingués avec lesquels je suis votre dévoué serviteur et compatriote

Eusèbe de SALLE

Monsieur Auguste FABREGUETTES

Rue du Faubourg Poissonnière N° 31 [1].

1. L. a. s., une page in-8.

II

Monsieur et cher Compatriote

La paresse de Mr KERATRY [1] est cause que je n'ai pas encore pu profiter de vos dispositions bienveillantes à faire placer dans le *Courrier* un article sur le *Diorama* de *Londres* [2]. Comme je vais vite en besogne un autre gros ouvrage est sur le point de paraître avant que le *Diorama* ait pu être annoncé ; si l'occasion de rendre un service était un motif suffisant pour vous faire employer votre crédit auprès du semainier de votre journal, je vous serais infiniment obligé d'y faire insérer le plutôt possible le petit article que j'écris sur l'autre feuillet de ma lettre.

Si je n'avais craint de vous importuner en vous faisant une visite à cet effet, je vous aurais épargné l'ennui de déchiffrer ces lignes j'espère que vous excuserez cette liberté en faveur de l'amitié que vous avez témoignée souvent à votre tout dévoué serviteur

Eusèbe de SALLE

Monsieur Auguste Fabreguettes [3].

Puisque les actes de l'Ecole de Médecine vont enfin recommencer, nous croyons devoir recommander aux élèves qui se préparent à leurs examens la *table synoptique des poisons*, du Dr Eusèbe de Salle. A Paris chez Crevot libraire près l'École de Méd.

On annonce comme devant paraître incessamment un autre ouvrage du même auteur qui est fait pour intéresser vivement et les médecins et les mères de famille, c'est un *traité complet des maladies des enfans*. A Paris chez Gabon près l'École de Médecine [4].

1. *Auguste Hilarion* de KÉRATRY, né à Rennes le 28 oct. 1769 ; homme politique ; † en novembre 1859.

2. Publié à Paris en 1823, in-8, sous le pseudonyme d'ARCIEU, voir plus haut.

3. L. a. s., une page in-8.

4. Une page in-8 autographe.

La medecine des enfans est sans contredit une des plus difficiles pour le praticien à cause de l'impossibilité dans laquelle il se trouve d'obtenir des renseignements exacts sur les souffrances de ses jeunes malades. Plusieurs hommes distingués dans l'art de guérir avaient pensé qu'on pourrait trouver dans les altérations des traits de la face des signes certains de presque toutes les affections auxquelles les enfans sont sujets. Le Dr Eusèbe de Salle déjà avantageusement connu dans le monde médical et même à ce qu'on assure dans le monde littéraire vient d'entreprendre la solution de ce problème important. Sa méthode physiognomonique est exposée dans le discours préliminaire qui est en tête d'un grand ouvrage qu'il vient de publier et qui porte le titre suivant : *Traité des Maladies des Enfans, de Michaël Underwood, entièrement refondu, completé et mis sur un nouveau plan par Eusèbe de Salle, avec des notes de Mr Jadelot médecin de l'hopital des Enfans*, 2 vol. in-8, prix 9 fr. A Paris chez Gabon et Cie rue de l'Ecole de Médecine[1].

III

Le Kaire, 23 janvier 1836.

Mon cher compatriote

Je viens selon votre désir vous rappeler quelques petites commissions que vous avez bien voulu recevoir au milieu de l'agitation du départ. Si vous avez un peu partagé les regrets que vous avez laissés derrière vous, la distraction doit avoir été encore plus forte. L'espoir de vous retrouver un jour, placé selon vos désirs, tranquille, bien portant voila la consolation des amis qui ont été quelques jours vos compagnons de voyage.

Vous aurez sans doute remis à Mr Dantan un billet ; n'oubliez pas d'y joindre nos complimens les plus empressés, et mes amitiés les plus vives. Une autre lettre à l'adresse de Mr Franc vous rappellera les 4 talaris français dont vous avez pris la peine de vous charger pour lui. Enfin une 3e lettre à l'adresse de mon beau-frère Cruttenden (?) à Londres doit être mise à la poste à Malte si vous y allez tout de suite ou au

1. Une page in 8 autographe.

vapeur anglais si vous différez un peu. Le vapeur français et Marseille vous offrent une dernière ressource. S'il faut payer quelquechose en mettant cette lettre à la poste, Mr Franc vous le remboursera.

J'inclus dans ce pli une autre lettre pour Mr Franc à qui je vous prie de renouveler nos complimens.

Je vous ai prié de recommander particulièrement à Mr MIÈGE (?) le jeune WIET[1], fils d'un drogman de France à Constantinople et qui est aujourd'hui l'unique soutien de sa mère et d'une nombreuse famille. Les autorités de Marseille, Mr SEBASTIANI, Mr FIRINO, le préfet avec lesquelles je suis parfois en contact seront visités par vous, ainsi que quelques membres de la Chambre du Commerce ; vous avez promis de les assurer que les intérêts de leur cité m'occuperaient sans cesse dans mon voyage.

1. Les WIET forment une véritable dynastie ; je note : *Joseph Marie Etienne* WIET, né à Alexandrie d'Égypte le 13 août 1773 ; jeune de langues en 1792 ; second drogman par intérim à Andrinople en l'an X ; à Salonique, en l'an XI ; à Alep, 18 août 1806 ; premier drogman à Alep le 31 octobre 1821 ; à la retraite le 16 juillet 1829. — *Edouard Joseph* WIET, sans doute celui d'Eusèbe de Salle, jeune de langues, 15 sept. 1834 ; drogman sans résidence fixe, 3 janvier 1846 ; drogman-chancelier provisoire à Salonique, 1846 ; à Erzeroum, 19 déc. 1847 ; agent consulaire à Erzeroum, 14 avril 1848 ; drogman-chancelier à Bagdad, 5 mars 1852 ; agent vice-consul en Bosnie, 27 sept. 1852 ; consul de 2e classe à Scutari d'Albanie, 8 janvier 1862 ; † en mars 1863. — *Emile* WIET, chancelier à Bahia, 31 déc. 1842 ; agent vice-consulaire au Cap Haïtien, 29 nov. 1848 ; chancelier de 1re classe à Port-au-Prince, 14 fév. 1852 ; à Tunis, 12 nov. 1858 ; vice-consul à Mossoul, 21 janvier 1860 ; à Janina, 27 juillet 1860 ; consul de 1re classe à Salonique, 24 mars 1868 ; à Corfou, 3 février 1869 ; gérant du Consulat de Tripoli, 30 juin 1869 ; de Palerme, 13 mars 1877 ; † à Corfou, 13 février 1881. *Louis* WIET, jeune de langues, janvier 1873 ; † 7 nov. de la même année. *Ferdinand Léonel Marie Joseph* WIET, né 16 août 1872 ; jeune de langues, élève à l'École des Langues orientales ; élève drogman à Alep, 23 sept. 1895 ; gérant du vice-consulat de Marache, 5 sept. 1896-26 avril 1897 ; gérant du vice-consulat de Mossoul, 26 mai-17 déc. 1897 ; élève drogman à Constantinople, 22 avril 1899 ; drogman de deuxième classe, 23 oct. 1899 ; gérant de la chancellerie de Jérusalem, 5 mars 1900 ; drogman-chancelier à Jérusalem, 1er oct. 1890 ; interprète de première classe, 21 déc. 1903 ; premier interprète à Beyrouth, 1er déc. 1905 ; gérant du consulat de Bagdad, 18 mai 1910 ; consul de deuxième classe, à Bagdad, 22 février 1911 ; à Trébizonde, 30 oct. 1913. Il y en a d'autres ; voir *Annuaire diplomatique*.

A Paris vous verrez des fonctionnaires éminens desquels ma position relève plus immédiatement, rappelez leur que les hommes d'action et de science sont rares et qu'il ne faut ni oublier ni décourager ceux qui comme moi ont plus pensé à leurs devoirs qu'à leurs intérêts.

Dites à Mr MIGNET[1] que je compte lui écrire bientôt. Je suis encore au milieu des lieux communs triturés par les touristes européens. Je compte bientôt partir pour Suez, pour le mont Sinaï et peut-être plus loin si Mme de Salle veut bien prendre patience. Le voyage de la haute Égypte sera je crois renvoyé à l'hiver prochain, nous aurons plus de loisirs pour le préparer, nous aurons pu trouver des compagnons pour le faire agréablement.

Envoyez moi un petit mot de recommandation auprès de Mr GUYS[2] consul à Beyrout. J'ai à lui écrire un de ces jours pour une affaire particulière.

Adieu mon cher compatriote, employez moi pour votre service le plus que vous pourrez, ce sera m'obliger; notre amitié est d'une date déjà bien ancienne et je sais que notre dernier rapprochement l'a resserrée beaucoup. Ma femme vous envoie ses complimens. J'y joins l'assurance de mon dévouement le plus entier

Eusèbe de SALLE

Je crois que PERRON compte sur une traite de 1200 fr. d'Alexandrie sur Paris.

Monsieur Aug. FABREGUETTES

Consul de France à Malte;
de passage à Alexandrie[3].

1. *François Auguste Alexis* MIGNET, né à Aix (Bouches-du-Rhône), le 8 mai 1796; † à Paris, le 24 mars 1884 ; élu à l'Académie des Sciences morales, le 29 décembre 1832 ; à l'Académie française, 29 décembre 1836.

2. *Pierre Marie François Auguste Henri* GUYS, gérant du consulat de Lattaquié, 1er janvier 1813-1816 ; en disponibilité ; vice-consul à Alger, 22 juillet 1818 ; à Chio, 6 sept. 1822 ; à Beyrouth, 15 déc. 1824 ; consul à Acre, 30 déc. 1827 ; à Alep, déc. 1837 ; à la retraite le 8 avril 1847.

3. L. a. s., une page in-4.

IV

Qaire, 25 Mars 1838.

Cher et bon compatriote, j'ai trouvé ici votre lettre au retour d'une petite course que je viens de faire dans le désert de Suëz. Le plaisir de recevoir des lettres d'Europe et de mes amis est devenu rare et vous jugez que je l'ai savouré plus vivement encore à cause d'un correspondant tel que vous. J'ai trouvé en même temps une lettre de mon suppléant l'abbé Bargès qui me fait part des tracasseries dont sa personne et ma chaire ont été l'objet depuis mon départ ; si vous êtes encore à Marseille au moment où ces lignes vous parviendront, vous aurez certainement à opiner sur la question, car toutes les personnes à qui vous parlerez de moi, Chambre de commerce, corps diplomatique, autorités ont pris couleur dans cette affaire dont je vous ai dit quelques mots au Qaire. Un Égyptien appelé Saccatini (Sakakini)[1] prétendait me remplacer pendant mon absence afin d'avoir droit plus tard à la chaire, car tout le monde pense à Marseille que j'ai peu de goût pour une position infime et pour le séjour de la province. Cependant on se trompe quand on croit que je ne sais pas me reléguer aux échelons inférieurs en attendant de monter plus haut. C'est une philosophie sans laquelle toute carrière serait fermée. Une fois en train de désirer, Saccatini a trouvé commode de dire que je n'étais pas capable de remplir la chaire non plus que mon remplaçant, et il a trouvé quelques juifs et quelques levantins qui ont appuyé la pétition où il nous dénonce comme trop savans pour enseigner l'arabe vulgaire Une première démarche de ce genre me fut dénoncée par Salvandy[2] lorsque j'allai prendre congé de lui en août dernier, mon absence en a encouragé d'autres, dans lesquelles les négocians se sont érigés en Sorbonne grammaticale et orientaliste, tandis que le préfet s'abstenait de consulter les hommes compétens du corps enseignant. Les Marseillais ont oublié mon

1. Voir ci-dessus page 29.

2. Le Comte *Narcisse* de Salvandy-Lagravère, né à Condom (Gers), 11 juin 1795 ; † à Graveron (Eure), le 15 décembre 1856 ; élu à l'Académie française, le 19 février 1835 ; Ministre de l'Instruction publique, 1837-9, 1845-8.

dévouement pendant 3 choléras, ont oublié les cours de littérature et d'histoire que je leur ai fait gratis en sus du cours d'arabe obligé, ils ont oublié qu'ils ont reçu des politesses dans mon salon, ils ont oublié tout cela par pitié pour un père de famille ruiné par de mauvaises affaires, ignorant en français encore plus qu'en arabe, étranger par sa naissance, aussi bien que par son caractère et son éducation, intéressant peut-être comme mendiant mais peu recommandable comme professeur, sans titres directs ni services antérieurs.

Ces histoires, vous le sentez, sont peu faites pour me raccommoder avec les Marseillais et si vous pouviez rendre MIGNET, THIERS et quelques autres un peu honteux de la position où ils m'ont laissé mettre et où ils me laissent encore inquiéter, il me semble qu'au retour de mon voyage le temps d'une justice plus haute pourrait enfin sonner pour moi. Mes études historiques sur les races des peuples de l'Afrique et de l'Asie ne pourront se passer des bibliothèques de Paris ; mes voyages, mes études polyglottes me rendraient utile dans la diplomatie ou dans les bureaux des Affaires Étrangeres. A Paris, je me contenterais de peu de chose parceque les lettres me fourniraient d'autres ressources. Un séjour plus long que mon congé dans le Levant ne me déplairait pas, pourvu que j'y fusse convenablement posé. Les Anglais ont rempli la Mer Rouge de leurs vaisseaux et ses ports de leurs agens consulaires : un consulat à Djedda, Moka ou Bombay devra être créé avant peu, causez en un peù vivement avec le ministre ou avec Mignet.

A Paris vous pourrez peut-être vous occuper d'une autre négociation plus facile. Le vieux patriarche de la littérature orientale m'avait engagé à donner au *Journal des Débats* quelques lettres sur mon voyage en Levant. Mais il me semble que le journal est peu disposé à les insérer. Les Chambres l'occupent trop ; peut-être les rédacteurs habituels font-ils là comme ailleurs douane vigilante pour fermer la porte à tout nouveau venu surtout si ce nouveau venu avait quelque valeur capable de les inquietter. En quatre mots d'explication avec un des MM. BERTIN vous verrez le fonds de l'affaire. S'il ne doit pas bientôt, ou plus tard insérer mes lettres, retirez les et tachez de les placer ailleurs. Il y en a déjà huit, toutes écrites de ma main et numérotées. Ce sont des dissertations scientifiques jettées au milieu d'impressions de voyage, vous même, en qualité de compagnon, y figurez dans une course aux Pyramides et vous pourrez voir que mon esprit n'a pas plus mal jugé le vôtre que mon cœur n'a apprécié votre cœur. Vos amitiés avec les rédacteurs du *Siècle*, votre autorité dans le *Courrier* peuvent me faire recevoir ces travaux littéraires. Un peu d'argent qu'ils rapporteraient serait le bien venu, car des lettres reçues de l'Inde m'ont fait voir dans la fortune de ma femme un peu plus clair que jadis, et je commence à croire que les économies que je voulais consacrer à un voyage en grand pourraient bien être utiles pour assurer ma vie contre les destitutions. Les questions d'Orient qui se réveillent et se compliquent par la durée de la révolte syrienne auront nécessairement leur place dans cette correspondance. Voici les sujets que j'ai le projet de traiter dans les lettres subséquentes et dont j'ai déjà assemblé les matériaux, les réformes de Mohamed Aly, les révolutions de la langue arabe et ses destinées futures, la nationalité Egyptienne ; la Mer Rouge et son commerce, les Anglais dans la Mer Rouge, le Canal des deux Mers, son histoire passée et sa reconstruction ; la destruction incessante des monumens de la haute Égypte — puis les races anciennes et modernes des deux bords de la mer Rouge, les Égyptiens anciens, moyens et modernes, les Nubiens, Abyssins, Arabes hedjazites et yamanites. Enfin les races perses, mèdes, assyriennes et indiennes telles que je les étudierai à Bombay. Tout cela mon cher ami sera plus tard recueilli et remanié en un livre qui je l'espère me classera définitivement parmi les travailleurs sérieux du siècle après m'être classé par le voyage parmi les hommes d'action. Pour la forme, vous savez d'après mes livres et mes causeries, qu'elle sera toujours recevable pour des lecteurs de journal ; les échantillons que vous en verrez dans les 8 premières lettres vous expliqueront mieux mon cadre habituel : des avantures de voyageur un peu brodées par l'imagination, la science grave allégée par les épisodes, et surtout les évènemens importans du pays, voilà ce qui alimentera sans cesse la correspondance. Or vous l'avez vu avec votre coup d'œil exercé, le Levant est gros d'évènemens, les choses et les hommes seront avant peu regardés avec intérêt par l'Europe ; j'espère être encore ici et vous pourrez m'y faire une position capable de faire bien jouir mes correspondans du spectacle. D'un moment à l'autre aussi la France peut avoir besoin de représentans plus nombreux, plus actifs, plus etc. que ceux qui s'y trouvent actuellement.

Vous m'aviez donné des nouvelles d'Europe plus fraîches que celles que je savais, je vois avec le plus vif intérêt l'opposition reprendre des avantages et surtout Mr LAFITTE replacé à la Chambre par les Parisiens. Quelques mots de moi je vous en prie à Mr BERANGER et aux conseillers secrets et influens des Affaires étrangères, de l'Instruction publique, à Mr Mignet, à Mr Thiers qui a bien des torts à reparer envers moi. Dites leur à tous, si vous le croyez, que mes facultés pourraient être employées plus convenablement qu'à enseigner à lire à des enfans de 15 ans.

Les dernières nouvelles de Syrie sont toujours graves : SOLIMAN Pacha à la tête d'une armée aurait été battu par les révoltés. Le Pacha envoie six régimens égyptiens en Crète et en retire six autres qu'il va envoyer en Syrie. Les fellahs ne seraient pas de force à lutter contre les montagnards syriens, mais les Candiotes ne se souviendront-ils pas qu'ils sont chrétiens comme la plupart des révoltés ? IBRAHIM PACHA vient d'envoyer chercher CLOT BEY[1] ; on le dit toujours et de plus en plus malade en Syrie ; je ne sais si son ancienne infirmité s'est réveillée. Cela me rappelle que Mr LUBART vient d'être heureusement opéré de la fistule. J'ai pu voir MOUKHTAR BEY, ARTIN-BEY. Je n'ai pas vu Clot. Mes études et les distances me tiennent loin de tout le monde je vais transporter mon domicile la semaine prochaine au Mouski ou quartier franc, pour perdre moins de temps en course et pour étudier un peu plus le monde turc, arabe et levantin. Ma femme y aura de la société et supportera plus facilement les absences un peu longues que je compte faire par ci par là. Le desert et le dromadaire me plaisent beaucoup. L'arabe savant étudié dans les livres a bien son mérite après tout quoiqu'en disent les praticiens de Marseille. A Alger l'arabe savant m'a fait comprendre le maugrébin écrit et parlé ; ici, je me suis apperçu

1. *Antoine* CLOT, dit CLOT bey, médecin français, né à Grenoble, le 5 novembre 1793 ; engagé par MEHEMET ALI ; † à Marseille en septembre 1868.

en arrivant que l'accent était différent et que trois ans de patois marseillais m'avaient un peu rouillé. Cela arrive à tout le monde après quinze jours d'interruption, mais au bout de quelques séances on se réveille armé de toutes pièces. Je l'ai éprouvé pour l'anglais, pour l'italien, et même pour les patois du midi, je l'ai éprouvé pour l'arabe du Qaire. Je m'amuse aujourd'hui de la surprise de bien des gens avec lesquels je n'avais dit que quelques mots d'arabe ou avec lesquels j'avais toujours parlé italien ou français. Quinze ans d'études sérieuses sont toujours un bon fondement pour devenir praticien.

Adieu mon cher et vieil ami, conservez moi toujours une bonne place dans votre cœur. Mr PRUNELLE qui me veut [*déchiré*] autant de bien que vous pourra peut-être vous aider dans quelques démarches faites en ma faveur auprès des autorités [*déchiré*] Une grande succession vient de s'ouvrir. M. de SACY est mort c'est presque une gloire d'avoir été élève d'un si grand [*déchiré*]. Pour faire mon lit à Marseille, j'avais eu l'idée de me faire caser à l'École de Médecine qu'on vient d'y réorganiser [*déchiré*] école sans argent, sans élèves, ne vaut guère la peine de supporter Marseille et les Marseillais. La diplomatie, l'orient, si Paris est impossible.

Vous aurez vu le neveu, je suis sûr qu'il vous aura plu. Il avait été élevé pour la science, j'espère qu'il réussira mieux dans le commerce. Je lui ai écrit de se mettre à vos ordres, de vous conduire, de vous piloter. N'oubliez pas Mr WIET, si vous [*déchiré*] à Marseille. Adieu. Ma femme vous remercie de votre bon souvenir ainsi que Mme PERRON. Les maris vous font leurs complimens et leurs amitiés. Quand vous aurez le temps, je vous en prie un petit souvenir de vous à votre tout dévoué compatriote et ami

Eusèbe de SALLE

Mes hommages à Mes Fabreguettes

J'autorise Mr Fabreguettes à retirer des bureaux du *Journal des Débats* 8 lettres écrites d'Egypte par moi

Eusèbe de SALLE

Je rouvre ma lettre en me souvenant que BARTHE[1] est

1. *Félix* BARTHE, né à Narbonne le 28 juillet 1795 ; † à Paris, le 27

encore garde des sceaux. Rappelez-lui qu'il m'avait dans le temps promis officiellement la place d'inspecteur de la typographie orientale dans l'Imprimerie Royale. Deux titulaires sont morts depuis : il serait bien temps qu'il dégage enfin une parole donnée à moi, donnée à MM. PRUNELLE, JOUFFROY, AMILHAU, alors et encore aujourd'hui députés. La place est petite, c'est une des miettes de l'héritage de M. de Sacy. Elle me suffirait avec un peu de travail littéraire. Demandez s'il en est encore temps ; les orientalistes militans doivent être compris dans les promotions comme les soldats en campagne ! Adieu encore une fois.

Monsieur Auguste FABREGUETTES

Rue Neuve des Mathurins, N° 1
Chaussée d'Antin
Paris [1]

V

Cher et aimable Consul

Je viendrai vous voir un instant après mon déjeuner et à l'heure où vous devez être chez vous : Je me ferai suivre d'un sayt chargé de 1200 fr. argent de France que M. PERRON vous confie avec le plus grand plaisir.

Mme de Salle est un peu souffrante d'un coup d'air pris dans nos vilaines chambres mal closes et très froides la nuit. Elle se joint à Mme Perron pour vous remercier de votre bon souvenir. Faites mes complimens à Mr Tippel (?) et croyez moi votre tout dévoué ami et compatriote

Eusèbe de SALLE

Mercredi 10 heures.

Monsieur le Consul de France

à Malte
De passage au Kaire.

décembre 1863 ; Garde des Sceaux, 1831-1834 ; Ministre de la Justice, 1834-1837 ; Garde des Sceaux, Ministre de la Justice, 1839-1848, 1849-1863 ; élu à l'Académie des Sciences morales par Décret impérial le 14 avril 1855.

1. Lettre autographe signée, 3 pages 1 /4, in-4.

VI

Le Qaire, 10 avril 1838.

Mon cher ami je n'ai reçu qu'avant-hier votre lettre du 12 février. Nous étions dans la haute Égypte lorsqu'elle est arrivée au Consulat. La poste du pacha n'étant guere plus sure que les occasions que l'on peut trouver on l'a gardée jusqu'à notre retour et l'on a bien fait. Tout ce que nous avons envoyé en route ou tout ce qu'on nous a envoyé est perdu. Mais pour avoir été longtemps privé de vos nouvelles, je n'en ai pas moins compté sur les promesses de votre amitié et les détails que j'apprends enfin me prouvent que je n'avais point fait de mécompte.

Je crois vous avoir dit en deux mots l'histoire de la chaire de Marseille, des arabes, juifs et autres levantins voudraient toujours voir là quelqu'un des leurs. Les accusations d'ignorance sont fort commodes contre les spécialités qui n'ont point de juge : la vie de CHAMPOLLION, d'Abel RÉMUZAT [*sic*] et de beaucoup d'autres savans spéciaux en a été empoisonnée. Les Marseillais qui ne me connaissent pas ne savent pas si ma conscience m'aurait permis d'accepter des fonctions auxquelles je serais impropre, et ceux qui me connaissent ont peut-être compris que j'étais propre à ces fonctions, là et à quelques autres plus élevées. Les révolutions ministérielles ont fait justice de SALVANDY. Ses successeurs seront un peu moins sots que lui, car les égaux de Salvandy sont introuvables. L'université est toute meurtrie de sa longue et remuante administration. Au surplus une destitution m'arrangerait plus que le *statu quo* ce serait l'occasion toute trouvée de rentrer à Paris avec l'intérêt qui s'attache à une persécution maintenant plus que jamais absurde. Car on a plutôt dit que je *devais* ignorer l'arabe vulgaire qu'on n'a dit que je l'ignorais. C'était le manque de séjour dans le Levant qui fournissait le prétexte de l'accusation, et maintenant ce prétexte au moins manquera aux imbéciles comme aux fripons.

A propos de fripons j'arrive tout naturellement à M^rs^ des *Débats*. Il était convenu qu'on essayerait de ma correspondance dans le journal et non dans le cabinet ; je connais l'optique du public pour l'avoir longtemps pratiquée et c'était pour lui que j'avais arrangé mes lettres trop longues et ne concluant pas disent-ils, mais beaucoup plus courtes et plus concluantes que celles de M. M. tels et tels qui ont scrutiné en rivaux inquiets plutôt qu'en juges désintéressés lorqu'on a lu mes lettres dans le cabinet noir de Mr BERTIN.

Notre voyage dans l'Orient arabe tire à sa fin ; dans deux mois nous serons à Alexandrie d'où nous nous dirigerons vers Rhodes puis Smyrne et Constantinople. Le Qaire a été notre quartier général plutôt que notre séjour habituel ; nous en étions partis pour aller en Syrie, nous la quittâmes aussi pour aller à Thèbes, à la première et à la seconde cataracte. Nos absences ont été fort longues six mois en Syrie, trois ou quatre [*déchiré*] aussi le Qaire m'est beaucoup mieux connu, dans le matériel que dans le personnel. Les Turcs, Arabes et Arméniens ont été peu fréquentés ; je ne sais sur eux que les oui dire ; les Européens me sont un peu plus connus, mais vous les connaissez aussi bien que moi ; vous les avez dévisagés avec cet art fin de notre pays et cet art sûr que donne la grande habitude du monde. Mr COCHELET a mieux réussi qu'on ne l'avait d'abord espéré. Je ne l'ai vu qu'hier pour la première fois ; je sais qu'il est fort dévoué aux intérêts du commerce et même des commerçans, mais je l'ai trouvé un peu froid et pesant ; c'est peut-être [?] d'une première entrevue. TIPPEL que je [*sic*] vous aviez bien jugé a les talens compagnons ordinaires de l'hypocondrie, mais il en a aussi les travers. Sa jeunesse qui lui avait fait commettre quelques incartades s'est prolongée un peu au delà du temps convenable pour un magistrat. Sa préoccupation de gentilhommerie ou plutôt de *gentility* anglaise lui a fait perdre un peu le respect d'autrui. Le consul général trouve sa position *fausse* et le mot est encore doux. Il lui arrivera par un des prochains paquebots un congé après lequel il ne reparaitra plus au Qaire. Il portera dans un autre poste son attitude, mais la comme ici, cette attitude sera un peu faussée par ses passions. Mr DANTAN s'est maintenu ce qu'il m'apparut d'abord, un homme adroit, gracieux et bienveillant. Je le reverrai avec le plus grand plaisir à mon retour à Alexandrie et nous nous ferons fête mutuelle en parlant de vous de qui son jugement a pris aussi bonne opinion que moi-même. Vous avez su la mort de Mouchtar bey. Sa duplicité lui avait fait beaucoup d'ennemis et il a laissé peu de regrets sauf les panégyriques et oraisons funèbres de la plume ridicule et vénale de Mr Dozoi. J'ai rencontré Ibrahim pacha à Alep. J'ai passé trois heures avec lui et Soliman pacha ; celui-ci est un homme fort habile et qui enfarine son habileté de bambochade militaire. Ibrahim est sous ce rapport son élève ; il a adopté les manières brusques jusqu'à la brutalité, les grossières plaisanteries et tout cela au milieu d'une longue comédie de travail royal et ministériel. Je l'ai vu passer plus d'une heure et demie à décacheter son courrier et donner des ordres avec une promptitude napoléonienne. L'autre heure et demie fut employée à causer agriculture, acclimattement de vignes, mûriers, oliviers, grandes routes, chemins de fer, fournaux anglais et français. Il a mis ou l'on a mis pour lui le doigt sur la plaie. Il veut paraître administrateur après avoir prouvé qu'il était soldat. Je crois malgré le peu de soin qu'il mit à notre entrevue, qu'il vaut réellement mieux que sa réputation. Un grand fonds d'activité comme le sien, doit réussir aux travaux de la paix comme à ceux de la guerre. Le maréchal [*page déchirée*] le pacha Mohammed Aly est un peu indisposé, dans ce moment. Cela seul retarde son retour à Alexandrie [*déchiré*] suivi par le corps diplomatique et par Clot bey qui a un congé d'un an pour aller mourir dans quelque chaise de poste européenne. C'est toujours mieux que de mourir dans un désert au milieu d'une armée comme ce pauvre général Allard[1] dont Mr Cochelet m'a hier appris la fin prématurée : il est mort subitement de la rupture d'un anévrisme au cœur. Le pacha Mohammed Aly a été dupe d'une grande mystification : il est allé chercher aux confins de l'Abyssinie une mine d'or qui n'exista jamais que dans l'imagination des ingénieurs italiens et allemands payés pour en trouver à tout prix. Les flatteurs Dozol, Clot, Gaetani, Hamond et Compagnie se rabattent maintenant sur une bonne mine de fer et sur la cessation de la chasse aux nègres pour chanter bien haut les résultats avantageux du voyage. Dimanche dernier on a forcé les pauvres Pères de la Terre Sainte à chanter un *Te Deum* pour l'heureux retour de l'illustre vieillard. Gaëtani compatriote d'Escobar a fermé la bouche aux scrupules en assumant pour lui-même et ses compagnons européens la cérémonie catho-

1. *Jean François* Allard, général en chef des armées de Lahore, né à Saint Tropez (Var), en 1785 ; † à Pechawar.

lique dont il espère pourtant bien faire hommage à son patron et client. La tolerance a [*déchiré*] du chemin dans les deux camps, les hérétiques arméniens et coptes, les juifs, les musulmans eux [*déchiré*] sont venus faire reluire leur nicham au feu des bougies de notre chapelle. Ils voulaient entendre [*déchiré*] en latin *Mohammedum Alym pacham.* Mais Dieu merci le nom du faux prophète oppresseur et destructeur du christianisme dans l'Orient n'a pas profané les voutes du temple du Christ, et nous n'avons entendu que le nom du roi des Français patron plus réel des Chrétiens que le vassal révolté du Sultan. Je me suis retouvé chrétien et catholique depuis que je vis au milieu des musulmans et surtout depuis que j'approche les rénégats ouverts et déguisés de leur pays et de leur religion. L'Orient et Jérusalem ont fait la même impression à bien d'autres. Après le midi de la vie, ce retour aux sentimens de sa jeunesse, à la foi de ses pères est ce me semble, le plus beau bénéfice de cette grande étude qu'on appelle un voyage.

Adieu, mon cher et vieil ami. Ma femme qui a partagé mes fatigues en a comme moi recueilli santé et satisfaction. Elle vous remercie beaucoup de votre bon souvenir, nous espérons bien vous revoir à Malte vers la fin de l'année — Nous trouverons chez vous bon feu et bonne amitié. Nous serons charmés de faire la connaissance de Mme Fabreguettes.

Recevez nos complimens les plus affectueux.

Eusèbe de SALLE

Monsieur Auguste FABREGUETTES

Consul de France à Malte [1].

*
* *

Eusèbe de Salle, qui a touché à tant de branches de la littérature, devait aborder le théâtre ; la lettre suivante adressée au célèbre BOCAGE nous révèle une de ses tentatives qui certainement n'a pas dû être isolée :

1. L. a. s., 3 pages in-4.

10 février 1847.

Monsieur

Vous m'aviez promis une prompte réponse du Comité à qui vous deviez remettre le manuscrit d'*Isabelle ou la Confession*, drame en 7 tableaux.

J'ai appris par la voix publique que vous allez quitter la direction de l'Odéon et je désire d'autant plus connaître la destinée du manuscrit que je suis moi-même sur le point de où quitter Paris.

Soyez assez bon pour me dire si quelque chose a été fait, et en cas d'impossibilité de faire quelque chose, de m'apprendre où et quand je puis faire retirer le manuscrit.

Je vais à Marseille où vous ferez sans doute une station puisque vous allez vers le Midi ; je désire être à même d'y reprendre et cultiver la connaissance d'un artiste si distingué commencée sous les auspices de notre illustre ami MÉRY[1].

Veuillez me croire, monsieur, votre très dévoué

Eusèbe de SALLE

19, rue Richelieu.

A Mr BOCAGE[2]

Directeur de l'Odéon[3]

*
* *

En 1865, Eusèbe de Salle entreprenait chez PAGNERRE la publication de ses *Œuvres choisies*[4], qu'il faisait imprimer à Montpellier chez Gras; le tome Ier renferme ses Poésies, son Théâtre, des Rimes patoises en patois carcassonnais, de Mont-

1. *Joseph* MÉRY, né le 21 janvier 1798, aux Aygalades, près Marseille ; † à Paris, 17 juin 1866.

2. *Pierre Martinien* TOUZET, dit BOCAGE, né à Rouen en 1801 ; † 30 août 1863.

Directeur de l'Odéon, 1845-1848.

3. L. a. s., une page in-8.

4. — Œuvres choisies d'Eusèbe de Salles. — POÉSIES. — Théâtre. — Sonnets. — Poésies diverses. — Rimes patoises. Paris, Pagnère (*sic*), libraire-éditeur, rue de Seine, 18, et chez les principaux libraires du midi 1865 (lire 1864), in-16, pp. 384.

Sur le faux-titre : *Œuvres choisies d'Eusèbe de Salles.*

pellier et provençal. Au verso de la quatrième page de la couverture extérieure et au verso du faux-titre, on a imprimé la liste suivante des

ŒUVRES CHOISIES D'EUSÈBE DE SALLES

Poésies

Théâtre, sonnets et poésies diverses, rimes patoises .. 1 vol.

Romans

Arcadie, ou les Déceptions dans les deux mondes.... 1 vol.
L'Anévrisme ou le Devoir.......................... 2
Warren et Noucomar.............................. 1
Le Déserteur à l'ennemi 1
Un Hiver à Thèbes................................ 1
Les Deux Traversées 1
Aly le Renard, ou la Conquête d'Alger............ 2
Sakontala, ou Une chaîne illégale................. 1

Théologie, Voyages, Morale, Histoire

Le Démon légion, ou Théorie des Orgueils modernes 2 vol.
Lettres à un pasteur cévenol sur le mouvement religieux du monde.......................... 1
Fragments sur la philosophie de l'histoire, sur Mahomet et l'Islam, etc.............................. 1
Histoire d'Arabie.. 2
Histoire générale des races humaines............. 2
Pérégrinations en Orient.......................... 1

Chaque ouvrage se vendra séparément.

Montpellier, Imprimerie Gras.

Le second volume des *Œuvres choisies* parut trois ans plus tard, 1868, également chez Pagnerre; il renfermait le roman l'*Anévrisme ou le Devoir* et la nouvelle *Les bas à jour*. Au recto du dernier feuillet non chiffré on lit la note suivante :

Note sur la propriété irisante des barbes de plume.

Notre ami et compatriote, le comte Eusèbe de Salles, passe les étés à la terre de la famille Antipas-Lauragais, située dans un joli vallon entouré de la rigole. On y élève des paons dont la mue s'opère au mois d'Août. Toute la société ramassait des plumes, qu'on empaquetait à la soirée. Le plan des plumes larges, celles des ailes surtout, coupait souvent le chemin de l'œil à la lampe ou à la bougie. C'est à ce moment qu'on observa la propriété irisante des barbes. Le phénomène est visible dans toute plume non éraillée. On peut tenir la plume verticale ou horizontale. Les résultats sont divers : on voit des masses de languettes irisées et imbriquées comme un toit : l'autre apparence consiste en des mâts vénitiens enrubanés d'iris en diagonales.

M. Eusèbe de Salles s'est garanti la propriété, nous voulons dire *priorité*, de la découverte, par des communications officielles à M. Babinet,[1] de l'Institut, et à plusieurs Facultés des Sciences. A Montpellier, MM. les professeurs Roche et Lallemand ont appelé l'attention de M. de Salles sur un instrument d'optique, charmant joujou inventé depuis peu par Frauendorf, opticien de Munich. C'est une courte lunette, portant au centre un carré de raies. Ce carré est tourné vers la lumière d'une bougie ou du soleil, entrant par un trou ou fente d'une fenêtre fermée, de façon à obscurcir l'appartement. Le trou rond produit à la lunette des iris imbriquées, la fente verticale des mâts vénitiens irisés obliquement. Nous voilà déjà en chemin d'analyser le phénomène des plumes où l'on a trouvé les deux espèces d'iris.

La lunette Frauendorf est une nouveauté dispendieuse, que les plumes larges peuvent déjà très économiquement remplacer, comme joujou capable d'amuser les journées solaires et les soirées encore plus.

Nous profitons de l'occasion pour annoncer l'épuisement du *Recueil de poésies* de M. Eusèbe de Salles. Il en reste cependant encore quelques exemplaires à la librairie Pomiès, à Carcassonne, et chez M. Gras, à Montpellier (Extrait du *Courrier de l'Aude*).

1. *Jacques* Babinet, né à Lusignan (Var), le 5 mars 1794 ; élu à l Académie des Sciences le 17 févier 1840 ; † à Paris, le 21 octobre 1872.

Malgré le beau programme des *Œuvres choisies* d'Eusèbe de Salle, il parut que ces deux volumes avaient l'aspect provincial et ils n'eurent qu'un médiocre succès ne permettant pas de continuer la collection.

Ce roman est signalé sous le titre singulier de *L'Anévrisme ou le Devoir* comme sous presse, en 2 vol. in-8, sur le faux-titre de *Sakontala* en 1833, mais il ne parut, comme nous venons de le voir[1], qu'en 1868 à Paris chez Pagnerre et Dentu, formant le Tome II des *Œuvres choisies d'Eusèbe de Salles* imprimé à Montpellier chez Gras, avec *Les Bas à jour*, nouvelle Algérienne. Une nouvelle édition de ce volume parut l'année suivante[2] chez Pagnerre seul et imprimée à Saint-Denis à la Typographie de A. Moulin.

« Ce Roman, dit Charles Asselineau[3], rentre dans la série que j'appellerai les « Romans de la révolution de Juillet », et à laquelle appartiennent déjà *Résignée*, de Drouineau, et *Un Bal sous Louis-Philippe* par Regnier-Destourbet. La fougue méridionale de l'auteur qui ne se montre que par endroits et épisodiquement dans *Sakontala*, son amour du tumulte et du foisonnement, le goût d'intrigues croisées et de la multitude, déjà manifeste dans *Ali le Renard*,

1. — Œuvres choisies d'Eusèbe de Salle, Tome II — L'Anevrysme ou le Devoir. — Les Bas a jour, Nouvelle algérienne. — Paris, Pagnerre, éditeur, 18, rue de Seine | Dentu, éditeur, Galerie d'Orléans et chez les principaux libraires du Midi — MDCCCLXVIII, in-16, pp. 350 + une note d'une page sur la propriété irisante des Barbes de Plume (Extrait du *Courrier de l'Aude*).

2. — Œuvres choisies d'Eusèbe de Salles, Tome II — Les Carbonari ou l'Anevrysme Étude de Mœurs de 1830. — Les Bas a jour Nouvelle algérienne — Paris, Librairie Pagnerre, rue de Seine, 18, MDCCCLXIX in-12, pp. 390 + 1 p. n. ch. Note sur la Barbe de Plume.

3. *Bibliographie romantique*, pp. 183-4.

éclatent dans ce nouvel ouvrage qui par moments semble une symphonie conduite à grand orchestre. L'action engagée à Hyères, et qui se poursuit pendant les deux premiers chapitres du volume dans le décor de la nature méridionale, s'achève à Paris, et déroule les premiers événements du règne de Louis-Philippe, les premières émeutes, etc. Cette seconde partie présente plus d'un renseignement curieux qu'il faut déchiffrer, comme dans *Ali*, sous la pseudonymie des personnages, entre autres l'histoire des amours de M. Th..., et de Mme Tern... — En somme, ce roman est digne de ses deux aînés, et se recommande par les mêmes qualités. Il eut été bien regrettable qu'il ne vit pas le jour ».

Dans la seconde édition du Tome II des *Carbonari* (1869), nous voyons indiqués les ouvrages suivants sur la quatrième page de la couverture extérieure comme parus :

Poésies, 3 fr.
Aly le Renard, épuisé, nouvelle édition en préparation.
Sakontala, épuisé, nouvelle édition en préparation.
Les Carbonari ou l'Anévrysme, 3 fr. 50.
Histoire générale des races humaines, 2 vol. in-8, épuisé, nouvelle édition en préparation.
Pérégrinations en Orient, 3 fr. 50.

En Préparation

Arcadie ou les déceptions dans les Deux Mondes.
Warren et Noucoumar.
Le Déserteur à l'ennemi.
Un hiver à Thèbes.
Les deux traversées.
Balzac aux lanternes, L'Œuvre des Servantes.
Le Démon légion ou Théories des Orgueils modernes, 2 vol.
Compilations et réflexions sur les méthodes.
Histoire d'Arabie, 2 vol.

*
* *

Eusèbe de Salle était depuis longtemps en relation d'affaires avec la librairie Pagnerre ; d'abord avec *Laurent-Antoine* Pagnerre, né à Saint-Ouen l'Aumône, le 25 octobre 1805, venu en 1824 à Paris où il créa sa maison ; combattant de 1830, il fut plus tard, en 1848, secrétaire général du Gouvernement provisoire et l'un des fondateurs du Comptoir d'Escompte de Paris ; il refusa la direction de l'Imprimerie Nationale, rentra dans la vie privée et mourut dans sa ville natale le 29 septembre 1854. Son fils et successeur *Charles-Antoine*, naquit à Paris le 15 août 1834 ; c'est chez lui qu'Eusèbe de Salle commença la publication de ses *Œuvres choisïes ;* malheureusement l'éditeur mourut jeune le 27 juin 1867, et notre auteur semble avoir eu de grandes difficultés avec sa veuve et son gendre Busquet ainsi qu'on en peut juger par les deux lettres suivantes adressées à son ami Charles Asselineau :

I

Montpellier, 4 juillet 1868
Maguelone Square N° 5

Cher ami,

Vous m'avez donné assez de marques d'intérêt pour que j'ose encore une fois vous occuper de moi. Je vais d'abord vous mettre à jour pour nos arrangemens avec les Pagnerre. J'avais annoncé mon départ comme prochain pour mettre fin aux indécisions de la veuve et aux apathies du gendre. Une certaine après midi je passai trois heures à écouter la veuve ébauchant un modèle d'engagement qui sortait fort péniblement de son cerveau. Chaque article était envoyé à l'entresol où le gendre ajoutait des notes. Mme P. avait demandé 40 % sur le prix de vente. Mr Busquet exigea 50. Je demandai si avec ce taux on s'engagerait à faire des annonces payantes. Il fut répondu que l'on comptait que l'on comptait [*sic*] principalement sur moi pour faire des réclames. Il se faisait tard et j'allai dîner. On m'avait promis d'envoyer la minute chez moi dans la soirée ou le lendemain bon matin. A 11 heures du lendemain rien n'avait encore paru et j'allai à la Gare de Lyon. Le modèle m'arriva ici deux semaines après, signé de la veuve seule, quoique les exigences Busquet n'y fussent pas amoindries. C'était toujours 50 % plus 150 exemplaires pour l'éditeur, ses amis, les journaux &c. Cette fantaisie descendue aussi de l'entresol m'avait fait clabauder. J'avais déjà fait distribuer 80 exemplaires de mon édition Montpellier. Cela ne comptait pas on m'avait même fait entrevoir un compte de frais pour changer titres et couvertures : l'anévrisme, le devoir surtout c'était inacceptable et puis Dentu co-éditeur offensait la dignité Pagnerre ? deux livres cependant avaient figuré 30 ans dans le répertoire en portant Duprat et Curmer pour coéditeurs. Mais le vieux Pagnerre était libraire était libraire [*sic*] et n'était pas homme de lettres! mettons que 50 exemplaires de l'édition St. Denis soient vraiment distribués gratis cent exemplaires à 3 fr. 25 font 325 fr. ajoutés aux 1200 fr. que je m'engageais à payer en donnant le bon à tirer de la dernière feuille. Je vous avais dit à propos de *Lacroix* que je ne répugnais pas à me laisser exploiter. Ce n'est pas cent écus qui devaient me brouiller avec un éditeur aux formes protectrices. donnant des audiences après longue antichambre, promettant ses bons offices près les petits journaux et les grandes revues, &c. & je mis ma signature au bas du traité. 3 semaines après je vis arriver la liste de mes manuscrits déposés dont j'avais réclamé reçu. La liste était faite avec les distractions familières au personnage puisqu'il y manquait trois titres des plus importans. Il y avait en revanche quelques lignes de folle admiration pour *Aly le Renard* dont j'avais déposé un exemplaire. « On n'avait jamais lu un livre si intéressant, si bien façonné &c. il fallait absolument réimprimer cela et bientôt sous le titre d'*Aly Théaleb* toujours ce droit seigneurial de changer les titres.

Le 1/3 de la nouvelle édition (8 feuilles) arriva enfin. On oubliait que j'avais décliné ce travail de révision toujours fastidieux et ici inutile puisqu'on avait un texte correct, au moins pour moi. L'éditeur avait lu les épreuves et y avait fait pas mal de changemens. Sa lettre parlait de phrases obscures ou incorrectes. Je répondis courrier par courrier en relevant dans sa propre lettre des constructions barroques. J'y avais joint le sonnet que vous trouverez à la 3e feuille.

Qui avait commencé cette guerre de coups d'épingle ? Si non l'ingérance de l'éditeur à changer les titres, une 3e variante remplaçait Mme *Daulas* par les *Carbonari de Salon* bien imprimée en tête de la 1ere feuille. J'ai déjà noté *Aly Théaleb*[1] demandé en avance d'hoirie. Les mots et les phrases changés auraient pu m'échapper. Le professeur les signalait hautainement dans sa lettre. Ma bile accumulée goutte à goutte trouvait enfin un canal cholédoque. Mon foie mêlait encore le sucre au fiel, comme Claude BERNARD l'a noté. Mais le fiel sans sucre me fut rendu 8 jours après. Le poëte indigné se révelait par une fable où j'allais à Charenton traîné par mon Pégase. Les muses, il y avait des muses, recevaient le conseil de ne pas approcher de peur d'être mordues par le chien enragé. La prose accompagnant les vers rompait nos relations. Votre amitié, vos instantes prières avaient intéressé le protecteur en faveur d'un pauvre provincial bouffi d'amour-propre. Ce protecteur n'était pas libraire et surtout normand[2] ! La prose et les vers furent renvoyés courrier par courrier. En cas que vous reçussiez quelque reproche pour tromperie sur la marchandise de votre recommandé, je tenais à ce que vous pussiez voir les pièces du procès. Je ne m'amusais pas à rappeler à l'insulteur que la haute opinion de moi venait surtout du jugement ancien sur *Aly le Renard* confirmé récemment en appel par l'avide éditeur d'*Aly Théaleb*. Une ligne de ma dernière lettre avait déjà demandé d'autres conditions pour cette nouvelle affaire mal ingurgitée par le normand vergogneux. Je lui demandai honnêtement s'il se croyait aussi libre qu'il le paraissait à sa prose et à ses vers. Les 50 % avaient été alloués tout comme les 150 exemplaires sur sa demande expresse et en représentation des peines et soins qu'il devait se donner pour avoir des annonces et placer mes manuscrits. Vous vous rappelez son refus généreux le jour où nous nous rencontrâmes au Comptoir

1. Ali le Renard.

2. J'avais toujours ouï dire qu'à Paris les libraires étaient de Normandie comme les maçons du Limousin.

tous les trois. Vous voyez qu'on n'avait pas tardé à tarifer cette générosité sur la carte. Et maintenant pendant que la belle mere en fera ses profits, le gendre pourra convertir ses obligations en dédains et mépris ? Les intérêts de famille empêcheront-ils d'aller jusqu'aux scandales publics ? J'ai mesuré ce futur contingent en prononçant un jour le nom de LANFREY dont j'admirais tout haut l'*Eglise et les Philosophes*[1]. On le traita devant moi de mauvais coucheur et de *hargneux*. Je ne me rappelle pas qu'il y eut *chien* dans la phrase que le littérateur semblait déjà machonner pour moi. Je suppose que Lanfrey avait trouvé les comptes écourtés et tardifs, les épreuves trop corrigées ou les titres trop changés. Moi je n'ai jusqu'ici que la moitié de ces torts, aussi trouvé-je que si les rimes sont *suffisantes* la fable pêche gravement par le manque de *mesure*. Voici peut-être une observation à l'excuse du satyrique : entre tous les syptomes d'orgueil, la gentilhommerie paraît l'avoir cruellement agacé. Comte figure dans le sonnet comme une emphase bouffonne. Chateau a figuré dans la prose pour un procès qui m'appelle à Toulouse. La folie orgueilleuse serait de manipuler ces mots là fréquemment et sans la permission du fait et du droit ! Quelle morale de supposer le mensonge pour excuser l'insulte vicieuse ! Bourgeois que me veux tu ? mon argent ; prends le comme éditeur, mais édite et ne corrige pas mes livres ![2]

هز هب

Busquet la fleur des libraires normands
a les plus charmantes lubies,
Quand il édite mes romans
mes sonnets ou mes comédies.

Il sera quelque jour de nos académies ;
il repolit le style, il retouche les plans ;
il connaît du public toutes les sympathies
il invente des noms et des ronflans.

1. *Pierre* LANFREY, né à Chambéry, le 26 oct. 1828 ; † à Pau le 15 novembre 1877 ; son ouvrage *l'Eglise et les Philosophes du XVIIIe siècle*, parut en 1857.

2. A Mr ASSELINEAU à Paris. — L. a. s. en arabe ; 4 pages in-8.

Ce jour là Pelletan, Lanfrey d'un air timide
tiendront ses chevaux par la bride
pour les garantir de broncher.

Et le Comte François de Salle,
Sur la voiture triomphale
tiendra la place du cocher.

30 Juillet 1868 [1].

هزهب

II

Montpellier Maguelone Square N° 5
4 mars 1869

Cher ami, je n'ai pu revenir à Paris à mon heure accoutumée, un événement domestique m'en a empêché : Mme de Salles a eu une attaque d'apoplexie ; nous l'avons gardée sans connaissance pendant deux jours. Elle est Dieu merci relevée sans paralysie de corps ni d'esprit ; et depuis un mois sa convalescence marche assez franchement vers le mieux. Nous comptons faire une station aux eaux de Balaruc en juin, en sorte que nous ne serons pas prêts à nous diriger vers Paris avant Juillet. Ce sera sans doute le temps de votre visite aux eaux d'Aix ; j'attendrai vos conseils et vos renseignemens nouveaux en m'occupant de me loger. La vie bédouine que nous menons depuis 35 ans explique et excuse ce vagabondage continué si avant dans la vie. Nous n'avons jamais atteint la sixième années d'un bail même en étant logés chez nous : la villa de Marseille avec jardin, ruisselet et fauvettes, était revendue avant la sixième année. Le Square Maguelonne a des rossignols, des massifs, des bassins jaillissants, des agaves florissants, nous pouvons cracher dessus de notre balcon. Ma pauvre femme s'est bornée je crois à cet usage du charmant voisin. Elle n'est littéralement sortie depuis cinq ans que pour aller aux eaux ou au château d'Antipas. Moi j'ai gardé et entretenu mes jambes de botaniste. Vous avez déjà vu les produits des deux hygiènes.

Dans mes courses par les rues et les journaux j'ai vu les

1. Pièce autographe signée en arabe. — Une page in-8.

annonces et affiches de l'*homme qui rit*[1] accompagné de vingt livres mineurs au moins par le type il n'aurait tenu qu'à moi de figurer en telle compagnie et vous pouvez croire que je n'avais pas attendu cette heure pour regretter les bons offices de Lacroix Verbooken[2]. C'est encore un an que j'ai gaspillé comme si j'étais jeune et superbe. Je connaissais les indécisions, les parcimonies de la maison Pagnerre ; j'avais espoir dans l'inoculation d'un sang nouveau. J'ai reçu (après demande) la semaine passée un état de situation accusant 34 exemplaires vendus de l'*Anévrisme* et 3 des *Poësies.* — Ceci n'est rien en comparaison de l'anecdote du jour de l'an. Vous vous souvenez que les 50 % exigés pour dépôt m'affranchissaient de tous autres frais. Nous avions oublié dans la police le va et vient pour la province. Il me semblait bien simple de mettre quelques exemplaires dans tous les paquets d'almanachs. On jugea à propos de me consulter, vers le 15 X^bre^. Je répondis en m'étonnant que ce ne fut pas fait. Mme Busquet tenant alors la plume à la place de son mari rhumatisé traita le procédé d'inconvenant et la saison de trop avancée. Je m'adressai à la belle-mère en réclamant l'ancien correspondant commercial Gosselin qui a été si commercial en m'envoyant le compte qu'il n'a pas ajouté un mot de la part de ses maîtres sur l'apoplexie de ma femme dont je leur avais fait part. Vous voyez que le plaidoyer pour Lacroix continue rue de Seine.

Avant votre départ veuillez dire quelques mots pour moi à Mr Pincebourde, en cas qu'il s'occupe d'autre chose que de livres tirés à 250 exemplaires. Je lis le *National* où Mr Théodore de Banville fait le feuilleton et où il a place pour me donner quelque traduction de sa *haute admiration* qui m'a ouvert la porte facile de la Société des Gens de Lettres. Cuvillier Fleury sollicité par les Pagnerre, a envoyé un refus poli que j'attribue au titre *carbonari.* Les Orléanistes renient ce passé-là. *Anévrisme* était plus connu et moins épineux. Après les susceptibilités du tyranneau Busquet, ce qu'il y a de plus

1. *L'Homme qui rit*, de Victor Hugo, parut à Paris, chez Lacroix, en 1869, en 4 volumes in-8.

2. Deux ans plus tard Eusèbe de Salle publiait un autre de ses romans chez Lacroix : — Eusèbe de Salles — Les Déceptions dans les Deux Mondes — Paris, Librairie internationale A. Lacroix, Verboeckhoven et Ce, 1871, in-12, pp. 280.

curieux en lui, ce sont ses versatilités. Il s'est fâché tout rouge pour s'attribuer 150 exempl. de l'édition St. Denis ; son compte prend dans l'ancienne édition les 100 exemplaires donnés. Il y a là dessous quelque ficelle d'éditeur, que je me ferai expliquer par quelque confrere charitable. On m'a compté pour la 3e ou 4e fois des frais d'annonce pour les *Pérégrinations* et j'ai retrouvé dans l'ancienne correspondance une *seconde* réclamation de 250 ma moitié de 500 payée au début en 1840 avec 1300 fr. ma part d'impression. Il reste 200 ex. sur les 600 primitifs. 400 vendus en 30 ans ; c'est la petite vitesse en perspective pour les romans. Quelle maison ! aussi les LANFREY, les PELLETAN[1] la quittent ! Lanfrey, à propos, s'il n'est pas posé candidat a toujours fait un livre remarquable sur l'*Église et les Philosophes*. Ceux de Pelletan qui est posé lui, ne le valent pas, bien s'en faut. Des anecdotes ou des gronderies journalisantes, ne sont pas des livres et une histoire. Il m'a semblé mon cher ami voir votre nom en tête d'une revue bibliophile où j'ai vainement cherché quelques lignes de vous sur *Anévrisme* ou *Poësie*. Il est vrai que je suis souvent loin de la bibliothèque de Montpellier. Depuis que je lui ai donné mes livres orientaux, on vous porte intérêt à vous à cause de celui que vous me portez.

Adieu très cher ami, encore deux ou trois mois de patience et nous anecdoterons et journaliserons ensemble dans les boues de Lutèce continuées par l'asphalte et le macadam. Je vous embrasse corde animo brachiisque

هز هب [2]

Je ne crois pas qu'il ait paru plus de deux volumes des *Œuvres choisies;* évidemment Eusèbe de Salle ne désirait plus la continuation de ses relations avec la Veuve Pagnerre.

*
* *

1. *Pierre Clément Eugène* PELLETAN, né à Saint-Palais-sur-Mer (Charente-Infre), 29 octobre 1813 ; † à Paris, 13 déc. 1884.
2. L. a. s., en arabe, 3 p. in-8 — Sans adresse.

Madame de Salle ne survécut pas longtemps à son attaque d'apoplexie; elle mourut cette même année 1869; avec elle cessa une rente viagère servie de Londres par un frère aîné qui avait permis au ménage de faire figure à Montpellier. Madame de Salle possédait, dans le Lauragais, nous dit M. Martineau, le château d'Antipas où séjournait tous les ans son mari qui, ruiné à la mort de sa femme, quitta Maguelone Square et « abrita sa misère dans une petite maison située sous les arceaux du Peyrou, au milieu de jardins potagers, et quand il mourut, le 1er janvier 1873, il était oublié de tous »[1]. En 1867, il avait été retraité comme professeur d'arabe à Marseille où il avait été en 1843 décoré de la Légion d'honneur pour sa belle conduite pendant la peste.

En 1837, David d'Angers exécuta son médaillon qui est celui d'un homme de belle apparence; sa figure régulière, rasée avec soin était encadrée de favoris; d'un front haut et largement dégagé s'échappait une longue chevelure soigneusement ramenée en avant; le nez aquilin ajoutait à la distinction du visage d'apparence doctorale; il était, paraît-il, de haute taille, soigné dans sa mise, d'allure distinguée.

1. René Martineau, *l. c.*, p. 751.

ÉDOUARD CHAVANNES *

Edouard CHAVANNES est mort le mardi 29 janvier 1918, enlevé dans la force de l'âge, en pleine activité scientifique; sa perte est la plus cruelle que pouvaient subir les études chinoises dans lesquelles il occupait le premier rang aussi bien à l'étranger qu'en France.

Emmanuel-Édouard CHAVANNES est né le 5 octobre 1865, à Lyon, d'une excellente famille originaire de Charmoisy, hameau de la paroisse d'Orsier, situé à deux lieues au sud de Thonon, dans le Chablais. La religion réformée fut introduite dans cette région, en 1536, par les Bernois; à la fin du XVIe siècle, CHARLES-EMMANUEL de Savoie expulsa les protestants et il est probable que parmi eux se trouvait Bernard Chavannes, qui aborda à Territet, dans la paroisse de Montreux, en 1602 et fut admis à la naturalisation le 3 décembre 1618 par Niclaus MANUEL, bailli de Vevey et capitaine de Chillon; BERNARD, ancêtre de la famille, périt misérablement écrasé par une avalanche; il avait épousé Suzanne PROST de Genève, qui lui donna un fils ANDRÉ, dont descendent les membres actuels de la famille. Le grand-père de notre collègue, ÉDOUARD-L., était un botaniste distingué, auquel on doit une *Monographie des antirrhinées*, publiée à Paris en 1833; né en 1805, il

* Extrait du *Journal Asiatique*, Mars-Avril 1918, pp. 197-248.

mourut le 30 août 1861, dans sa campagne du Jardin, au-dessus de Lausanne; par sa femme Marianne-Françoise, *dite* Fanny DUTOIT, il eut un fils, F.-ÉMILE, né le 6 août 1836, qui, après de brillantes études d'ingénieur à Lausanne et à Paris, devint directeur technique des ateliers de La Buire, à Lyon; c'est là que naquit le 5 octobre 1865 son second fils Emmanuel-Édouard Chavannes, dont la naissance paraît avoir coûté la vie à sa mère Blanche DAPPLES, qui mourut un mois plus tard le 22 novembre 1865. Émile Chavannes, s'étant remarié avec Laure POY, eut huit autres enfants; il est mort le 14 mars 1909.

Chavannes passa quelques années de son enfance chez sa grand-mère, à Lausanne, puis étudia au lycée de sa ville natale, d'où il vint à Paris suivre les cours du lycée Louis-le-Grand pour préparer les examens d'entrée à l'École Normale supérieure où il fut reçu.

Georges PERROT, alors directeur, qui le prit en grande affection, l'engagea à orienter ses études vers la Chine, et lorsque Chavannes sortit de l'établissement de la rue d'Ulm et eut passé son agrégation de philosophie [1], il vint me voir de la part de Gabriel MONOD pour me demander conseil; il songeait à faire de la philosophie chinoise l'objet de ses principales recherches; je lui fis remarquer que le Dr James LEGGE y avait déjà marqué sa forte empreinte avec ses *Chinese Classics*, et qu'il serait préférable, avec sa grande préparation scientifique, d'aborder les études historiques, assez négligées alors, de choisir par exemple une des vingt-quatre grandes histoires dynastiques, de la traduire et de la commenter en entier ; le conseil, comme on le verra, ne fut pas perdu. Affecté au lycée de Lorient, à la sortie de l'École Normale, Chavannes, sur la recommandation de Perrot, et avec l'appui de René GOBLET, ministre de l'Instruction Publique, obtint d'être envoyé à Pe King en qualité d'attaché libre à la Légation de France. Il avait suivi les cours de Chinois de Maurice JAMETEL, à l'École des Langues Orientales vivantes dont il obtint le diplôme, et du marquis d'HERVEY DE SAINT-DENYS au Collège de France, mais c'est pendant son séjour dans la capitale de la Chine qu'il acquit sa profonde connaissance de la langue et qu'il accumula les matériaux qui devaient lui servir à édifier ses travaux ultérieurs. Le 24 janvier 1889, Chavannes partait pour la Chine avec un jeune élève interprète Georges LALLEMANT-DUMOUTIER, fraîchement sorti de l'École des Langues Orientales, qui devait mourir prématurément à Chang Hai neuf ans plus tard. Arrivé à Pe King le 21 mars, il m'écrivait le 12 juillet 1889 : « On éprouve, en arrivant à Pe King, une impression d'ahurissement dont je commence seulement à me remettre. Les trois mois et demi qui se sont écoulés depuis notre arrivée ont passé avec une rapidité dont je suis étonné. J'ai un peu hésité dans le début sur le travail que je voulais entreprendre. J'ai abordé le *Yi Li*, dont je vous avais parlé à Paris ; mais cette traduction présente des difficultés si sérieuses que j'ai dû y renoncer. Je me suis rabattu sur Se-ma Ts'ien et je me propose de faire une traduction de la première partie de l'ouvrage, celle qui présente une histoire des dynasties chinoises depuis Chen Noung jusqu'aux Han. Ne croyez-vous pas que ce travail pourrait avoir quelque intérêt ? »

Chavannes avait ainsi trouvé un point de départ solide; il avait d'autant plus raison d'abandonner le *Yi Li* qu'à ce moment même Mgr DE HARLEZ préparait à Louvain une traduction de ce rituel. En même temps, pour ne pas perdre l'habitude d'écrire, il envoyait une correspondance mensuelle au *Temps* sur des questions d'Extrême-Orient[2].

Plus tard, il précisait le but de ses recherches (10 novembre 1889) : « Je continue à lire Se-ma Ts'ien; mais je vois mieux maintenant ce que j'en veux faire; j'ai l'intention de faire un livre sur Se-ma Ts'ien lui-même, de raconter sa vie et de retracer son caractère, de fixer quels sont les livres qui ne sont pas de lui dans le *Che Ki*, enfin de montrer le plan et la valeur historique de cet ouvrage; si rien ne vient m'empêcher dans mes études, je pense pouvoir réaliser ce projet avant deux ans. » Dès 1890, il put donner au *Journal of the Peking Oriental Society* la traduction de l'un des huit Traités (*Pa Chou*) formant le vingt-huitième chapitre des *Mémoires historiques* de Se-ma Ts'ien consacré aux sacrifices *foung* et *chan* qui furent institués par les Ts'in et les Han[3].

En 1891, Chavannes fit un court séjour en France et épousa la fille du docteur DOR, le distingué oculiste de Lyon; elle fut pour lui la compagne dévouée des heures pénibles où l'état de sa santé précaire réclamait des soins incessants. En même temps qu'il préparait son Se-ma Ts'ien, Chavannes réunissait les éléments d'un ouvrage d'un tout autre caractère sur la *Sculpture sur pierre en Chine*[4], consacré à l'explication des bas-reliefs des deux dynasties Han, conservés dans la province de Chan Toung; cet ouvrage se compose de deux chapitres; le premier, plus considérable, décrit les sépultures de la famille Wou, le second, les bas-reliefs du Hiao T'ang chan et la pierre du village de Lieou. Une introduction précède les explications et une série de planches donne le fac-similé des estampages pris sur les monuments. Les sépultures de la famille Wou, qui datent de l'an 147 de notre ère, se trouvent dans la province de Chan Toung; elles ont été découvertes en 1786, dans la période K'ien Loung, par un nommé Houang Yi; ces sculptures ont été représentées dans l'ouvrage chinois intitulé *Kin Che souo*, qui date du commencement du XIXe siècle. Comme Commissaire du Comité des Travaux historiques et scientifiques, j'ai eu l'honneur de suivre l'impression du livre de Chavannes qui parut de la manière la plus opportune en 1893.

Le marquis d'Hervey de Saint-Denys mourut le 3 novembre 1892; il était le troisième titulaire de la chaire du Collège de France : *Langues et littératures chinoises et tartares mandchoues*, inaugurée le 16 janvier 1815, par Abel Rémusat, qui eut Stanislas Julien pour successeur. On pouvait penser que Gabriel Devéria serait candidat à cette chaire, mais le Ministère des Affaires Étrangères ne lui permit pas de quitter son cours de l'École des Langues Orientales vivantes. Les candidats ne manquèrent d'ailleurs pas; il y en eut huit à ma connaissance. Le maintien de la chaire étant décidé, le dimanche 12 mars 1893, à la réunion des professeurs au Collège de France, Chavannes, alors à Pe King, fut présenté en première ligne, et Éd. Specht, en seconde ligne; ces choix furent ratifiés le 29 mars par 29 voix sur 33 votants par l'Académie des Inscriptions et Belles-Lettres. En conséquence, Chavannes fut nommé professeur de la chaire de chinois le 29 avril 1893 par un décret rendu sur la proposition du Ministre de l'Instruction publique : il avait 28 ans. Il débuta le 5 décembre 1893 par une leçon qui obtint le plus vif succès[5].

Cependant Chavannes poursuivait la publication de son Se-ma Ts'ien qui devait comprendre dix volumes; dans sa séance du 11 mai 1894, la Société Asiatique lui accordait une subvention, et dans la séance du 20 juin 1895, BARBIER DE MEYNARD présensentait le premier volume de ce grand ouvrage.

Ce fut le grand astrologue SE-MA T'AN, mort en 110 avant J.-C., à Lo Yang, qui eut l'idée du *Che Ki* et commença de réunir les matériaux nécessaires qu'il légua, sur son lit de mort, à son fils SE-MA TS'IEN, qui lui succéda dans sa charge; il avait, par des voyages, acquis une grande expérience. La date de sa naissance à Loung Men, sur la rive droite du Houang Ho, est inconnue; quelques-uns la placent en 163 av. J.-C. Pour avoir défendu le général malheureux LI LING, il fut condamné à la castration (98 av. J.-C.). Il mourut probablement au commencement du règne de l'empereur TCHAO (84-74 av. J.-C.). Il avait, après son malheur, continué d'amasser les matériaux, à les mettre en œuvre et donna la rédaction définitive du *Che Ki*. « Le mérite, dit Chavannes, qu'on ne saurait dénier à Se-ma T'an et à Se-ma Ts'ien, c'est d'avoir les premiers conçu le plan d'une histoire générale. Jusqu'à eux, on n'avait eu que des chroniques locales. » Se-ma Ts'ien a su mériter le surnom de *Père de l'Histoire*, comme Hérodote, et son œuvre a servi de modèle à celle de ses successeurs.

Les « Mémoires Historiques » (*Che Ki*) s'étendent

depuis Houang Ti, Tchouen Hiu, K'ou, Yao et Chouen jusqu'à 122 avant notre ère. Ils comprennent 130 chapitres divisés en 5 sections. I. *Annales principales* (*Ti-Ki*), 12 chapitres, depuis les Cinq Empereurs jusqu'à l'Empereur Hiao Wou; II. *Tableaux chronologiques* (*Nien piaou*), 10 chapitres; III. *Les huit Traités* (*Pa Chou*), 8 chapitres (rites, musique, harmonie, calendrier, astrologie, sacrifices *foung* et *chan*, le fleuve et les canaux, poids et mesures); IV. *Les maisons héréditaires* (*Che Kiao*), 30 chapitres; V. *Monographies* (*Li Tchouen*), 70 chapitres. On voit quelle partie importante de l'histoire de la Chine embrasse l'ouvrage de Se-ma Ts'ien. Elle couvre une période de trois mille années qui remonte au-delà des temps historiques, au-delà même de la première dynastie, la dynastie Hia, pour continuer sous les Chang, les Tcheou, les Ts'in, et se terminer sous les Han. Sous la dynastie des T'ang, Se-ma Tcheng écrivit les *Annales des Trois Souverains* (P'ao Hi, Niu Koua, Chen Noung ou Yen Ti) que l'on place en tête du *Che-Ki*.

Successivement parurent, de 1895 à 1901, cinq tomes sur dix[6] (dont l'un en deux parties) de cette grande œuvre dont le second volume obtint, en 1897, le prix Stanislas Julien à l'Académie des Inscriptions et Belles-Lettres. Nous écrivions en 1898 : « C'est un véritable monument que M. Chavannes élève à la mémoire du célèbre historien Se-ma Ts'ien; les volumes paraissent à intervalles suffisamment rapprochés pour nous permettre de voir achevée une œuvre dont l'ampleur nous faisait craindre qu'il ne fût pas permis à un seul homme de la mener à bonne fin *. » Hélas! nos craintes n'étaient que

* *T'oung Pao.*

trop justifiées; Chavannes, sollicité par tant de travaux nouveaux et intéressants, n'a pas vu la fin de sa tâche, qui sera, je l'espère, terminée quelque jour. Sur les 130 chapitres qui composent le *Che Ki*, il en a publié 47; il reste à donner les chapitres 48-60 de la quatrième section (Maisons héréditaires) et toutes les Monographies (chap. 61-130); nous avons en entier les Annales principales (chap. 1-12), les Tableaux chronologiques (chap. 13-22), les huit Traités (chap. 23-30). A sa traduction, Chavannes a ajouté des dissertations du plus vif intérêt, par exemple : Les Chants du Bureau de la Musique. Des rapports de la musique grecque avec la musique chinoise, dans le tome III, 2e partie. Il se livra également à des recherches approfondies sur l'ancienne chronologie chinoise[7]; c'est un sujet qui l'a toujours intéressé et nous le verrons plus tard s'occuper du Cycle turc des Douze Animaux[8].

Une autre branche importante d'étude avait sollicité l'attention de Chavannes : les voyages des pèlerins bouddhistes. Il est probable que le bouddhisme fut introduit en Chine par les Ta Yue-Tche sous l'empereur Ngai (2 av. J.-C.). Dans le but de rechercher les écritures saintes de cette religion, des religieux chinois, dont le plus célèbre est Hiouen Tsang, entreprirent la longue route qui devait les conduire aux sanctuaires sacrés de l'Inde, particulièrement dans les pays de Gandhara et d'Udyâna. En dehors de la religion, on sait quelle vive lumière ont projetée ces voyages sur la géographie du Nord de l'Inde, de l'Asie centrale et des îles de la Sonde. Abel Rémusat est le véritable initiateur de ces études par la publication posthume, en 1836, de sa traduction du *Fo Kouo Ki*, relation du voyage exécuté à la fin du IVe siècle par Fa Hian ; il fut suivi par Stanislas Julien avec sa traduction de Hiouen Tsang. Chavannes, suivant les traces de ses devanciers, donna, dès 1894[9], la traduction de l'ouvrage de Yi Tsing, qui lui valut la même année le prix Stanislas Julien, qu'il partagea avec De Groot pour son *Code du Mâhâyana.*

Quatre ans après le retour (645) de Hiouen Tsang, un jeune religieux de quinze ans, enthousiasmé par les résultats du voyage du célèbre pèlerin, se promit d'imiter son exemple : il se nommait Tchang Wen-ming, en religion Yi Tsing, né en 634, à Fan Yang, dans le Tche Li. Il était entré au couvent à sept ans; grâce à un fonctionnaire éclairé de Yang Tcheou, Foung Hiao-ts'iouen, dont il fit la connaissance en 671, Yi Tsing trouva les ressources nécessaires à l'accomplissement du voyage qu'il projetait depuis 649. Il s'embarqua avec un seul compagnon sur un bateau persan à Canton, et vingt jours plus tard, il abordait à Çri Bhōja, le Zabedj des Arabes, que Chavannes place au sud de Sumatra ; il y séjourna six mois et se rendit en bateau au pays de Mouo louo yu, Palembang, où il resta deux mois ; passa à Kie Tcha (Atjeh), aux Nicobar (672), et l'année suivante débarqua à Tanralipti, à l'embouchure de l'Hoogly, où il résida et fit la connaissance d'un religieux chinois, Ta-tch'eng teng qui avait longtemps habité Ceylan, d'où il s'était rendu aux Indes il y avait une douzaine d'années; ils formèrent le projet de joindre une caravane pour visiter l'Inde centrale et en particulier le Bihar, dont la partie au sud du Gange formait l'ancien royaume de Magadha, célèbre dans l'histoire du Buddha comme le pays où il commença sa prédication. A dix jours de marche du temple de

Mahābodhi (Bodh Gayā), Yi Tsing tomba malade, resta en arrière, fut complètement dépouillé par des brigands, réussit néanmoins à leur échapper et à rejoindre ses amis. Il visita divers lieux de pèlerinage, en particulier Kapilavastu; il séjourna dix ans au célèbre temple de Nālanda. En 685, il prit la résolution de rentrer en Chine et, par la même route, revint à Canton, chercher de l'aide pour ses travaux; après quatre mois de séjour, il repartit avec ses aides pour Çri Bhōja, où il rédigea ses notes. Il rentra définitivement en Chine en 695 et arriva l'été à Lo Yang; l'impératrice Wou, ancienne concubine de T'ai Tsoung et femme de Kao Tsoung, gouvernait alors. Yi Tsing continua ses nombreux travaux et mourut en 713 à 79 ans. Après Yi Tsing, Chavannes étudie successivement Wou K'oung[10], Soung Yun[11], Ki Ye[12], Gunavarman[13], et Jinagupta[14].

Wou K'oung est loin d'avoir la valeur de la plupart de ses coreligionnaires; né en 730, à Yun Yang, dans le Chen Si, il fit partie d'une mission d'inspection envoyée par l'empereur Hiouen Tsoung en 751, sur la demande du roi de Kipin ; le Kipin et le Cachemire (*Kia che mi lo*) étaient à l'origine identiques, mais sous les T'ang, ils semblent avoir été séparés ; en effet, Wou K'oung, après avoir passé par Ngan Si, Kachgar (Sou Lei), traversé les montagnes et divers royaumes, arriva en 753 au royaume de K'ien-to-lo, prononciation correcte du sanscrit Gandhara. « C'est là qu'est la capitale orientale du Kipin. » Wou K'oung distingue bien le Cachemire du Kipin (Gandhara et région environnante); notre çramana rentra en Chine par Kachgar, Khotan, Kou Tcha, Ngan Si, après une absence de quarante années et était de retour à Tch'ang Ngan en 790.

Ce fut l'impératrice Hou qui, dans son zèle religieux, envoya en mission dans les régions de l'Ouest (*Si Yu*), en 518, pour y recueillir des livres et étudier la discipline, le çramana Houei Cheng, accompagné de Soung Yun, originaire de Touen Houang, et d'autres bonzes qui rentrèrent à Lo Yang, dans l'hiver de 522, rapportant 170 volumes de sūtrās et de çāstrās traitant tous de l'enseignement du Grand Véhicule (*Mahayana*).

Ki Ye faisait partie d'un groupe de trois cents çramanas envoyés en 964 ou 966 aux Indes ; il partit de Kiai (Kan Sou) sur la rive gauche du He Chouei, se rendit à Ling Wou, près de Ning Hia. d'où il se mit en route pour sa destination par Leang Tcheou, Kan Tcheou, Sou Tcheou, Cha Tcheou, Hami, Tourfan, Karachahr, Aqsou, Kachgar, Khotan, arrivant au royaume de Poulou (Gilghīt), Cachemire, Gandhara, Magadha. Il rentra en Chine par le Népal. Ayant présenté les livres et les reliques qu'il avait recueillis à l'empereur T'ai Tsoung (976), il se fixa au temple de Nieou Sin (Cœur de Bœuf) au nord du mont Omei, au Se Tch'ouan, consacré au culte de Samantabhadra ; il s'y construisit une hutte dans laquelle il mourut à l'âge de quatre-vingt-quatre ans. Il avait pris des notes de voyages à la fin de chacun des 42 livres d'un exemplaire du Nirvānā Sūtra qui furent recueillies au xiie siècle par Fan Tch'eng-ta et insérées dans son ouvrage *Wou tch'ouan lou*. La relation de Ki Ye a été traduite par G. Schlegel puis par Ed. Huber.

Gunavarman (367-431 ap. J.-C.), de la caste des Kṣatriyas, descendait des rois héréditaires de Ki Pin (Cachemire); il dédaigna ce haut titre qui lui avait été offert, quitta le monde et se mit en route; il se rendit à Ceylan, puis à Che P'o (Java?) dont le roi se convertit et fit construire un monastère pour Gunavarman dont la réputation se répandit au loin : les çramanas Houei Kouan et Houei Ts'oung vantèrent les vertus du pèlerin auprès de l'empereur Wen, des Soung (424-454) et lui demandèrent de le faire venir à la capitale Kien Ye (Nan King). L'empereur accéda à leur désir et ordonna au préfet de Kiao Tcheou (Hanoï) de conduire les çramanas à Che P'o ; mais Gunavarman avait déjà quitté ce pays pour Canton, d'où il se rendit à Chao Tcheou, puis à Nan King où il fixa sa résidence, terminant sa vie dans la prédication et la traduction des livres saints ; il mourut âgé de soixante-cinq ans.

Jinagupta qui a vécu quatre-vingts ans (525-605 ap. J.-C.) était originaire du royaume de Gandhara et demeurait à Peshawar ; il se rendit de Kapiça à Tch'ang Ngan où il arriva en 559 ou 560, allant du Lob Nor au Kou kou Nor (Si Ning) sans passer par Touen Houang ; il est connu comme l'un des religieux hindous qui ont le plus travaillé à faire connaître le bouddhisme à l'étranger par ses traductions en chinois d'ouvrages bouddhiques, en particulier de la vie du Buddha intitulée *Buddhačaritra*. Des pèlerins bouddhistes, Chavannes passe à d'autres voyageurs chinois.

Il nous révèle les noms des voyageurs chinois qui, du xe au xiie siècle de notre ère, se rendirent, les uns à la cour des souverains Khitan de la dynastie Leao (937-1119 ap. J.-C.), les autres à la résidence des empereurs Jou tchen de la dynastie Kin (1115-1234 ap. J.-C.) ; nous avons ainsi la relation de Hiu K'ang-tsoung, originaire de Lo P'ing dans le Kiang Si, qui, chargé de féliciter le second empereur de la dynastie Kin de son accession au trône, partit le 2 mars 1125 et revint le 4 septembre 1125 [15]. Dans les *Guides Madrolle* [16], il parlera de divers voyageurs chinois à l'étranger et il nous fera le récit d'un voyage fait dans le Nord sous les Soung par Tcheou Chan [17]. M. Sylvain Lévi a raconté les Missions dans l'Inde de Wang Hiuen-ts'e [18], « ce personnage, nous dit-il, contemporain de Hiouen Tsang, qui partit en simple porteur de présents officiels avec une escorte de trente cavaliers, vint se heurter à une armée entière, s'improvisa diplomate et général, coalisa le Tibet et le Népal contre l'Hindoustan, et ramena prisonnier à son empereur un roi du Magadha ». Chavannes a ajouté au récit une traduction des deux inscriptions élevées, l'une le 28 février 645 sur le Grdhrakûṭa, l'autre au pied du Bodhidruma le 14 mars 645 par Li I-piao et Wang Hiuen-ts'e [19].

Le 9 novembre 1888, Chavannes entrait à la Société Asiatique et, dès le 11 janvier 1895, il devenait secrétaire à la place de James Darmesteter. Se conformant à la coutume établie par ses devanciers, Chavannes lisait un rapport annuel à la séance du 20 juin 1895 [20], plein de faits, rempli d'aperçus nouveaux ; ce fut le dernier des rapports annuels lu à la Société ; l'étendue toujours grandissante du champ des recherches, la difficulté de se procurer des renseignements à l'étranger, la multiplicité des rapports spéciaux à chaque branche de l'orientalisme, semblaient rendre inutile la continuation d'une tradition établie par Jules Mohl et Ernest Renan. Outre un grand nombre d'articles que je cite à leur place et de comptes rendus d'ouvrages [21], Chavannes a donné au *Journal* de la Société une notice sur Gabriel Devéria [22]. Le 8 janvier 1904, il était nommé membre de la Commission du *Journal;* il représenta la Société au XIVe Congrès des Orientalistes tenu à Alger et au 350e anniversaire de la fondation de l'Université de Genève (1909). Enfin le 11 novembre 1910, il était élu Vice-Président à la place du regretté Rubens Duval. En 1916, il fut élu membre d'honneur de la Royal Asiatic Society ; il était déjà membre correspondant de l'Académie des Sciences de Pétrograd.

M. A. Foucher, chargé d'une mission scientifique en Inde, envoya à l'Académie des Inscriptions et Belles-Lettres les estampages et les photographies de cinq inscriptions chinoises découvertes à Bodh Gayā sur l'emplacement du célèbre temple Mahābodhi, dont quatre sont conservées dans l'Indian Museum à Calcutta; la cinquième était restée à Bodh Gayā dans la résidence du Mahant ou supérieur des prêtres çivaïtes. Elles représentent, à quelques fragments près, la totalité des textes lapidaires chinois trouvés en Inde; elles furent érigées, l'une par des religieux de la petite dynastie de Han qui ne purent guère revenir en Chine qu'au commencement des Soung, et les quatre autres par des religieux qui vivaient sous les règnes du troisième et du quatrième Soung. Les estampages ayant été confiés à Chavannes, il publia le premier une traduction des cinq inscriptions, devançant ainsi Schlegel qui publia la sienne dans le *T'oung Pao* et suscita une polémique dans laquelle le savant de Leyde apporta son âpreté coutumière[22]. Elle causa de grands ennuis à Chavannes souffrant déjà du mal qui devait le tenir absent de Paris pendant deux ans.

En 1894, Chavannes présentait au Congrès des Orientalistes de Genève des estampages de la célèbre inscription hexaglotte (sanscrit, tibétain, mongol en caractères 'phags pa, ouighour, chinois et Si Hia) de l'année 1345 qui orne les deux parois de la porte voûtée sous laquelle passe la route de Pe King à Kalgan au village de Kiu Young Kouan, dépendant de la préfecture secondaire de Tch'ang p'ing, province de Tche Li [24]; grâce à la munificence du Prince Roland BONAPARTE, ces inscriptions ainsi que les divers documents de l'époque mongole sont rendus accessibles aux investigations des savants de tous les pays [25]. Chavannes a traduit les inscriptions chinoises et mongoles, M. Sylvain Lévi, les inscriptions tibétaines, M. W. RADLOFF, les inscriptions ouighoures, le docteur G. HUTH, les inscriptions mongoles et M. DROUIN a étudié les monnaies mongoles du Recueil. L'épigraphie fut l'objet constant des études de Chavannes.

Il étudia dix inscriptions chinoises de l'Asie centrale d'après les estampages recueillis par M. Ch.-E. BONIN au cours de la mission scientifique dont il avait été chargé de 1898 à 1900 [26]; elles représentent la presque totalité des inscriptions anciennes de l'Asie centrale connues des érudits chinois et en ajoutent d'autres qui étaient jusqu'ici complètement inédites; c'était tout un chapitre de l'épigraphie chinoise qu'elles permettaient de reconstituer. Ces monuments peuvent être répartis en trois groupes : I. Le lac Barkoul et Koutcha; II. Le temple du Grand Nuage à Leang Tcheou; III. Les grottes de Mille Buddhas, près de Cha Tcheou. Nous le verrons étudier successivement les inscriptions des Ts'in [27], une inscription du royaume de Nan Tchao [28], trois inscriptions relevées par M. Sylvain CHARRIA [29], l'inscription joutchen de K'ien Tcheou [30], quatre inscriptions du Yun Nan rapportées par le Commandant D'OLLONE[31] ; nous avons vu qu'il avait traduit celles qui se rapportaient à Wang Hiuen-ts'e.

Son activité inlassable lui permettait de collaborer à la *Revue de Paris*[32], à la *Revue critique*[33], à la *Revue de Synthèse historique*[34], à la *Revue de l'Histoire des Religions*[35], à la *Grande Encyclopédie*[36], aux *Annales de Géographie*[36 bis].

Un nouveau champ d'études s'ouvrait aux Orientalistes. En 1890, Nicolas YADRINTSEV découvrait dans le voisinage de l'Orkhon, affluent de la Selenga, qui se jette dans le lac Baïkal, des inscriptions qui furent l'objet de missions considérables, finlandaises et russes, dans les régions de l'Iénissei et de l'Orkhon, dont les principaux résultats furent le déchiffrement des inscriptions Kök-turques de cette région par l'illustre philologue de Copenhague, Vilh. THOMSEN, et l'établissement de l'emplacement exact de Kara Koroum. D'autre part l'exploration des oasis de l'immense désert de sable mouvant (*Lieou Chā*) à l'ouest de la Grande Muraille dans le Kan Sou allait nous révéler les documents qui permettraient de dévoiler le secret du passé historique de la vaste région occidentale que les Chinois appelaient le *Si Yu*. Parmi les voyageurs qui ont exploré ces contrées difficiles se place au premier rang Sir Aurel STEIN dont nous avons retracé les travaux dans deux articles du *Journal des Savants*. Il devait trouver en Chavannes le plus zélé des collaborateurs. Jadis Stanislas Julien avait recueilli un certain nombre de renseignements sur les peuples du Si Yu et en particulier sur les Tou Kioue (Turcs) *. Chavannes reprit la question en entier et dans un remarquable

* *Journal asiatique*, 1864.

travail édité par l'Académie des Sciences de Saint-Pétersbourg, il nous fit connaître tout ce que, d'après les sources chinoises, on savait de ces Tou Kioue occidentaux, qui après avoir été la grande puissance de l'Asie centrale de la première moitié du VIe siècle au milieu du VIIe siècle furent subjugués par les Chinois en 659[37].

Le docteur (depuis Sir) Aurel Stein, à la suite de son voyage en Asie centrale au cours des années 1900-1901, avait confié à Chavannes le déchiffrement des nombreux documents chinois qu'il avait rapportés de son exploration; ceux qui furent trouvés à Dandân-Uiliq, dont les dates s'échelonnent de 768 à 790, se rapportent à la période où l'influence chinoise subsistait encore dans tout le Turkestan oriental, bien qu'il n'eût déjà presque plus de communications avec le Gouvernement central; un certain nombre de documents chinois écrits sur des fiches minces et étroites de bois trouvées à Niya, se rattachent au début de la dynastie Tsin, qui commença de régner en 265 ap. J.-C. ; enfin quelques graffitti et documents chinois de bien moindre importance furent trouvés au fort d'Endere. Les traductions et les notes de Chavannes ont été insérées dans le grand ouvrage publié par Stein sous le titre de : *Ancient Khotan*[38]. L'étude de ces fiches lui suggéra sans doute le sujet de son curieux mémoire sur *Les Livres chinois avant l'invention du papier*[39].

A la suite de ses explorations en 1906-1908, Stein confia naturellement à Chavannes l'examen des documents chinois trouvés dans cette nouvelle campagne et le résultat en a été publié en 1913 à Oxford[40] en un gros volume. C'était sans doute un grand honneur pour notre compatriote, mais il était redoutable : « Je n'ai pas tardé à m'en apercevoir, écrit Chavannes dans son avant-propos, lorsque je me suis trouvé en présence de 2,000 pièces environ qu'il a fallu d'abord examiner à la loupe une à une pour faire le départ entre celles qui étaient inutilisables et celles qui étaient susceptibles d'être déchiffrées. Une moitié des fiches qui constituent la grosse masse de ces textes ayant été ainsi éliminées, j'ai dû lire celles qui restaient, les classer et les traduire. »

Les documents qui vont de 98 av. J.-C. à 137 ap. J.-C. sont les plus anciens manuscrits chinois qu'on connaisse jusqu'à ce jour; les fiches en bambou du *Tchou chou ki nien* qui devaient remonter à l'an 300 av. J.-C. et furent exhumées en 281 ap. J.-C. ont maintenant complètement disparu; l'importance paléographique de ces fiches est donc considérable; elles donnent des renseignements sur l'origine des Chinois de garnison, moitié du Chan Si et du Ho Nan, moitié recrutés sur les lieux, qui gardaient la barrière; sur les signaux de feu; les soldats de garnison entretenaient les feux, assuraient le ravitaillement des ambassades chinoises se rendant vers l'Ouest et faisaient par conséquent des approvisionnements; des colonies militaires mentionnées pour la première fois en 101 av. J.-C. avaient été établies dans l'Ouest; les soldats qui les composaient devaient fabriquer des briques non cuites, pour construire ou réparer les bâtiments; ils étaient armés d'épées et d'arbalètes. Deux fiches sont consacrées à des traités de divination; sur d'autres sont écrites des recettes médicales; des débris renferment des fragments du *Ki tsieou chang*, petit vocabulaire où les mots sont rangés par catégories, sans d'ailleurs qu'aucune explication de leur sens soit donnée. On trouve également des fragments de calendriers qui permettent d'établir avec une certitude absolue le calendrier des années 63, 59, 57, 39 av. J.-C.; 94 et 153 ap. J.-C. On voit donc la richesse d'information que nous apportent ces documents dont l'examen fatigua grandement la vue de Chavannes.

D'autre part, les documents trouvés dans l'Asie centrale ouvraient également à Chavannes un nouveau champ de recherches. En effet un mémoire de Chavannes inséré au *Journal asiatique* de 1897 sur le Nestorianisme et l'inscription de Kara Balgasoun [41] est l'origine des recherches de Devéria sur les *Mo ni* [42] dont il fit très ingénieusement des Manichéens et non des Musulmans. Chavannes devait reprendre avec M. Pelliot cette question du manichéisme en traduisant un fragment d'un ouvrage manichéen chinois recueilli en 1908 dans les grottes de Touen Houang par le second et publié à Pe King en 1909 dans le *Touen Houang che che yi chou;* les deux savants ont joint à leur travail un commentaire qui jette un nouveau jour sur cette religion à laquelle Saint-Augustin n'a pas peu contribué à donner de l'intérêt [43].

Moni est la transcription de Mani, appelé aussi Manès, le fondateur chaldéen de la religion qui porte son nom empruntée à celle des Chaldéens et des Perses, ou tout simplement au mazdéisme avec un bien faible apport, et encore est-il douteux, de christianisme. Mani fut mis à mort vers 274, mais sa doctrine se répandit rapidement non seulement en Perse mais aussi en Asie centrale. La découverte de documents à Idiqut Chahri par von Lecoq et à Touen Houang par Pelliot a jeté un jour nouveau sur l'expansion du manichéisme de l'Asie orientale et a permis de juger de la beauté d'un art qu'on croyait perdu. Le savant chinois TSIANG FOU pense que le Manichéisme a commencé de pénétrer en Chine sous les Tcheou du Nord (558-581) et sous les Souei, pendant la période K'ai houang (581-600), mais il me semble que cette doctrine n'est mentionnée pour la première fois qu'au VIIe siècle par le célèbre pèlerin Hiouen Tsang. En 631, un mage nommé HO LOU ou HA LOU arriva en Chine, et il est alors question des Moni, mais il paraîtrait que les allusions faites alors à une religion étrangère s'appliquent plutôt au mazdéisme, qui florissait au Chen Si dès le Ier siècle de notre ère, qu'au manichéisme. En tout cas la première mention certaine du manichéisme se rapporte à l'arrivée d'un *fou-to-tan* persan qui, en 694, fait connaître à la capitale le *Eul Tsoung King* ou *Livre des Deux Principes*. Nous notons l'arrivée d'un astronome manichéen en Chine en 719, et sa science eut certainement une grande influence sur le développement de sa religion, qui ne paraît pas avoir souffert d'un édit de Hiouen Tsoung en 732, qui déclarait perverse la doctrine de Moni se dissimulant sous le nom de bouddhisme. Les Ouighours connurent le manichéisme lors de leur occupation de Lo Yang en 762-763.

Obligé de renoncer à la publication de la *Revue de l'Extrême-Orient*, faute de caractères chinois, dès que je me fus assuré le concours de l'imprimerie orientale de E.-J. BRILL de Leyde, je créai un nouveau périodique consacré à l'Extrême-Orient et je m'associai, comme co-directeur, le docteur Gustave Schlegel, professeur de chinois à l'Université de cette ville : ce fut le *T'oung Pao*, dont le premier numéro parut le 1er avril 1890. Schlegel mourut le 15 octobre 1903 et je restai seul à la tête du *T'oung Pao.* Spontanément, Chavannes, oubliant la controverse qu'il avait soutenue contre Schlegel me proposa sa collaboration comme co-directeur que j'acceptai avec empressement : « Je ne doute pas, m'écrivait-il, le 22 février 1904, que nous ne puissions faire, en réunissant nos efforts, une œuvre fort utile, et je crois qu'avec le *Bulletin* de l'École d'une part et le *T'oung Pao* de l'autre, la sinologie française tiendra une place honorable dans le monde scientifique. Je ferai tout ce qui dépendra de moi pour que vous n'ayez jamais à regretter de m'avoir associé à l'œuvre dont vous êtes le fondateur. » Depuis le 1er janvier 1904, Chavannes a donc travaillé avec moi à la rédaction d'une revue dont la guerre même n'a pas interrompu la publication ; pendant près de quinze ans nous avons collaboré à l'œuvre commune sans que jamais la moindre divergence d'opinion causât le moindre arrêt dans l'unité de nos efforts. Les débuts furent durs, car le caractère agressif, personnel, autoritaire de Schlegel avait éloigné du *T'oung Pao* tous ses collaborateurs; pendant quelques mois le labeur fut incessant, mais, à force de travail et de persévérance, nous avons surmonté les difficultés de la première heure. Ce que fut la collaboration de Chavannes, on en jugera par les nombreux et importants articles que j'ai cités au cours de cette notice[44] ; ses nécrologies[45], ses 170 comptes-rendus de livres[46].

Tant de travaux méritaient une récompense ; d'ailleurs, depuis la mort de Devéria, aucun sinologue n'appartenait à l'Académie des Inscriptions et Belles-Lettres, qui, le 20 février 1903, élut Chavannes membre ordinaire à la place d'Alexandre Bertrand. Le 29 avril 1904, il lisait une notice sur la vie et les travaux de son prédécesseur[47], et la même année, le 18 novembre, il obtenait à la séance publique annuelle de l'Académie un véritable succès avec un intéressant travail sur les Prix de Vertu en Chine[48]. Lorsqu'il devint, en 1915, Président de l'Académie, il sut parler le langage patriotique qui convenait aux circonstances graves que traversait la France et ses confrères garderont toujours le souvenir des paroles vibrantes qu'il prononça à diverses reprises[49]. Comme membre de la Commission du Prix Stanislas Julien et de l'École d'Extrême-Orient et du Comité du *Journal des Savants*, il apporta à l'Académie une précieuse collaboration ; il portait à l'École fondée à Hanoï par M. Paul Doumer le plus vif intérêt qu'il lui témoigna en collaborant à son excellent *Bulletin*.

Outre l'itinéraire de Soung Yun et ses notes sur Ki Ye, Chavannes a donné au *Bulletin de l'École française d'Extrême-Orient* deux curieux mémoires sur des estampages de monuments conservés à Si-Ngan Fou dans le musée épigraphique connu sous le nom de « la Forêt des Stèles », *Pei Lin*. Le premier est consacré à deux cartes géographiques dont les originaux sont gravés sur pierre et remonteraient à l'année 1137 ; ils seraient les deux plus anciens spécimens de la cartographie chinoise[50] ; l'autre sont les Instructions de l'empereur Houng Wou (1368-1398) publiées en 1537 et illustrées par Tchoung Houa-min, contrôleur du thé et des chevaux dans le Chan Si et autres lieux, renfermant six maximes du premier empereur Ming, prototype des seize maximes du *Saint Édit* publié en 1671 par l'empereur K'ang Hi et paraphrasé en 1724 par son fils l'empereur Young Tcheng[51]. Au même recueil il a donné, d'après une stèle de 1488, un troisième article sur les *neuf neuvaines de la diminution du froid*[52].

Le 15 janvier 1903, paraissait sous les auspices de l'Institut le premier numéro d'une nouvelle série du *Journal des Savants* auquel l'État cessait de s'intéresser. Chavannes y débutait cette même année par un compte rendu de la *Geschichte der Chinesischen Litteratur* de Wilh. Grube et une note bibliographique sur le Compte rendu analytique des séances du Premier Congrès international des Études d'Extrême-Orient tenu à Hanoï en 1902. A partir de janvier 1909, le *Journal des Savants* passant sous la direction exclusive de l'Académie des Inscriptions et Belles-Lettres, Chavannes fut un des six puis des cinq membres du Comité qui, avec le Bureau assurèrent la publication. Toutefois, ses multiples travaux ne lui permirent pas d'apporter une active collaboration au *Journal* dans lequel je ne relève de lui que deux notes bibliographiques en 1909 et 1913[53].

Ce fut grâce à l'initiative de Chavannes que l'Académie entreprit, en 1913, cette belle série de *Mémoires concernant l'Asie Orientale*[54], dont le troisième volume est sous presse avec un article de lui heureusement terminé ; le quatrième volume devait contenir un mémoire de Petrucci revisé par Chavannes sur les grandes peintures de la Collection Aurel Stein ; espérons que cette publication, arrêtée deux fois par la mort, ne sera pas abandonnée.

Son désir de reprendre et de compléter les recherches qu'il avait jadis commencées en Chine le détermina à entreprendre un grand voyage archéologique dans le Nord de la Chine. Ce ne fut pas sans une grande appréhension que je le vis partir; un plein succès a couronné ce que je considérais comme un acte de témérité.

Chavannes quitta Paris le mercredi 27 mars 1907 à 10 heures du soir, et par le chemin de fer sibérien il arriva à Moukden le 14 avril; il resta dans cette ville jusqu'au 22 ; il y visita le palais impérial et y prit les moulages de plus de soixante miroirs métalliques qui y sont conservés; ces moulages sont aujourd'hui au Musée Guimet; il se rendit à la tombe impériale du Nord (*pei ling*) et en allant à la frontière coréenne à la sépulture impériale de l'Est (*toung ling*[55]; il profita en effet de son séjour dans cette région pour étudier à T'oung Keou sur le Yalou une stèle du ve siècle[56] dont l'inscription a été publiée par M. Courant (*J. As.*, 1898, I, p. 210-238), sur l'emplacement de la capitale de l'ancien royaume de Kao-Keou-li un groupe important de tombes et le vieux rempart nommé Chang tch'eng seu, « le rempart dans la montagne ». De Mandchourie il se rendit à Pe King qu'il quitta le 29 mai avec un jeune privat-docent de l'Université de Saint-Pétersbourg, M. Alexeieff[57], dont il avait fait la connaissance à Paris. Ils visitèrent ensemble le Chan Toung, puis se rendirent au Ho Nan. A Koung Hien ils visitèrent les sépultures des empereurs de la dynastie Soung, Jen Tsoung et Houei Tsoung; de Ho Nan fou ils allèrent à Loung men où ils restèrent douze jours, du 24 juillet au 4 août, mais où Chavannes, en nettoyant les grottes, eut un panaris malencontreux à l'index de la main droite; le 30 août il était à Si Ngan fou, qu'il quitta le 6 septembre pour visiter, à K'ien Tcheou, la sépulture de l'empereur T'ang Kao

Tsoung ; à Li Ts'iuan, celle de T'ang Taï Tsoung, où il photographia les six chevaux en bas-relief qui sont un des monuments les plus importants de l'art des T'ang, et à Pou Tch'eng, les tombes de Jouei Tsoung et de Hien Tsong des T'ang. Il se rendit ensuite à Han tch'eng hien, au lieu de naissance de Se-ma Ts'ien, puis, ayant traversé le Houang Ho, arriva à T'ai Youen fou ; il visita le massif du Wou T'ai Chan, où sont les temples consacrés au culte de Manjuçri ; il revenait par Siouen houa fou à Pe King où il était de retour le 4 novembre. Au cours de son voyage, Chavannes avait visité le T'ai chan [58], la montagne sacrée du Chan Toung, dont il devait étudier le culte dans une savante monographie ; le temple funéraire de Confucius et celui de Mencius ; la forêt des stèles à Si Ngan fou, etc. Les deux points extrêmes du voyage que Chavannes a accompli du 29 mai au 4 novembre 1907 ont été T'oung Keou, sur le haut Yalou, le fleuve qui sépare la Corée de la Mandchourie, à l'est, et K'ien Tcheou à l'ouest, à trois jours de marche au delà de Si Ngan, capitale de la province du Chen Si ; il a donc parcouru la province mandchourienne de Cheng King et les provinces chinoises de Chan Toung, de Ho Nan, de Chen Si et de Chan Si. Il était de retour à Paris le 5 février 1908 [59]. Un volume en deux parties et deux cartables renfermant 488 planches nous donnent les premiers résultats de cette mission fructueuse qui ont été chaudement accueillis dans le monde savant [60] ; je reviendrai sur ce volume, consacré à la sculpture. Que de regrets ne devons-nous pas exprimer de ce que le commentaire entier de ce grand voyage archéologique n'ait pu paraître !

Chavannes avait débuté en 1893 par un ouvrage

sur la sculpture sur pierre en Chine dans lequel il avait étudié les monuments du Chan Toung qu'il visita le 27 janvier 1891. Ce fut toujours pour lui un sujet de prédilection. Il retourna dans cette province en 1907 et put ainsi compléter ses premières recherches. L'ensemble des monuments formant le groupe de Wou Leang ts'eu est le plus considérable des sculptures de l'époque des empereurs Han ; ils sont situés dans l'ouest de la province de Chan Toung, au pied d'une colline, au sud de Kia siang hien. Le temps et les hommes, les hommes surtout, ont détruit les chambrettes funéraires dont l'emplacement est signalé par des piliers existant encore aujourd'hui, érigés en 147 de notre ère par quatre frères Wou en l'honneur de leur père et de Wou Pan, mort prématurément, fils de Wou K'aiming, le dernier d'entre eux. Cinq inscriptions appartiennent à ces tombes et sont datées 11 et 21 avril 147, 14 décembre 148, 4 juillet 151, et 167. Chavannes allait pouvoir étudier cette sculpture dans une autre partie de la Chine, où l'on retrouva le chaînon qui reliait l'art du Gandhara, l'Inde, à l'Extrême-Orient : les sculptures bouddhiques qui ornent les grottes de Yun Kang à une quinzaine de kilomètres de la ville de Ta T'oung, dans la partie septentrionale de la province du Chan Si. D'un texte historique, signalé par Chavannes dès 1902, il appert que ces monuments ont été exécutés au ve siècle de notre ère, sous la dynastie des Wei du Nord, de race toba, c'est-à-dire non chinoise, qui emprunta très probablement ses modèles à Tourfan. En 494, l'empereur Wei, Kao Tsou, transféra sa capitale plus au sud, à Lo Yang, dans la province de Ho Nan. Avec ce déplacement de capitale, il y eut un déplacement de l'art, et le défilé de Loung Men (Porte du Dragon) remplaça les grottes de Yun Kang, comme dépositaire de l'art des Wei qui avait atteint son apogée et devait désormais décliner. Le défilé de Loung Men ou I-K'iue « Piliers du I » est formé par deux montagnes entre lesquelles coule la petite rivière I, affluent de la rivière Lo, qui elle-même se jette dans le Houang Ho ; cette localité se trouve à une trentaine de li au sud de Ho Nan fou ; en 1899, l'ingénieur des mines Leprince-Ringuet prit des photographies des excavations creusées dans les parois rocheuses du défilé et Chavannes étudia l'âge des excavations et des hauts reliefs[61]. Depuis il a visité Loung Men et nous en a rapporté la description détaillée ; on y comptait, à l'époque des Wei, huit temples dont les deux premiers furent construits en 500 par l'empereur Che Tsoung en l'honneur de son père Kao Tsou et de sa mère. Peut-être pensera-t-on toutefois que les plus beaux spécimens de l'art sculptural chinois sont les grandes dalles sur lesquels sont sculptés en relief de dix centimètres d'épaisseur, à plus de demi-grandeur naturelle, les six coursiers favoris de T'ai Tsoung, le célèbre empereur des T'ang (627-649), dont ils ornent la tombe à Li ts'iuan hien, province de Chen Si ; Chavannes nous en a rapporté de fidèles reproductions photographiques d'autant plus précieuses que ce monument paraît avoir été endommagé depuis.

Le plus ancien monument de la sculpture chinoise date de 117 av. J.-C. ; c'est l'un des chevaux de pierre qui ornaient la tombe d'un général chinois. En dehors de sa valeur comme document d'histoire, il faut avouer que la sculpture sur pierre en Chine, sauf quelques exemples, n'offre vraiment qu'un intérêt de curiosité, et fort peu de satisfaction artistique. Certes la peinture de la Chine et de l'Asie centrale a infiniment plus de valeur au point de vue de l'art. Chavannes n'eut garde de négliger cette branche de l'art chinois qu'il a étudiée depuis Kou K'ai-tche, le célèbre peintre de la seconde moitié du IVe siècle de notre ère dont on conserve une œuvre au British Museum, jusqu'à la période éclectique et décadente, de la période K'ien Loung[62].

Nous avons dit quel intérêt Chavannes prenait à l'étude du boudhisme lorsqu'il racontait les pérégrinations des pèlerins en quête des livres sacrés. Du Tripiṭaka chinois, dès 1905, il tirait quelques fables et contes dont il donnait communication au Congrès des Orientalistes d'Alger[63] ; quatre ans plus tard, il donnait une notice sur le Sogdien Seng houei[64] qui avait traduit en chinois vers le milieu du IIIe siècle de notre ère deux recueils de contes bouddhiques et était un de ceux qui, les premiers, ont répandu en Extrême-Orient le folklore de l'Inde. En 1910-1911, parut, puisé à la même source, son grand recueil de cinq cents contes formant trois volumes[65], dont le quatrième comprenant les notes et les tables terminé en manuscrit sera imprimé par les soins de ses amis dévoués MM. Sylvain Lévi et A. Foucher ; le 13 novembre 1908, la Société Asiatique avait accordé une subvention pour l'impression de ce grand ouvrage ; enfin il donnait la version chinoise du conte bouddhique de Kalyânaṃkara et Pâpaṃkara[66]. Il avait été précédé dans ce champ d'études par Stanislas Julien qui, en 1859, sous le titre de *Les Avadânas*, avait donné en trois petits volumes une collection de contes et apologues indiens. Jusqu'au dernier moment, peut-on dire, Chavannes s'occupa du bouddhisme[67], et il laisse à son ami M. Sylvain Lévi le soin de terminer deux mémoires qu'ils avaient commencés ensemble.

Un heureux hasard — la découverte en 1899, dans le Ho Nan, dans le löss, de milliers de fragments d'écailles de tortues et d'os d'animaux couverts de caractères — a jeté une petite lueur sur l'histoire ancienne de la Chine. Ce qui fait le grand intérêt de cette découverte, c'est que, au dire de Chavannes, on retrouve sur certaines de ces écailles des noms tels que Ta Kia, Tsou Sin, Tsou Ting, P'an Keng, Tsou Keng, etc., qui sont ceux d'empereurs de la dynastie des Yin. « Ces documents, écrit Chavannes, malgré leur aspect fragmentaire, présentent un grand intérêt. Tout d'abord, ils paraissent bien être les plus anciens monuments écrits de la Chine et ils permettent de remonter à une étude de l'écriture que nous ne pouvions atteindre jusqu'ici ; pour suivre les évolutions des formes graphiques des caractères, ils apportent des indications toutes nouvelles[68]. »

Nous donnons les titres[69] de quelques mémoires qui n'ont pas été signalés dans ces pages, en attirant particulièrement l'attention sur l'important travail sur la Chancellerie chinoise à l'époque des empereurs mongols de la dynastie des Youen, travail capital pour l'histoire du XIIIe et la première moitié du XIVe siècles[70].

S'intéressant également aux recherches des savants et des voyageurs, l'exploration de M. Jacques BACOT chez les populations Mo-sos du Yun Nan lui donne l'occasion de reconstituer l'histoire de Li Kiang, leur ancienne capitale[71], tandis qu'une mission archéologique au Tche Kiang de M. Henri MASPERO lui fait écrire la chronique du royaume de Wou et de Yue fondé près de Hang Tcheou par un certain Tsien Lieou, né en 852[72]. Il ne négligeait pas non plus les questions d'actualité et nous le verrons consacrer des articles à l'empereur Kouang Siu[73], lors des graves événements de 1900, ainsi qu'aux Boxeurs[74], et plus tard aux chemins de fer en Chine[75].

Au sujet des Boxeurs ou plutôt de la Société *I ho k'iuen* 懷和拳 « le poing de la concorde publique », Chavannes publia deux documents officiels insérés dans le journal chinois *Houei Pao* 匯報, imprimé par les PP. Jésuites de Zi-Ka-wei (n°s 185-188, des 11, 14, 18 et 21 juin 1900), qui prouvent que cette association existait dès le commencement du XIXe siècle. — Dans un autre mémoire, Chavannes nous montre par des exemples que « le décor dans l'art populaire chinois est presque toujours symbolique; il exprime des vœux ». Il a consacré un travail à l'histoire du royaume Chan, appelé par les Chinois *Nan Tchao* 南詔 qui a existé au Yun Nan depuis 738 et qui a été détruit en 1252 par les Mongols.

Chavannes avait accompli en vingt-cinq ans une tâche qui aurait demandé une longue vie d'homme ordinaire. Il était surmené. Lorsque la guerre éclata, à sa lassitude s'ajoutèrent ses angoisses patriotiques. Il avait au plus haut degré le sentiment du devoir, craignant toujours de ne l'avoir pas accompli entièrement. Il se privait du lait nécessaire à sa santé sous prétexte qu'il devait être exclusivement réservé aux vieillards, aux enfants et aux malades, comme si lui-même n'était pas un malade. Trois fois par semaine il venait à Paris pour s'entretenir en chinois avec de jeunes indigènes, cherchant ainsi à se rendre utile à son pays d'une autre manière. Dès la première heure de la guerre, avec le concours dévoué de Mme Chavannes, il s'occupa à Fontenay-aux-Roses, où il avait établi sa résidence depuis son retour de Suisse, d'un refuge pour les Belges et les réfugiés du Nord de la France, qui fut pour les deux époux une source de fatigues et de grands ennuis. En 1915, sa présidence de l'Académie des Inscriptions à laquelle il apporta le plus grand zèle fut pour lui une nouvelle période de fatigue. La mort de son ami Petrucci, le 17 février 1916, fut un nouveau coup; il dépensa ses forces à classer les papiers du regretté savant avec une ardeur et un dévouement qui achevèrent de l'épuiser. Il faut joindre à tous ces motifs de préoccupation ou de chagrin l'anxiété que lui causait un fils unique, faisant bravement sur le front son métier périlleux d'aviateur. Quand la maladie le frappa, la mort le guettait et saisit avec brutalité une proie trop facile, hélas!

Depuis vingt ans les études chinoises ont subi de profondes transformations. Bossuet a pu oublier la Chine tout en parlant longuement des Scythes dans son *Discours sur l'Histoire Universelle.* Tout en s'étonnant qu'un esprit aussi ouvert que l'était celui de Renan ait pu croire qu'on pouvait écrire l'histoire de l'humanité en laissant de côté un bon tiers de la population du globe, on a pu lire encore dans la préface de l'*Histoire du Peuple d'Israël* : « Pour un esprit philosophique, c'est-à-dire pour un esprit préoccupé des origines, il n'y a vraiment dans le passé de l'humanité que trois histoires de premier intérêt : l'histoire grecque, l'histoire d'Israël, l'histoire romaine. Ces trois histoires réunies constituent ce qu'on peut appeler l'histoire de la civilisation, la civilisation étant le résultat de la collaboration alternative de la Grèce, de la Judée et de Rome. » Renan ne pourrait écrire cette phrase aujourd'hui. Les découvertes des inscriptions de l'Orkhon et de l'Iénissei, les fouilles dans l'Asie centrale, l'ouverture des grottes de Touen Houang, l'étude de la sculpture sur pierre, des textes chinois plus nombreux rendus accessibles aux savants ont donné à la Chine sa place dans l'histoire du monde qui comprend désormais l'universalité du globe et non plus quelques territoires de l'Europe et de l'Asie antérieure, dont les habitants avaient confisqué à leur profit tout le passé de l'humanité. Beaucoup de sinologues, prisonniers de leur spécialité, faute d'une culture générale suffisante, doués de peu de curiosité scientifique, manquent de points de comparaison et ont par suite une tendance à restreindre le champ de leurs investigations. Chavannes, grâce à une forte instruction première, grâce à l'éducation classique indispensable pour aborder sérieusement toute étude scientifique, a pu donner à ses recherches l'ampleur qu'elles comportaient, tout en se refermant volontairement dans son domaine des études chinoises dans lequel il était sans rival. Sauf la linguistique, il en a cultivé les diverses branches, mais c'est surtout dans l'histoire et dans l'archéologie qu'il a laissé sa trace profonde. La réputation de Chavannes, déjà grande à l'étranger aussi bien qu'en France, ira en augmentant avec le temps et il laissera le nom du premier sinologue de son temps.

1. — Premiers principes métaphysiques de la science de la nature... accompagnés d'une introduction sur la philosophie de la nature dans Kant, par Ch. Andler et Éd. Chavannes. — Paris, 1891, in-8.

2. — Les articles de Chavannes ont paru dans les numéros du *Temps* des 4-25 juillet, 12-22 septembre et 2 novembre 1889.

3. — Le Traité sur les sacrifices Fong et Chan de Se ma Ts'ien traduit en français par Édouard Chavannes. — Extrait du *Journal of the Peking Oriental Society.* — Péking, Typographie du Pei-T'ang, 1890, in-8, pp. XXXI-95.

4. — La Sculpture sur pierre en Chine au temps des deux dynasties Han par Édouard Chavannes. Ouvrage publié sous les auspices du Ministère de l'Instruction Publique et des Beaux-Arts (Comité des Travaux historiques et scientifiques, section de Géographie historique et descriptive). — Paris, Ernest Leroux, 1893, in-4, pp. XL-88, pl.

5. — Édouard Chavannes. — Du rôle social de la Littérature chinoise (*Revue Bleue*, LII, 1893, II, 16 décembre 1893, pp. 774-782).

Leçon d'ouverture faite au College de France le 5 decembre 1893
Tirage à part : Paris, aux bureaux de la *Revue Bleue*, 1893, br. in-8, pp. 31.

6. Les Mémoires historiques de Se-ma Ts'ien traduits et annotés par Édouard Chavannes, Professeur au Collège de France. Publication encouragée par la Société Asiatique. — Tome premier. — Paris, Ernest Leroux, 1895, in-8, pp. CCXLIX-367.

— — Tome second (Chapitres V-XII). *Ibid.*, 1897, in-8, pp. 621.

— — Tome troisième. Première partie (Chapitres XIII-XXII). *Ibid.*, 1898, pp. 200.

— — Deuxième partie (Chapitres XXIII XXX). *Ibid.*, 1899, pp. 201 à 710.

— — Tome q[illegible]ème (Chapitres XXXI-XLII). *Ibid.*, 1901, in-8, pp. 559.

— — Tome cinquième (Chapitres XLIII-XLVII). — Paris, Ernest Leroux, 1905, in-8, pp. 544 + 1 f. n. ch. p. l. tab.

— M. Chavannes' edition of Ssŭ-ma ch'ien. By Rev. G. G. Warren. (*Journ. North China B. R. As. Soc.*, XLVII, 1916, pp. 12-38).

7. — Les Calendriers des Yn. — Extrait du *Journal Asiatique.* — Paris, Imp. nationale, MDCCCXC, br. in-8, pp. 52.

J. As., 8e ser., XVI, 1890, pp. 463-510

— La Chronologie chinoise de l'an 238 à l'an 87 avant J. C. (*T'oung Pao*, VII, No. 1, mars 1896, pp. 1-38).

— Note rectificative. (*Ibid.*, VII, No. 5, déc. 1896, pp. 509-525.)

— Dates chinoises. (*Ibid.*, VII, 1896, pp. 108-109.)

— Conversion des dates cycliques (années et jours, en dates juliennes, par le Père Henri Havret. (*Ibid.*, IX, No. 2, Mai 1898, pp. 142-150.)

— De l'an 238 à l'an 87 av. J. C., par le Père Henri Havret. (*Ibid.*, IX, No. 4, oct. 1898, pp. 328-330.)

— Nouvelle note sur la Chronologie chinoise de l'an 238 à l'an 87 av. J. C. (*J. As.*, IXe Sér., X, 1897, pp. 539-544.)

8. — Le Cycle turc des Douze Animaux. (*T'oung Pao*, Série II, Vol. VII, mars 1906, pp. 51-122.)

Tirage à part : Leide, 1906, in-8, pp. 74 + 21 fig.

— Der Cyclus der zwölf Tiere auf einem alttürkistanischen Teppich von Berthold LAUFER. (*T'oung Pao*, mars 1909, pp. 71-73.)

Avec note additionnelle par Ed. Chavannes, pp. 73-75, et 2 gravures.

9. — Voyages des pèlerins bouddhistes. — Les Religieux éminents qui allèrent chercher la loi dans les Pays d'Occident, mémoire composé à l'époque de la grande dynastie T'ang par I-tsing, traduit en français. — Paris, Ernest Leroux, 1894, in-8, pp. XXI-218.

10. — Voyage des Pélerins bouddhistes. L'itinéraire d'Ou-K'ong (751-790), traduit et annoté par MM Sylvain Lévi et Ed. Chavannes. (*J. As.*, IXe Sér., VI, 1895, pp. 341-384.)

11. Voyage de Song Yun dans l'Udyāna et le Gandhāra (518-522 p. C.). Traduit par M. E. Chavannes... (*Bull. Ecole franç. Ext. Orient*, III, No. 3, juillet-sept. 1903, pp. 379-441.)

Tirage a part : Hanoi, F.-H. Schneider, 1903, gr. in-8, pp. 63.

12. — Extrait du *Bulletin de l'Ecole française d'Extrême-Orient* (Janvier-mars 1904). — Notes sinologiques. — I. L'itinéraire de Ki-ye. — II. Un passage d'un édit de Bouiantu-Khan. — Hanoi, F.-H. Schneider, 1904, gr. in-8, pp. 8.

13. — Gunavarman (367-431 p. C.). (*T'oung Pao*, IIe Série, V, No. 2, mai 1904, pp. 193 206)

Tirage à part, in-8, pp. 14.

14. — Jinagupta (528-605 apr. J.-C.). (*Ibid* , juillet 1905, pp. 332-356.)

Tirage à part : 1905, in-8, pp. 26.

15. — Voyageurs chinois chez les Khitan et les Jou-tchen. (*Journal Asiatique*, mai-juin 1897, pp. 377-442 ; mai-juin 1898, pp. 361-439.)

16. — Les Voyageurs chinois, par Éd. Chavannes. — Extrait des *Guides Madrolle* : Chine du Sud. — Paris, Comité de l'Asie française, 1904, in-18, pp. 23 carte.

17. — *Pei Yuan lou* 北轅錄. Récit d'un voyage dans le Nord. — Écrit sous les Song 宋 par Tcheou Chan 周煇. Traduit par Ed. Chavannes. (*T'oung Pao*, IIe Sér., No. 2, mai 1904, pp. 163-192.)

18. — Les Missions de Wang Hiuen-ts'e dans l'Inde, par M. Sylvain Lévi. (*Journ. Asiat.*, IXe Sér., XV, 1900, pp. 297-341, 401-468.)

19. — Les Inscriptions de Wang Hiuen-ts'e traduites par M. Chavannes. (*Journ. As.*, IXe Sér., XV, 1900, pp. 332-341.)

20. — Rapport annuel fait à la Société asiatique dans la séance du 20 juin 1895 par M. Édouard Chavannes. — Extrait du *Journal asiatique.* — Paris, Imprimerie nationale, MDCCCXCV, in-8, pp. 182.

J. As., IXe Ser., VI, 1895, pp. 40-217.

21. — Compte rendu de : A. Poznéief, *Sur un Monument nouvellement découvert de la littérature mongole au temps de la dynastie des Ming*, 1895. (*J. As.*, IXe Sér., VII, 1896, pp. 173-179.)

— Compte rendu de : W. Grube, *Die Sprache und Schrift der Jučen*, 1896. (*J. As.*, IXe Sér., VII, 1896, pp. 554-559.)

— Compte rendu de : F. Hirth, *Ueber fremden Einfluss in der chinesischen Kunst*, 1896. (*J. As.*, ixe Sér., VIII, 1896, pp. 529-536.)

— Compte rendu de : Désiré Lacroix, *Numismatique annamite*, 1900. (*J. As.*, ixe Sér., XVII, 1901, pp. 361-371.)

— Compte rendu de : *Erânsahr*, von Dr. J. Marquart. (*J. As.*, ixe Sér., XVIII, 1901, pp. 550-558.)

— Compte rendu de : P. Pelliot, *Le Fou-Nan*, 1903. (*J. As.*, xe Sér., II, 1903, pp. 528-532.)

22. — Notice sur Gabriel Devéria. (*J. As.*, ixe Sér., XIV, 1899, pp. 375-387.)

Tirage à part : Paris, Imp. nat. MDCCCC, in-8, pp. 17, portr.

23. — Éd. Chavannes. — Les Inscriptions chinoises de Bodh-Gayâ. — Extrait de la *Revue de l'Histoire des Religions.* — T. XXXIV. No. 1. 1896. Paris, Ernest Leroux, 1896, in-8, pp. 58.

— Les Inscriptions chinoises de Bouddha Gayâ, par Gustave Schlegel. — Extrait du « T'oung-pao », vol. VII, No. 5. — E. J. Brill, Leide, 1896, in-8, pp. 19.

— Edouard Chavannes — La première inscription chinoise de Bodh-Gayâ (Réponse à M. Schlegel). (Extrait de la *Revue de l'Histoire des Religions.* — Tome XXXV, No. 1, 1897.) — Paris, Ernest Leroux, 1897, in-8, pp. 26, 1 pl. (pp. 88-112).

— La première inscription chinoise de Bouddha-Gayâ (Réplique à la réponse de M. E. Chavannes), par Gustave Schlegel. — Extrait du « T'oung-pao », vol. VIII, No. 5. — E. J. Brill, Leide, 1897, in-8, pp. 27.

— Les Inscriptions chinoises de Bouddha-Gayâ par Gustave Schlegel... II. Première partie. — Extrait du « T'oung-pao », vol. VIII, No. 1. — E. J. Brill, Leide, 1897, in-8, pp. 21 à 47.

— Les Inscriptions chinoises de Bouddha-Gayâ, par Gustave Schlegel... II. Deuxième partie. — Extrait du « T'oung-pao », vol. VIII, No. 2. — E. J. Brill, Leide, 1897, in-8, pp. 49 à 86.

— Les Inscriptions chinoises de Bouddha-Gayâ, par Gustave Schlegel... III V. — Extrait du « T'oung-pao », vol. VIII, No. 3. — E. J. Brill, Leide, 1897, in 8, pp. 87 à 105.

Les cinq brochures de Schlegel ont paru dans les numeros suivants du *T'oung Pao :*

— Les inscriptions chinoises de Bouddha-Gayâ, par G. Schlegel. (*T'oung Pao*, VII, No. 5, dec. 1896, pp 562-580; *ibid.*, VIII No 1, mars 1897, pp. 79-105; *ibid.*, VIII, No. 2, mai 1897, pp 181-218, *ibid.*, No. 3, juillet 1897, pp. 322-340.)

La premiere Inscription chinoise de Bouddha-Gayâ (Réplique à la reponse de M. E. Chavannes), par G Schlegel. (*T'oung Pao*, VIII, No. 5, déc. 1897, pp. 487-513)

— A. Barth. — *Journal des Savants*, juillet 1898, pp. 436-437, note.

24. — Communication sur l'inscription de Kiu yong koan. (*Actes Cong. Orient.*, Genève, Ve Sect., pp. 89-93.)

— Note préliminaire sur l'inscription de Kiu yong koan. Première partie. Les inscriptions chinoises et mongoles, par Ed. Chavannes. — Deuxième partie. Les inscriptions tibétaines, par M. Sylvain Lévi. (*Jour. Asiatique*, ixe Sér., IV, sept.-oct. 1894, pp. 354-373.) —Troisième partie. Les inscriptions ouïgoures, par M. l'Académicien W. Radloff. (*Ibid.*, nov.-

déc. 1894, pp. 546-550.) — Quatrième partie Les Inscriptions mongoles, par M. le Dr. Georges Huth. (*Ibid.*, mars-avril 1895. pp. 351-360.)

— Le Sutra de la paroi occidentale de l'inscription de Kiu-yong-koan. Par E. Chavannes. (*Mélanges Ch. de Harlez*, Leyde, 1896, pp. 60-81.)

25. — Prince Roland Bonaparte. — Documents de l'époque mongole des XIIIe et XIVe siècles. Inscriptions en six langues de la porte de Kiu-yong-koan, près Pékin ; lettres, stèles et monnaies en écritures ouïgoure et 'Phags-pa dont les originaux ou les estampages existent en France. — Paris, gravé et imprimé pour l'auteur, 1895, gr. in-fol., pp. II-5 + 15 pl.

26. — Dix Inscriptions chinoises de l'Asie centrale d'après les estampages de M. Ch.-E. Bonin, par M. Ed. Chavannes. — Extrait des Mémoires présentés par divers Savants à l'Académie des Inscriptions et Belles-Lettres, 1re Série, Tome XI. IIe Partie. — Paris, Imprimerie nationale, MDCCCCII, in-4, pp. 103.

27. — Les Inscriptions des Ts'in. Extrait du *Journal asiatique*. — Paris, Imprimerie nationale, MDCCCXCIII, in-8, pp. 51.

J. As., IXe Sér., I, 1893, pp. 473-521.

28. — Une inscription du royaume de Nan-Tchao. (*J As.*, IXe Sér., XVI, 1900, pp. 381-450.)

29. — Trois inscriptions relevées par M. Sylvain Charria : Note par M. Edouard Chavannes. (*T'oung Pao*, déc. 1906, pp. 671-701.)

Tirage à part : Leide, 1906, in-8, pp. 33, 3 pl.

30. — Note sur l'inscription joutchen de K'ien tcheou. (*T'oung Pao*, 1908, pp. 263-265.)

31. — Quatre Inscriptions du Yun-nan (Mission du Commandant d'Ollone). — Extrait du *Journal Asiatique* (juillet-août 1909). — Paris, Imprimerie nationale, MDCCCCIX, in-8, pp. 40, 8 pl.

J. As., Xe Sér., XIV, 1909, pp. 5-46.

— Note additionnelle sur l'inscription de Che tch'eng (971 p. C.). (*Journal Asiatique*, nov.-déc. 1909, pp. 511-514.)

— Une inscription du Yunnan (Mission d'Ollone) traduite par M. Chavannes. Étude critique par Fernand Farjenel. (*Journ. Roy. As. Soc.*, oct. 1910, pp. 1077-1102.)

— L'inscription funéraire de Ts'ouan Pao-tseu. Réponse à M. Farjenel, par Édouard Chavannes. (*Journ. Roy. As. Soc.*, janv. 1911, pp. 75-108.)

Tirage à part : in-8, pp. 34.

32. — Éd. Chavannes. — La Guerre de Corée. (*Revue de Paris*, No. 14, 15 août 1894, pp. 753-768.)

— Éd. Chavannes. — Confucius. (*Revue de Paris*, 15 février 1903, pp. 827-844.)

33. — Compte rendu de : *Einfuehrung in die Nordchinesische Umgangsprache*, von Prof. Carl Arendt, 1894. (*Revue critique*, 16-23 juillet 1894, pp. 25-27.)

— Compte rendu de : A. BOTTU, *Grammaire française à l'usage des élèves chinois*, 1894. (*Revue critique*, 11 mars 1895, pp. 181-182.)

— Compte rendu de : *La loi du parallélisme en style chinois*, par G. SCHLEGEL, 1896. (*Revue critique*, 6 avril 1896, pp. 261-266.)

— Compte rendu de : Rev. J. MACGOWAN, *A History of China*, 1897. (*Revue critique*, 28 nov. 1898, pp. 377-379.)

— Compte rendu de : W. G. ASTON, *A History of Japanese Literature*, 1899. (*Revue critique*, 8 mai 1899, pp. 361-364.)

— Compte rendu de : *La Mission lyonnaise d'exploration commerciale en Chine*, 1895-1897. Lyon, 1898. (*Revue critique*, 13 février 1899, pp. 121-124.)

— Compte rendu de : G. DEVÉRIA, *L'écriture du royaume de Si-hia ou Tangout*. (*Revue critique*, 27 nov. 1899, p. 441.)

— Compte rendu de : ALABASTER, *Chinese Criminal Law*, 1899. (*Revue critique*, 4 juin 1900, pp. 441-443.)

— Compte rendu de : Maurice COURANT, *Catalogue des livres chinois, etc., conservés à la Bibliothèque nationale*. Premier fascicule, 1900. (*Revue critique*, 5 nov. 1900, pp. 343-344.)

— Compte rendu de : WOLFGANG-HEINE, *Die Belagerung der Pekinger-Gesandtschaften*, 1901. (*Revue critique*, 4 nov. 1901, pp. 341-342.)

— Compte rendu de : Mis DE LA MAZELIÈRE, *Quelques Notes sur l'Histoire de Chine*, 1901. (*Revue critique*, 27 janvier 1902, pp. 61-63)

— Compte rendu de : G. WEULERSSE, *Chine ancienne et nouvelle*. (*Revue critique*, 7 avril 1902, pp. 276-277.)

— Compte rendu de : Gaston DONNET, *En Chine*, 1900-1901. (*Revue critique*, 7 avril 1902, pp. 277-278.)

— Compte rendu de : Wilh. GRUBE, *Chinesische Litteratur*, 1902. (*Revue critique*, 20 avril 1903, p. 301-303.)

— Compte rendu de : M. COURANT, *Okoubo*, 1903. (*Revue critique*, 14 mars 1904, pp. 221-222.)

— Compte rendu de : Henri BOREL, *Lao Tse*. (*Revue critique*, 17 octobre 1904, pp. 261-262.)

— Compte rendu de : G. MORISSE, *Ecriture et langue Si-hia*. (*Revue critique*, 17 octobre 1904, pp. 262-264.)

34. Histoire générale : Chine. — Les Origines — La Chine avant l'ère chrétienne — Les religions étrangères. (*Revue de Synthèse historique*, décembre 1900, pp. 273 299.)

35. — Compte rendu de : C. DE HARLEZ, *Cérémonial de la Chine antique*, 1890. (*Revue de l'Hist. des Religions*, XXIII, 1891, pp. 354-360.)

— Compte rendu de : I-TSING, *A Record of the Buddhist religion,... translated by* J. TAKAKUSU, 1896. (*Revue de l'Hist. des Religions*, XXXV, 1897, pp. 350-353.)

— Compte rendu de : J. J. M. DE GROOT, *Religious System of China*. (*Revue de l'Hist. des Religions*, XXXVII, 1898, pp. 81-89.)

— Compte rendu de : W. BARTHOLD, *Geschichte des Christentums in Mittel-Asien*, 1891. (*Revue de l'Hist. des Religions*, XLV, 1902, p. 123.)

— Compte rendu de : Wilhelm GRUBE, *Zur Pekinger Volkskunde*, 1901. (*Revue de l'Hist. des Religions*, XLVI, 1902, pp. 124-125.)

— Compte rendu de : R. Dvořák *Chinas Religionen*, 1895. (*Revue de l'Hist. des Religions*, XXXII, 1895, pp. 303-307 : XLVIII, 1903, pp. 71-74.)

— Éd. Chavannes. — Le Dieu du Sol dans l'ancienne religion chinoise. — Mémoire lu au Congrès international d'Histoire des Religions dans la section des religions de l'Extrême-Orient, le 5 septembre 1900. (*Rev. de l'Hist. des Religions*, XLIII, 1901, pp. 125-146.)

Tirage à part : Paris, E. Leroux, 1901, in-8. pp. 22.

36. Kai Fong fou, Kai P'ing*, Kalgan, Kan Sou, Kao Tong-kia, Kao Tsong, Kao Tsou, Kang Hi, Kathay*, Kéraïtes, Khaichan, Khitans, Kia K'ing, Kiang Nan, Kiang Ning, Kiang Si, Kiang Sou, Kia Se-tao*, Ki Chan, Kien Long, Kin, Kin Cha kiang*, King te tchen, King Ti*, Kiong tcheou fou, Ki tse, Ki Ying, Kong, Kong Ti, Kouan Han K'ing*, Kouldja, Lao Kay, Lao Tse, Lei Tcheou, Luang Prabang. — Tous ces articles ont paru dans le vol. XXI de la *Grande Encyclopédie* sauf le dernier imprimé dans le vol. XXII ; les articles accompagnés d'un * ne sont pas signés ; les articles suivants ont été écrits mais n'ont pas été insérés dans la *Grande Encyclopédie* : Ladrones, Koang Si, Kouang Ou Ti, Koei Tcheou.

36 *bis*. — Ed. Chavannes. — Les résultats de la guerre entre la Chine et le Japon. (*Annales de Géographie*, V, 15 janvier 1896, pp. 216-233.)

37. — VI. Documents sur les Tou-Kiue (Turcs) occidentaux. — Recueillis et commentés par Édouard Chavannes... — Avec une carte. — (Présenté à l'Académie Impériale des Sciences de St-Pétersbourg le 23 août 1900.) St-Pétersbourg, 1903, gr. in-8, pp. IV-378.

— Notes additionnelles sur les Tou-Kiue (Turcs) occidentaux. (*T'oung Pao*, 1904, pp. 1-110.)

Tirage à part, in-8, pp 110.

38. — Ancient Khotan. Detailed Report of Archaeological Explorations in Chinese Turkestan carried out and described under the orders of H. M. Indian Government by M. Aurel Stein... — Oxford, at the Clarendon Press, gr. in-4, pp. XXIV-621.

Appendix A. Chinese Documents from the sites of Dandān-Uiliq, Niya and Endere. Translated and annotated by Edouard Chavannes, pp. 521 à 547.

39. — Les livres chinois avant l'invention du papier. — Extrait du *Journal asiatique* (Janvier-Février 1905). — Paris, Imprimerie nationale, MDCCCCV, in-8, pp. 75.

J. As., Xe Ser., V, 1905, pp. 5-75

40. — Les Documents chinois découverts par Aurel Stein dans les sables du Turkestan oriental, publiés et traduits par Édouard Chavannes... — Oxford, Imprimerie de l'Université, 1913, gr. in-4, pp XXIII-232, 37 pl.

40 *bis*. — Introduction to the « Documents chinois découverts par Aurel Stein dans les Sables du Turkestan Oriental » by Edouard Chavannes... Translated from the French by Madame Chavannes and

A. Wilfred House. *(The New China Review,* oct. 1922, pp. 341-359, *à suivre.)*

41.— Le Nestorianisme et l'inscription de Kara-Balgassoun. (*J. As.* ixe Sér., IX, 1897, pp. 43-85.)

42. — Musulmans et Manichéens chinois par M. G. De véria.—Extrait du *Journal asiatique.* — Paris, Imp. nat., MDCCCXCVIII, in-8, pp. 46.

Tirage a part à 50 ex. revu et *augmenté* de l'article paru dans le *J. As.*, nov.-déc. 1897, pp. 445-484.

43. — Un traité manichéen retrouvé en Chine traduit et annoté par MM. Éd. Chavannes et P. Pelliot. — Extrait du *Journal asiatique* (Novembre-Décembre 1911). — Paris, Imprimerie nationale, MDCCCCXII, in-8, pp. 121. — Deuxième Partie. Extrait du *Journal asiatique* (Janvier-Février et Mars-Avril 1913). — Paris, Imprimerie nat., MDCCCCXIII, in-8, pp. ch. 123 360.

J. As, Xe Sér., XVIII, 1911, pp. 499-617, XIe Sér., I, 1913, pp. 99-199, 261-394.

44. Nous citerons encore :

— Les Pays d'Occident d'après le *Wei-lio.* — Extrait du « T'oung-pao », Série II, vol. VI, No 5. E. J. Brill, Leide, 1905, in-8, pp. 55.

T'oung Pao, 1905, pp. 519-571.

— Trois généraux chinois de la dynastie des Han orientaux. Pan Tch'ao (32-102 p. C.) ; — son fils Pan Yong ; — Leang K'in († 112 p. C.). Chapitre LXXVII du *Heou Han Chou.* (*T'oung Pao,* mai 1906, pp. 210-269.)

Tirage a part : E. J. Brill, Leide 1906, in-8, pp. 61.

— Les pays d'Occident d'après le *Heou Han Chou.* (*T'oung Pao,* 1907, pp. 149-234, 5 ff. de texte.)

Tirage à part : Leide, 1907, in-8, pp. 88 + pp. 19 de texte.

45. — Nécrologie. — Prosper Marie Odend'hal. (*T'oung Pao,* 1904, pp. 227-228.)

— Nécrologie. — Le professeur Wilhelm Grube. (*T'oung Pao,* 1908, pp. 593-595.)

— Edouard Huber. (*T'oung Pao,* mai 1914, p. 282.)

— Le Dr. Palmyr Cordier. (*T'oung Pao,* oct. 1914, pp. 551-553.)

— Raphaël Petrucci. (*T'oung Pao,* juillet 1916, pp. 391-393.)

46. — Compte rendu de : *Ein Kinesisk Valdskarta fran* 17 : *de Arhundert,* de K. AHLENIUS. (*T'oung Pao,* 1903, pp. 418-419.)

— Compte rendu de Hans VIRCHOW : *Das Skelett eines verkrüppelten Chinesinnen-Fusses.* (*T'oung Pao,* 1903, pp. 419-421.)

— Compte rendu de : J. S. SPEYER : *Ueber den Bodhisattva als Elephant.* (*T'oung Pao,* 1903, pp. 421-422.)

— Compte rendu de : A. HENRY : *The Lolos.* (*T'oung Pao,* 1903, pp. 422-424.)

— Compte rendu de : Captain C. H. D. RYDER : *Exploration in Western China.* (*T'oung Pao,* 1903, pp. 424-425.)

Compte rendu de : Dr Sven HEDIN : *Three Year's Exploration in Central Asia,* 1899-1902. — George MACARTNEY, *Lau-lan.* (*T'oung Pao,* 1903, pp. 425-427.)

— Compte rendu de : *Autographes de* Siu Wen-ting (Siu Kouang-k'i). (*T'oung Pao*, 1904, pp. 207-208.)

— Compte rendu de : Franz Boll, *Sphaera*, 1903. (*T'oung Pao*, 1904, pp. 208-212.)

— Compte rendu de : Dr Jules Regnault, *Médecine et pharmacie chez les Chinois et les Annamites*, 1903. (*T'oung Pao*, 1904, pp. 212-223.)

— Compte rendu de : Wilhelm Filchner, *Ein Ritt über den Pamir*, 1903. (*T'oung Pao*, 1904, pp. 213-214.)

— Compte rendu de : J. Marquart, *Osteuropaische und ostasiatische Streifzüge*, 1903. (*T'oung Pao*, 1904, pp. 214-216.)

— Compte rendu de : Dr K Vogelsang, *Reisen im nordlichen und mittlern China*, 1904. (*T'oung Pao*, 1904, pp. 216-217.)

— Compte rendu de : F. W. Müller, *Handschriften-Reste in Estrangelo-Schrift aus Turfan*, 1904. (*T'oung Pao*, 1904, pp. 217-218.)

— Carte chinoise des chemins de fer en Mandchourie. (*T'oung Pao*, 1904, pp. 218-225, 336-338.)

— Compte rendu de : Paul Pelliot, *Deux Itinéraires en Chine*, 1904. (*T'oung Pao*, 1904, pp. 468-473.)

— Compte rendu de : Camille Sainson, *Nantchao ye che*, 1904. (*T'oung Pao*, 1904, pp. 473-481.)

— Compte rendu de : L. Wieger, *Textes historiques*, 1re partie, 1903 ; 2e partie, 1904. (*T'oung Pao*, 1904, pp. 481-483.)

— Compte rendu de : Gabriel Ferrand, *Madagascar et les îles Uâquâq*, 1904. (*T'oung Pao*, 1904, pp. 484-487.)

— Compte rendu de : O. Franke, *Beitrage aus Chinesischen Quellen zur Kenntniss der Türkvollker*, 1904. (*T'oung Pao*, 1904, pp. 487-490.)

— Compte rendu de : *La légende de Koei tseu mou chen ; Peinture de Li Long-mien*, 1904. (*T'oung Pao*, 1904, pp. 490-499.)

— Compte rendu de : J. Beauvais, *Les Lamas du Yun Nan*. (*T'oung Pao*, 1904, p. 500.)

— Compte rendu de : Maurice Courant, *Les clans japonais sous les Tokougawa*, 1903. (*T'oung Pao*, 1904, pp. 500-501.)

— Compte rendu de : Maurice Courant, *Un établissement japonais en Corée*, 1904. (*T'oung Pao*, 1904, p. 501.)

— Compte rendu de : T. A. Joyce, *Physical Anthropology of the oases of Khotan and Keriya*. (*T'oung Pao*, 1904, pp. 501-502.)

— Compte rendu de : Anz (Walter), *Eine Winterreise durch Schantung und das nördliche Kiang-su*, 1904. (*T'oung Pao*, 1904, pp. 502-503.)

— Compte rendu — avec Sylvain Lévi — de : H. Stonner, *Zentralasiatische Sanskrittexte*, 1904. (*T'oung Pao*, 1905, pp. 115-117.)

— Compte rendu de : S. W. Bushell, *Chinese Art*, Vol. I. (*T'oung Pao*, 1905, pp. 118-122.)

— Compte rendu de : W. W. Rockhill, *Population of China*, 1904. (*T'oung Pao*, 1905, pp. 122-124.)

— Compte rendu de : G. Merzbacher, *Reise in den Zentralen Tianschan*, 1904. (*T'oung Pao*, 1905, pp. 124-125.)

— Compte rendu de Cecil Clementi, *Cantonese Love-Songs*, 1904. (*T'oung Pao*, 1905, pp. 240-242.)

— Compte rendu de : C. PÉTILLON, *Petit Dictionnaire Français-Chinois (Dialecte de Chang Hai)*, 1905. (*T'oung Pao*, 1905, pp. 249-250.)

— Compte rendu de : Ernest LUDWIG, *The Visit of the Teshoo Lama to Peking*, 1904. (*T'oung Pao*, 1905, pp. 250-251.)

— Compte rendu de : H. A. GILES, *An Introduction to the history of Chinese Pictorial Art.* (*T'oung Pao*, 1905, p. 251.)

— Compte rendu de : B. LAUFER, *Chinesische Altertümer in der romischen Epoche der Rheinlande*, 1905. (*T'oung Pao*, 1905, pp. 511-512.)

— Compte rendu de : J. MARQUART, *Untersuchungen zur Geschichte von Eran*, Zweites Heft, 1905. (*T'oung Pao*, 1905, pp. 512-515.)

— Compte rendu de : M. A. STEIN, *Report from Jan.* 2[d] 1904, *to March* 31st 1905, 1905. (*T'oung Pao*, 1905, pp. 635-637.)

— Compte rendu de : E. von ZACH, *Lexicographische Beitrage*, III, 1905. (*T'oung Pao*, 1905. pp. 637-642.)

— Compte rendu de : Raphael PUMPELLY, *Explorations in Turkestan*, 1905. (*T'oung Pao*, 1905, p. 642.)

— Compte rendu de : W. GOTZ, *Wilhelm Filchners Reise in Ost-Tibet.* (*T'oung Pao*, 1905, pp. 642-643.)

— Compte rendu de : ITO SUKETOSHI, *Annuaire Mondial.* (*T'oung Pao*, 1906, pp. 145-157.)

— Compte rendu de : KARUTZ, *Von Buddhas heiliger Fussspur.* (*T'oung Pao*, 1906, pp. 157-158.)

— Compte rendu de : H. A. GILES, *Adversaria sinica*, No. 3. (*T'oung Pao*, 1906, pp. 307-309.)

— Compte rendu de : E. W. MUMFORD, *Japanese Book of the Ancient Sword*, 1906. (*T'oung Pao*, 1906, p. 309.)

— Compte rendu de : *The Bishop Collection*, 1906, (*T'oung Pao*, 1906, pp. 396 400.)

— Compte rendu de : Clarence CARY, *Archaic and other Chinese Bronzes*, 1906. *T'oung Pao*, 1906, pp. 400-401.)

— Compte rendu de : A. CONRADY, *Indischer Einfluss in China*, 1906. (*T'oung Pao*, 1906, pp. 401-403.)

— Compte rendu de : *Le P. Heude et le Musée de Zi-ka-wei*, 1906. (*T'oung Pao*, 1906, pp. 403 404.)

— Compte rendu de : W. FILCHNER, *Das Kloster Kumbum*, 1906. (*T'oung Pao*, 1906, p. 404.)

— Compte rendu de : L. WIEGER, *Textes philosophiques*, 1906. (*T'oung Pao*, 1906, pp. 533-534.)

— Compte rendu de : Simon KIONG, *La politesse chinoise*, 1906. (*T'oung Pao*, 1906, pp. 535-536.)

— Compte rendu de : Teitaro SUZUKI et Paul CARUS, *Yin Chih wen*, 1906. (*T'oung Pao*, 1906, pp. 536-537.)

— Compte rendu de : Alfred FORKE, *Lun-heng*, 1906. (*T'oung Pao*, 1906, pp. 712-718.)

— Compte rendu de : Colonel E. DIGUET, *Les Annamites*, 1906. (*T'oung Pao*, 1906, pp. 719-721.)

— Compte rendu de : WERNER VON HOERSCHELMANN, *Altchinesischen, Ornamentik*, 1907. (*T'oung Pao*, 1907, pp. 282-283.)

— Compte rendu de : F. S. Couvreur, *Dictionnaire classique de la Langue chinoise*, Deuxième édition, 1904. (*T'oung Pao*, 1905, pp. 242-249.)

— Compte rendu de : O. Franke, *Tempelinschrift aus Idikutšahri.* (*T'oung Pao*, 1908, pp. 121-124.)

— Compte rendu de : F. W. K. Müller, Trois mémoires, 1907 (*T'oung Pao*, 1908, pp. 124-125)

— Compte rendu de : Gaston Migeon, *Au Japon*, 1908. (*T'oung Pao*, 1908, pp. 267-268.)

— Compte rendu de : Gisbert Combaz, *Sépultures impériales de la Chine*, 1907. (*T'oung Pao*, 1908, p. 268.)

— Compte rendu de : *L'Islam au Yun-nan*, 1908. (*T'oung Pao*, 1908, pp. 268-272.)

— Compte rendu de : Louis Aubert, *Américains et Japonais*, 1908. (*T'oung Pao*, 1980, p. 273.)

— Compte rendu de : A. von Le Coq, *Ein manichaisch-uigurisches Fragment*, 1908. (*T'oung Pao*, 1908, pp. 273-274.)

— Compte rendu de : Torii Ryūzo, *Populations Miao*, 1907. (*T'oung Pao*, 1908, pp. 274-275.)

— Compte rendu de : Albert Maybon, *La Politique chinoise*, 1898-1908. (*T'oung Pao*, 1908, pp. 598-599.)

— Compte rendu de : Ch. B. Maybon, *Un conte chinois du* VIe *siècle.* (*T'oung Pao*, 1908, pp. 599-601.)

— Compte rendu de : A. Nagel, *Der Chinesische Küchengott* (Tsan kyun), 1907. (*T'oung Pao*, 1908, pp. 601-602.)

— Compte rendu de : Naïto Konan, *Album de photographies de Mandchourie*, 1908. (*T'oung Pao*, 1908, p. 602.)

— Compte rendu de : Maurice Courant, *Catalogue des livres chinois... de la Bibliothèque nationale*, 5e fascicule, 1907. (*T'oung Pao*, 1908, pp. 602-603.)

— Compte rendu de : Théodore Bonner, *Uebersetzung des zweiten Teiles des* 24 *Biographie Sseu ma Ts'ien (Kia-i)*, 1908. (*T'oung Pao*, 1908, pp. 603-604.)

— Compte rendu de : E. Sieg und W. Siegling, *Tocharisch.* (*T'oung Pao*, 1908, pp. 604-605.)

— Compte rendu de : M. A. Stein, *Mountain Panoramas from the Pamirs*, 1908. (*T'oung Pao*, 1908, p 603.)

— Compte rendu de : Commandant Bonifacy, *Mans Daiban, Coc ou Sung*, 1908. (*T'oung Pao*, 1908, pp. 605-606.)

— Compte rendu de : F. Hirth, *Ancient History of China*, 1908 — E. H. Parker, *Ancient China.* (*T'oung Pao*, 1908, pp. 606-609)

— Compte rendu de : Sylvain Lévi, *Le Népal*, 1905-1908. (*T'oung Pao*, 1908, pp. 609-610.)

— Compte rendu de : A. von Le Coq, *Fragment einer manichaischen Miniatur*, 1908. (*T'oung Pao*, 1908, pp. 714-715.)

— Compte rendu de : *Report of the Superintendent, Archaeological Survey, Burma, year ending* 31st *March* 1908. (*T'oung Pao*, 1909, pp. 95-98.)

— Compte rendu de : F. W. K. Müller, *Uigurica*, 1908. (*T'oung Pao*, 1909, pp. 98-100.)

— Compte rendu de : Arnold van Gennep, *Les rites de passage*, 1909. (*T'oung Pao*, 1909, pp. 232-235.)

— Compte rendu de : Capt. E. F. CALTHROP, *The Book of War*, 1908. (*T'oung Pao*, 1909, pp. 235-236.)

— Compte rendu de : F. W. K. MÜLLER, *Ein iranisches Sprachendenkmal*, 1909. (*T'oung Pao*, 1909, pp. 386-387.)

— Compte rendu de : Gisbert COMBAZ, *Les palais impériaux de la Chine*, 1909. (*T'oung Pao*, 1909, pp. 387-388.)

— Compte rendu de : MADROLLE, *Tonkin du Sud*, 1907 (*T'oung Pao*, 1909, p. 388.)

— Compte rendu de : E. Denison Ross, *A polyglot list of Birds*, 1909. (*T'oung Pao*, 1909, pp. 388-389.)

— Compte rendu de : Th. HIORDTHAL, *Chinesische Alchimie*. (*T'oung Pao*, 1909, pp. 389-390.)

— Compte rendu de *Tchong Kouo ming houa tsi* 中國名監集 « Recueil des Peintures célèbres de la Chine ». (*T'oung Pao*, Oct. 1909, pp. 515-530.)

— Compte rendu de : Johannes HERTEL, *Tantrâkhyâyika*, 1909. (*T'oung Pao*, 1909, pp. 530-532.)

— Compte rendu de : G. J. RAMSTEDT, *Mongolische Briefe*, 1909. (*T'oung Pao*, 1909, pp. 532-533.)

— Compte rendu de : Berthold LAUFER, *Die Kandjur-Ausgabe des Kaisers K'anghsi*. (*T'oung Pao*, 1909, pp. 533-534.)

— Compte rendu de : J. BEAUVAIS, *Documents... sur Long-tcheou*, 1909. (*T'oung Pao*, 1909, p. 534.)

— Compte rendu de : L. DE LA VALLÉE POUSSIN, *Bouddhisme*, 1909. (*T'oung Pao*, 1909, p. 535.)

— Compte rendu de : Stanislas MILLOT, *Dictionnaire des formes cursives des caractères chinois*, 1909. (*T'oung Pao*, 1909, p. 536.)

— Compte rendu de : A. VON LE COQ, *Koktürkisches aus Turfan*, 1909. (*T'oung Pao*, 1909, p. 717.)

— Compte rendu de : W. RADLOFF, *Chuastuanit*, 1909. (*T'oung Pao*, 1909, pp. 718-719.)

— Compte rendu de : Jules BLOCH, Tamoul *vaddyar*, 1909. (*T'oung Pao*, 1909, pp. 719-720.)

— Compte rendu de : *Cheng tsi t'ou* 聖蹟圖 « Scène de la vie du Saint », 1908. (*T'oung Pao*, Mars 1910, pp. 143-145.)

Compte rendu de : *Lu t'ing tche kien tch'ouan pen chou mou* « Liste des livres dont les textes transmis jusqu'à nous ont été connus et vus par Lu-t'ing », 1909. (*T'oung Pao*, Mars 1910, pp. 146-148.)

— Compte rendu de : A IVANOV, *Zur Kenntniss der Hsi-hsia Sprache* (*T'oung Pao*, Mars 1910, pp. 148-151.)

— Compte rendu de : A. IVANOV, *Oukaz o pojalovanij titoula Tze se*, 1909. (*T'oung Pao*, 1910, p. 152.)

— Compte rendu de : *Lao che souei kin*, 1909. (*T'oung Pao*, 1910, pp. 294-296)

— Compte rendu de : Colonel E. GERINI, *Researches on Ptolemy's Geography of Eastern Asia*. (*T'oung Pao*, 1910, pp. 296-299.)

— Compte rendu de : Louis LALOY, *La Musique chinoise*, 1910. (*T'oung Pao*, 1910, pp. 299-300.)

— Compte rendu de : Berthold LAUFER, *Chinese Pottery of the Han Dynasty*, 1909. (*T'oung Pao*, Mai 1910, pp. 300-302.)

— Compte rendu de : W. THOMSEN, *Ein Blatt in türkischer Runenschrift aus Turfan*, 1910. (*T'oung Pao*, 1910, p. 303.)

— Compte rendu de : Oskar MÜNSTERBERG, *Chinesische Kunstgeschichte*, I, 1910. (*T'oung Pao*, Mai 1910, pp. 303-305.) II, 1912. (*Ibid.*, Mars 1912, pp. 132-133.)

— Compte rendu de : KALMAN NÉMATI, *Hiung-nu=Hun*. (*T'oung Pao*, 1910, pp. 306-307.)

— Compte rendu de : Édouard HUBER, *Etudes Indo-Chinoises*, V, *Pagan*. (*T'oung Pao*, 1910, p. 307.)

— Compte rendu de : E. Denison Ross, *Alphabetical List of the titles of works in the Chinese Tripitaka*. (*T'oung Pao*, 1910, pp. 535-536.)

— Compte rendu de : Henri MASPERO, *Le songe et l'ambassade de l'empereur Ming*, 1910. — *Communautés et moines bouddhistes chinois aux II*[e] *et III*[e] *siècles*. (*T'oung Pao*, 1910, pp. 536-537.)

— Compte rendu de : BRUNNART et GAGELSTROM, *Sovremennaia politicheskaia organizatsiia Kitaia*, 1910. (*T'oung Pao*, 1910, pp. 693-694.)

— Compte rendu de : M. L. CADIÈRE, *Monographie de la semi-voyelle labiale en sino-annamite et en annamite*. (*T'oung Pao*, 1910, pp. 694-695.)

— Compte rendu de : A. VON LE COQ, *Sprichworter und Lieder aus der Gegend von Turfan*. (*T'oung Pao*, 1910, p. 695.)

— Compte rendu de : *Mitteilungen des Seminars für Orientalische Sprachen*. — *Ostasiatische Studien*, 1910. (*T'oung Pao*, 1910, pp. 695-698.)

— Compte rendu de : E. BAELZ, *Dolmen und alte Konigsgraber in Korea*. (*T'oung Pao*, 1911, pp. 88-91.)

— Compte rendu de : Albert HERRMANN, *Die alten Seidenstrassen zwischen China und Syrien*, 1910. (*T'oung Pao*, 1911, pp. 91-94.)

— Compte rendu de : V. ALEXEIEFF, *De quelques types principaux d'images chinoises* (en russe), 1910. (*T'oung Pao*, mars 1911, pp. 94-96.)

— Compte rendu de : Colonel E. DIGUET, *Etude de la langue thô*, 1910. (*T'oung Pao*, 1911, p. 96.)

— Compte rendu de : A. VON LE COQ, *Chuastuanift*, 1910. (*T'oung Pao*, 1911, p. 97.)

— Compte rendu de : P. HOANG, *Concordance des chronologies néoméniques chinoise et européenne*, 1910. (*T'oung Pao*, 1911, pp. 98-101.)

— Compte rendu de : Oscar MUNSTERBERG, *Leonardo da Vinci*. (*T'oung Pao*, 1911, p. 102.)

— Compte rendu de : A. SPITSYNE, *Tatarskiia baicy*, 1909, (*T'oung Pao*, 1911, p. 104.)

— Compte rendu de : R. TORII, *Les Aborigènes de Formose*, 1910. (*T'oung Pao*, 1911, pp. 103-104.)

— Compte rendu de : Berthold LAUFER, *Der Roman einer Tibetischen Konigin*, 1911. (*T'oung Pao*, 1911, pp. 275-276.)

— Compte rendu de : O. FRANKE, *Ostasiatische Neubildungen*, 1911, (*T'oung Pao*, 1911, pp. 276-277.)

— Compte rendu de : William COHN, *Die Malerei in der ostasiatischen Kunstableilung der Berliner Museen*. (*T'oung Pao*, 1911, pp. 431-433.)

— Compte rendu de : G. F. Muth, *Stilprinzipien der primitiven Tierornamentik bei Chinesen und Germanen*, 1910. (*T'oung Pao*, 1911, pp. 433-434.)

— Compte rendu de : *Collection of Chinese bronze Antiques*, 1910. (*T'oung Pao*, 1911, p. 435.)

— Compte rendu de : A. Csoma de Körös. *Sanskrit-Tibetan English Vocabulary*. (*T'oung Pao*, 1911, p. 436.)

— Compte rendu de : *Mosque at Hangchow* A. D. 1452. (*T'oung Pao*, 1911, pp. 436-437.)

— Édouard Chavannes. — La date exacte de l'inscription de 1452 dans la mosquée de Hang-tcheou. (*T'oung Pao*, 1911, pp. 583-584.)

— Compte rendu de : Torii Rūyzo, *Exploration de la Mandchourie méridionale*, 1910. (*T'oung Pao*, 1911, pp. 437-438.)

— Compte rendu de : F. W. K. Muller, *Uigurica*, II, 1911. (*T'oung Pao*, 1911, p. 439.)

— Compte rendu de : A. Forke, *Yamen und Presse*, 1911. (*T'oung Pao*, 1911, p. 440.)

— Compte rendu de : A. I. Ivanov, *Stranitsa iz istorij Si-sia*, 1911. (*T'oung Pao*, 1911, pp. 441-446.)

— Compte rendu de : *Kouo hio ts'ong kan*. « Recueil de travaux se rapportant à l'érudition nationale », 1911. (*T'oung Pao*, 1911, pp. 743-746.)

— Compte rendu de : W. Perceval Yetts, *Disposal of Buddhist Dead in China*, 1911. (*T'oung Pao*, 1911, p. 747.)

— Compte rendu de : Wilhelm Grube, *Religion und Kultus der Chinesen*, 1910. (*T'oung Pao*, 1910, pp. 747-748.)

— Compte rendu de : *Beauty, a Chinese Drama*, translated by Rev. J. Macgowan, 1911. (*T'oung Pao*, 1911, pp. 748-749.)

— Compte rendu de : L. Wieger, *Taoisme*, I, *Bibliographie générale*, 1911. (*T'oung Pao*, 1911, pp. 749-753.)

Cf. *T'oung Pao*, 1912, pp 126-127.

— Compte rendu de : Berthold Laufer, *Chinese Grave-Sculptures of the Han Period*, 1911. (*T'oung Pao*, 1911, pp. 753-755.)

— Compte rendu de : E. Boerschmann, *Die Baukunst und religiose Kultur der Chinesen*, I, *Pu'-t'o shan*, 1911. (*T'oung Pao*, 1911, pp. 755-757.)

— Compte rendu de : Lionel Giles, *An alphabetical Index to the Chinese Encyclopedia* Ch'in ting ku chin t'u shu chi ch'eng, 1911. (*T'oung Pao*, 1911, pp. 757-758.)

— Compte rendu de : *Present Day Political Organization of China*, by H. S. Brunnert and F. Y. Hagelstrom, 1912. (*T'oung Pao*, 1912, pp. 511-512.)

— Compte rendu de : *Feng shen yen i, Die Metamorphosen der Gotter*, von W. Grube. (*T'oung Pao*, 1912, pp. 509-511.)

— Compte rendu de : Anna Bernhardi, *Tau Juan-ming* (365-428), 1912. (*T'oung Pao*, 1912, pp. 508-509.)

— Compte rendu de : E. von Zach, *Auszüge aus einem Chinesischen Briefsteller*. (*T'oung Pao*, 1912, p. 134.)

— Compte rendu de : O. Munsterberg, *Chinesische Kunstgeschichte* Bd. II, 1912. (*T'oung Pao*, 1912, pp. 132-133.)

— Compte rendu de : Mathias TCHANG, *Tombeau des Liang*. (*T'oung Pao*, 1912, pp. 662-664.)

— Compte rendu de : Herbert MUELLER, *Ethnographie der Lolo*. (*T'oung Pao*, 1912, pp. 664-665.)

— Compte rendu de : E. CHASSIGNEUX, *L'irrigation dans le delta du Tonkin*, 1912. (*T'oung Pao*, 1912, pp. 665-667.)

— Compte rendu de : Maurice COURANT, *L'Asie centrale aux XVIIe et XVIIIe siècles*, 1912. (*T'oung Pao*, 1913, pp. 139-141.)

— Compte rendu de : F. MAHLKE, *Chinesische Dachformen*, 1912. (*T'oung Pao*, 1913, pp. 302-303.)

— Compte rendu de : B. LAUFER, *Das Citralakshana*, 1913. (*T'oung Pao*, 1913, pp. 303-304.)

— Compte rendu de : M. W. DE VISSER, *The Dragon in China and Japan*, 1913. (*T'oung Pao*, Mai 1913, pp. 304-306.)

— Compte rendu de : O. FRANKE, *Keng tschi t'u, Ackerbau und Seidengewinnung in China*, 1913. (*T'oung Pao*, 1913, pp. 306-309.)

— Compte rendu de : Gisbert COMBAZ, *Les temples impériaux de la Chine*, 1913. (*T'oung Pao*, 1913, p. 309.)

— Compte rendu de : B. LAUFER, *Turquois in the East*, 1913. (*T'oung Pao*, 1913, pp. 486-487.)

— Compte rendu de : W. COHN, *Bildnerei der Naraperiode*. (*T'oung Pao*, 1913, pp. 487-478.)

— Compte rendu de : J. BACOT, *Les Mo-so*, 1913. (*T'oung Pao*, 1913, pp. 488-490.)

— Compte rendu de : B. LAUFER, *Finger-print System*, 1913. (*T'oung Pao*, 1913, pp. 490-491.)

— Compte rendu de : J. J. RAMSTEDT, *Zwei Uigurische Runeninschriften*, 1913. (*T'oung Pao*, 1913, pp. 789 791.)

— Compte rendu de : Sylvain LÉVI, *Autour du Bāveru-jātaka*. (*T'oung Pao*, 1913, pp. 791-792.)

— Compte rendu de : E. F. FENOLLOSA, *L'art en Chine et au Japon*, 1913. (*T'oung Pao*, 1913, pp. 792 793.)

— Compte rendu de : A. E. MOULE, *The Chinese People*, 1914. (*T'oung Pao*, 1913, pp. 794-795.)

— Compte rendu de : *Mitteilungen des Seminars für Orientalische Sprachen*, 1913. (*T'oung Pao*, 1913, pp. 795-797.)

— Compte rendu de : F. HIRTH, *The Mystery of Fu lin*. (*T'oung Pao*, 1913, pp. 798-799.)

— Compte rendu de : *Admonitions of the Instructress in the Palace. — A Painting by Ku K'ai-chih. — Reproduced in coloured woodcut. Text by* Laurence BINYON. (*T'oung Pao*, Mars 1914, pp. 167-171.)

— Compte rendu de : O. FRANKE et B. LAUFER, *Epigraphische Denkmaler aus China*, I Teil, 1914. (*T'oung Pao*, Mai 1914, pp. 286-287.)

— Compte rendu de : Léon WIEGER, *Les vies chinoises du Buddha*. (*T'oung Pao*, Mai 1914, pp. 287-290.)

— Compte rendu de : Teitaro SUZUKI, *A brief history of early Chinese Philosophy*, 1914. (*T'oung Pao*, Mai 1914, pp. 290-291.)

— Compte rendu de : Dr. E. ERKES, *Skulpturen aus China*, 1913. (*T'oung Pao*, Mai 1914, pp. 291-297.)

— Compte rendu de : Charlotte M. SALWEY, *The Island Dependencies of Japan*, 1913. (*T'oung Pao*, Mai 1914, pp. 298-299.)

47. — Institut de France. — Académie des Inscriptions et Belles-Lettres. — Notice sur la vie et les travaux de M. Alexandre Bertrand, par M. Éd. Chavannes... lue dans la séance du 29 avril 1904. — Paris, Imp. de Firmin-Didot, 1904, in-4, pp. 37.

— Notice sur la vie et les travaux de M. Alexandre Bertrand, par M. Éd. Chavannes, membre de l'Académie, lue dans la séance du 29 avril 1904. (*Ctes. rendus Ac. Insc. et B. Lettres*, 1904, pp. 245-273.)

48. — Institut de France. — Académie des Inscriptions et Belles-Lettres. — Les Prix de Vertu en Chine, par M. Édouard Chavannes, Lu dans la séance publique annuelle du 18 novembre 1904. — Paris, Firmin-Didot, MDCCCCIV, in-4, pp. 31.

— Les prix de Vertu en Chine, par M. Édouard Chavannes. (*Ctes. rendus Ac. Insc. et B. Lettres*, 1904, pp. 667-691.)

49. Discours du Président à la Séance publique annuelle du vendredi 19 novembre 1915. (*Ctes. rendus Ac. Insc. et B. L.*, 1915, pp. 401-420.)

50. — Extrait du *Bulletin de l'Ecole française d'Extrême Orient* (avril-juin 1903). — Les deux plus anciens spécimens de la Cartographie chinoise. — Hanoi, F.-H. Schneider, 1903, gr. in-8, pp. 35, + 1 f. n. ch., 4 pl.

51. — Extrait du *Bulletin de l'Ecole française d'Extrême-Orient* (octobre-décembre 1903). — Les Saintes Instructions de l'empereur Hong-Wou (1368-1398) publiées en 1587 et illustrées par Tchong Houa-min. — Hanoi, F.-H. Schneider, 1903, gr. in-8, pp. 15, 1 pl.

52. — Les neuf neuvaines de la diminution du froid. (*Bul. Ecole franç. Extr. Orient*, IV, Nos. 1 et 2, janvier juin 1904, pp. 66-74.)

Stèle de 1488 — Tirage à part : Hanoi, 1904, in-8, pp. 9.

53. — Compte rendu de : Wilh. GRUBE, *Geschichte der Chinesischen Litteratur*, 1902. (*Journal des Savants*, 1903, pp. 275-283.)

— Compte rendu de : *Compte rendu analytique des séances du Premier Congrès international des Etudes d'Extrême-Orient*, Hanoi, 1902. (*Journal des Savants*, 1903, pp. 531-532.)

— Compte rendu de : Lucien FOURNEREAU, *Le Siam Ancien*, 2e partie. (*Journal des Savants*, 1909, pp. 47-48.)

— Compte rendu de : A. VON LE COQ, *Chotscho*, 1913. (*Journal des Savants*, 1913, pp. 373-376.)

54. — L'instruction d'un futur empereur de Chine en l'an 1193 par Edouard Chavannes. (*Mémoires concernant l'Asie Orientale*,... Tome Premier, Paris, 1913, in-4, pp. 19-64.)

55. — Note on the sepultures of the first Emperors of the Ch'ing Dynasty in Manchuria. (*Encyclopaedia Sinica*, 1917, pp. 342-343.)

56. — Extrait des *Comptes rendus des séances de l'Académie des in-*

scriptions et Belles-Lettres, 1906, p. 549. — Rapport sur les monuments de l'ancien royaume de Kao-Keou-li.— Paris, Alphonse Picard, MDCCCC VII, in-8, pp. 27, fig.

Peking, 27 mai 1907.

Comptes rendus, pp. 549-575.

— Les monuments de l'ancien royaume coréen de Kao-Keou-li, par Edouard Chavannes. (*T'oung Pao*, 1908, pp. 236-263.)

Réimp. des *Ctes. rendus de l'Ac. des I. et B.-L.*, avec l'addition de 4 planches.

57. — Archaeological Survey of the Environs of China's Ancient Capitals. By V. Alexeieff, of the University of. St. Petersburg. (*Journal North China Br. R. As. Soc.*, XL, 1909, pp. 1 9.)

58. — Le T'ai Chan-Essai de monographie d'un Culte chinois. Appendice, Le Dieu du Sol dans la Chine antique, par Edouard Chavannes. — Paris, Ernest Leroux, 1910, in-8, pp. 591, fig.

Forme le T. XXI de la *Bibliothèque d'Études* des *Annales du Musée Guimet.*

59. — Voyage de M. Chavannes en Chine. (*T'oung Pao*, No. 4, Oct. 1907, pp. 561-565 ; No. 5, déc. 1907, pp. 709-710.)

— Note préliminaire sur les résultats archéologiques de la mission accomplie en 1907 dans la Chine du Nord, par M. Édouard Chavannes. (*Ctes. rendus Ac. Insc. et B. Lettres*, mars 1908, pp. 187-203, 14 pl.)

Tirage à part : in-8, pp. 17, 14 pl.

— Voyage archéologique dans la Mandchourie et dans la Chine Septentrionale. — Conférence faite le 27 mars 1908 au Comité de l'Asie française par M. Éd. Chavannes... Extrait du *Bulletin du Comité de l'Asie Française.* — Paris, Comité de l'Asie française, 1908, in-8, pp. 30, ill.

Avait paru dans le *Bulletin*, avril 1908, pp 135 142. — Réimp. dans le *T'oung Pao*, 1908, pp. 503-528.

60. — Publications de l'École française d'Extrême-Orient, Vol. XIII. — Mission archéologique dans la Chine Septentrionale, par Édouard Chavannes .. — Ouvrage publié sous les auspices du Ministère de l'Instruction publique et de l'Académie des Inscriptions et Belles-Lettres. — Tome I — Première Partie. La Sculpture à l'époque des Han. — Paris, Ernest Leroux, 1913, in-8, pp. 290.— Deuxième Partie. La Sculpture bouddhique. — Paris, Ernest Leroux, 1915, in-8, pp. ch. 291-614, planches CCCCLXXXIX-DXLIII, DXLIV-DLXXXVII.

Plus deux cartables in-4 : Planches. Première Partie : I à CCLXXXVI. Paris, Ernest Leroux, 1909. — Deuxième Partie : CCLXXXVII à CCCCLXXXVIII. *Ibid.*, 1909.

— [Note sur les 488 planches de sa Mission.] (*T'oung Pao*, 1909, pp. 538-547.)

— Sur l'archéologie de l'Extrême-Orient : Les documents de la Mission Chavannes, par Raphaël Petrucci, Collaborateur scientifique à l'Institut de Sociologie. — (Extrait de la *Revue de l'Université de Bruxelles*, avril-mai 1910.) — Liége, Imprimerie *La Meuse*, 1910, in-8, pp. ch. 481-509.

— Archäologische Entdeckungen in China. (*Deutsche Rundschau f. Geog. u. Stat.*, XXX, 1907-8, p. 380.)

Resultats de la Mission Chavannes.

61. — Le défilé de Long-Men dans la province de Ho-nan, par Édouard Chavannes. (*Jour. As.*, IXe Sér., XX, 1902, pp. 133-158, 6 fig.)

62. — La Peinture chinoise au Musée du Louvre. Note. Extrait du « T'oung Pao », 1904. — E. J. Brill, Leide, 1904, br. in-8, pp. 23.

T'oung Pao, 1904, pp. 310-331.

— Note sur la peinture de Kou K'ai-tche conservée au British Museum. (*T'oung Pao*, Mars 1909, pp. 76-86.)

— L'Exposition d'Art bouddhique au Musée Cernuschi. — Extrait du « T'oung Pao », Vol. XIV. — E. J. Brill, Leide, 1913, in-8, pp. 28, 1 pl.

T'oung Pao, 1913, pp. 261-286.

— Ars Asiatica. Études et Documents publiés sous la direction de Victor Goloubew. — I. La Peinture chinoise au Musée Cernuschi. Avril-Juin 1912, par Édouard Chavannes et Raphaël Petrucci. — Bruxelles et Paris, G. Van Oest, 1914, in-4, 1 f. n. ch. + pp. 98 + 1 f. n. ch., 47 pl.

— — II. Six Monuments de la Sculpture chinoise, par Édouard Chavannes, Membre de l'Institut. — Bruxelles et Paris, G. Van Oest, 1914, in-4, pp. 40 + 1 f. n. ch., 52 pl.

63. — Fables et Contes de l'Inde extraits du Tripitaka chinois. — Extrait du tome I des *Actes du XIVe Congrès International des Orientalistes*. — Paris, Ernest Leroux, 1905, in-8, pp. 63.

Avaient paru, pp. 84-145, dans la 5e Sect., 1re partie des *Actes*, 1905. — Notice par Paul Pelliot, *Bul. École franç. Ext. Orient*, VI, juillet-déc. 1906, pp. 401-402.

64. — Seng-houei 僧會 † 280 p. C., par Édouard Chavannes. (*T'oung Pao*, 1909, pp. 199-212.)

65. — Cinq cents Contes et Apologues extraits du Tripiṭaka chinois et traduits en français par Édouard Chavannes... Publiés sous les auspices de la Société Asiatique. — Paris, Ernest Leroux, 1910-1911, 3 vol. in-8, pp. xx-428 + 1 f. n. ch., 449 + 1 f. n. ch., 395 + 1 f. n. ch.

Les publications suivantes ont été tirées de ce recueil :

— Les Classiques de l'Orient — Contes et légendes du Bouddhisme chinois traduits du chinois par Édouard Chavannes... Préface et vocabulaire de Sylvain Lévi, Professeur au Collège de France. Bois dessinés et gravés par Andrée Karpelès. Éditions Bossard, Paris, 1921, in-8, pp. 220 + 1 f. n. ch.

Vol. IV de *Les Classiques de l'Orient*, collection publiée sous le patronage de l'Association française des Amis de l'Orient et la direction de Victor Goloubew.

— Fables chinoises du IIIe au VIIIe siècle de notre ère (d'origine hindoue) traduites par Édouard Chavannes, ornées de 46 dessins par Andrée Karpelès. Éditions Bossard, Paris, s. d. (1921), pet. in-8, pp. 95.

Tiré des 500 *Contes et Apologues* d'Ed. Chavannes. Précédé de *Notes sur le Bouddha*, par Mme Chavannes, d'après A. Foucher.

— Zwei Sanskritworter in Chavannes's « Cinq cents Contes et Apologues ». Von Johannes Hertel. (*Zeitschr. d. Deutsch. Morg. Ges.*, 76 Bd., Hft. I, p. 125.)

— Les Contes indiens et orientaux dans la littérature chinoise. Par René Basset. (*Revue des Traditions populaires*, sept. 1912, pp. 441-448.)

A propos des *Cinq cents Contes* de Chavannes.

66. — Une version chinoise du conte bouddhique de Kalyânamkara et Pâpaṃkara. (*T'oung Pao*, Oct. 1914, pp. 469-500.)

Cf. Pelliot et Huart, *J. As.*, janv.-fev. 1914 ; *T'oung Pao*, mai 1914.

67. Quelques titres énigmatiques dans la hiérarchie ecclésiastique du Bouddhisme indien, par MM. Sylvain Lévi et Édouard Chavannes. (*J. As.*, XIe Sér., V, 1915, pp. 193-223.) Additions et rectifications. (*Ibid.*, VI, 1915, pp. 307-310.)

— Les seize Arhats Protecteurs de la Loi, par Sylvain Lévi et Édouard Chavannes. (*J. As.*, XIe Sér., VIII, 1916, pp. 5-50, 189-304.)

68. — La divination par l'écaille de tortue dans la haute antiquité chinoise (d'après un livre de M. Lo Tchen-yu). — Extrait du *Journal asiatique* (janvier-février 1911). — Paris, Imprimerie nationale, MDCCCC XI, in-8, pp. 15.

J. As, Xe Ser., XVII, 1911, pp. 127-137.

69. — Note sur une amulette avec inscription en caractères Pa-se-pa. (*J. As.*, IXe Sér., IX, 1897, pp. 148-149 et 376.)

— De l'expression des vœux dans l'art populaire chinois. — Extrait du *Journal asiatique* (sept.-oct. 1901). — Paris, Imprimerie nationale, MDCCCCI, in-8, pp. 43, 2 pl.

J. As., XIe Ser., XVIII, 1901, pp. 193-233.

— Le Tao tö king gravé sur pierre. Estampages publiés par G. Ch. Toussaint. (*T'oung Pao*, 1905, pp. 229-236.)

— Un faux archéologique chinois, par M. Édouard Chavannes. (*J. As.*, Xe Sér., XI, 1908, pp. 501-510, pl.)

— Note sur le *Chouen t'ien che pao*,. 順天時報 (*T'oung Pao*, 1911, pp. 286-289.)

— Note sur de prétendus bas-reliefs de l'époque des Han. (*T'oung Pao*, Décembre 1913, pp. 809-814, 5 pl. hors texte.)

— Leou Ki 婁機 et sa famille, par Édouard Chavannes. (*T'oung Pao*, Mai 1914, pp. 193-202.)

— De quelques Idées morales des Chinois, par Éd. Chavannes. (*Asie française, Bull.*, avril-juin 1917, pp. 85-88.)

Conference faite à la Sorbonne, le 7 juin 1917, dans une solennité organisée par le Comite « France Chine »

— Édouard Chavannes. — De quelques Idées morales des Chinois. (*La Revue Franco-étrangère*, juillet-sept. 1917, pp. 230-235.)

— Sûtra prononcé par le Buddha au sujet du roi Tchan-t'o-yue. (*Journal asiatique*, Mars-Avril 1917, pp. 262-266.)

Insere dans *Interpretation de quelques bas-reliefs du Gandhâra*, par A. Foucher.

70. — Inscriptions et pièces de chancellerie chinoises de l'époque

mongole. — Extrait du « T'oung Pao », Série II, Vol. V, No. 4 et Vol. VI, No. 1. — E. J. Brill, Leide, 1905, in-8, pp. 134. — Seconde Série. — Extrait du « T'oung Pao », Série II, Vol. IX, No. 3. — *Ibid.*, 1908, in-8, pp. 134, 30 pl.

T'oung Pao, 1904, pp. 357-447 ; 1905, pp. 1-42 ; 1908, pp. 297-428.

71. — Documents historiques et géographiques relatifs à Li Kiang, par Édouard Chavannes. (*T'oung Pao*, 1912, pp. 565-653.)

— Collection de l'Institut ethnographique international de Paris. — Les Mo-so. — Ethnographie des Mo-so, leurs religions, leur langue et leur écriture, par J. Bacot, avec les Documents historiques et géographiques relatifs à Li-Kiang, par Éd. Chavannes, Membre de l'Institut. Ouvrages contenant 41 planches de gravures hors texte et une carte. — Leide, E. J. Brill, 1913, in-8, pp. VI + 1 f. n. ch. + pp. 218.

72. — Le royaume de Wou et de Yue. 吳 越 (*T'oung Pao*, XVII, Mai 1916, pp. 129-264.)

73. — Édouard Chavannes. — L'empereur Koang-Siu. (*La Semaine Politique et Littéraire*, 27 octobre 1900, pp. 1137-1147.)

74. — La Société des Boxers en Chine au commencement du XIXe siècle. (*J. As.*, IXe Sér., XVII, 1901, pp. 164-168.)

75. — Note sur les chemins de fer en Chine. (*T'oung Pao*, 1906, pp. 546-551.)

A paru depuis la mort de Chavannes, l'important travail :

— Le Jet des Dragons, par Édouard Chavannes. (*Mémoires concernant l'Asie orientale*, III, 1919, pp. 53-220, 11 pl.)

TABLE DES MATIÈRES

DIJON — DARANTIERE

DIJON — DARANTIERE.

www.ingramcontent.com/pod-product-compliance
Ingram Content Group UK Ltd.
Pitfield, Milton Keynes, MK11 3LW, UK
UKHW020440200726
13857UKWH00002B/510

9 782012 871182